W0179357

John Burnside

Wie alle anderen

Aus dem Englischen von
Bernhard Robben

Die Originalausgabe erschien 2010 unter dem Titel *Waking up in Toytown*
bei Jonathan Cape, London

Die Zitate auf Seite 7 stammen aus:
Augustinus, Bekenntnisse, 7. Buch, 1. Kapitel, Leipzig 1888,
Übersetzung von Otto F. Lachmann;
Robert Louis Stevenson, Memoirs of Himself, London 1912, S. 25;
Muriel Rukeyser, Theory of Flight, New Haven, 1935.
Die Kapitelüberschrift »I Dreamed I Saw St. Augustine«
ist der Titel eines
Songs von Bob Dylan.

FSC
www.fsc.org

MIX
Papier aus verantwor-
tungsvollen Quellen
FSC® C014496

Penguin Random House·Verlagsgruppe FSC® N001967

1. Auflage 2021

in der Penguin Random House GmbH Verlagsgruppe GmbH
Neumarkter Straße 28, 81673 München
Umschlag: Bürosüd nach einem Entwurf von Sabine Kwauka
unter Verwendung der Schriftillustration von Sabine Kwauka
Satz: Buch-Werkstatt GmbH, Bad Aibling
Druck und Bindung: GGP Media GmbH, Pößneck
Printed in Germany
ISBN 978-3-328-10638-8
www.penguin-verlag.de

Dieses Buch ist auch als E-Book erhältlich.

Dieses Buch ist in faktischer Hinsicht so akkurat, wie es die Erinnerung zulässt. Die Darstellung mancher Personen, vor allem jener mit einem Hang zum Mord, wurde zu ihrem Schutz abgewandelt.

Mein Herz schrie heftig gegen all die Trug-
gebilde, und mit einem Schlag versuchte ich, den
mich umwirbelnden Schwarm von Unlauterkeit
aus dem Blick meines Geistes zu vertreiben.

AUGUSTINUS VON HIPPO

Zur schlimmsten Folge aber zählt jene zweifel-
haftem Tun angedichtete Romantik, die das he-
ranwachsende Kind glauben lässt, nichts sei so
glorreich, wie im Ausüben einer verblüffend ver-
ruchten Tat vom Tod dahingerafft zu werden.
Wohl nie wieder werde ich mich für etwas so
begeistern wie damals, als ich in meiner Kindheit um seiner selbst willen tat, was ich für sünd-
haft hielt.

ROBERT LOUIS STEVENSON

Fliegen ist unerträglicher Widerspruch.

MURIEL RUKEYSER

Schlusswort (I)

Vor Kurzem, als ich noch verrückt war, fand ich mich in der seltsamsten Irrenanstalt wieder, die ich je gesehen hatte. Natürlich sind *alle* Irrenanstalten ein wenig seltsam, doch der Saal, in dem ich mich in besagtem Moment aufhielt, erinnerte mich an einen gewissen Typ Kirche, an einen jener Orte, an denen man meint, jeden Augenblick erscheine Gott oder einer seiner Lakaien mit der Frohen Botschaft, einem Vorgeschmack auf den Weltuntergang oder beidem. Die Patienten waren vorwiegend Männer mittleren Alters, nur am Gartenfenster saß in einem Rollstuhl ein Tattergreis, das Gesicht eingefallen, die Haut am Kopf überstraff gespannt, der zauselige graue Bart mit Eigelb betupft. Frauen sah ich keine, also war ich wohl auf einer Art Krankenstation, nur lag ich nicht im Bett, war nicht mal in der Nähe eines Bettes, und mir schien es früher Nachmittag zu sein, wenn die Patienten doch eigentlich irgendwo in einem Aufenthaltsraum Bibelverse aus Seifenopern heraushören, sich Invasionen von Aliens ansehen oder über die Flure schlurfen und den Feuerlöschern und Acrylbildern an der Wand die Siebenerreihe vorlesen sollten.

Irgendwas stimmte nicht. Ich habe sicher drei, vier Stunden in dem Saal gesessen, mich gefragt, wie ich dort hingekommen war, und darauf gewartet, dass hoffentlich bald jemand begriff, welcher Fehler ihnen unterlaufen sein musste. Niemand kam, nichts wurde korrigiert. Man gab mir nicht mal Medikamente. Irgendwas stimmte ganz und gar nicht. Diese Patienten gehörten

beschäftigt; sie hätten etwas mit den Händen machen, womöglich irgendwo in einem Kunstraum therapeutisch werkeln sollen,
doch hielten sie sich hier in diesem merkwürdigen Vestibül auf,
hockten auf stapelbaren Stühlen und brabbelten in ihre Morgen-
mäntel. Und ich war bei ihnen und redete mit den Toten – was
ich, wie mir nun klar wurde, bis zu ebendem Moment getan hatte, als ich aufsah und begriff, wo ich war –, hatte mit einem Geist
geredet, der mir gegenüber saß, eben noch, direkt hier, dem Geist
einer Frau, die den Kopf leicht abwandte, deren Blicke mich mie-
den. Wer war sie? Erst vor einer Minute hatte ich mit ihr geredet,
und sie hatte zugehört, selbst aber nichts gesagt und mich nicht
angesehen, hatte nur mit abgewandtem Kopf hin und wieder
leicht genickt. Wir waren eine ganze Weile so zusammen gewesen, doch nun war sie plötzlich fort, und ich saß in diesem Saal
mit all den Männern, und irgendwas stimmte ganz und gar nicht.

Ich richtete mich auf meinem Stuhl auf und sah mich um, die
anderen regten sich kurz, passten ihre Positionen an, was typisch
für einen Ort wie diesen ist: Einer bewegt sich, und alle anderen bewegen sich entsprechend, wahren die Balance im Saal. Ich
wartete, bis wieder Ruhe eingekehrt war, dann wandte ich den
Kopf und entdeckte an der Tür einen Pfleger auf einem Stuhl,
keine zwei, drei Meter entfernt. Er war ein noch junger Mann
in dunkelblauem Pullover und schwarzen Jeans, und er sah aus,
als wäre er gerade von draußen hereingekommen; er hatte etwas
Grünliches, eine leichte Kühle an sich. Vielleicht war er ja *tatsächlich* gerade von draußen hereingekommen, weshalb ich ihn
zuvor nicht bemerkt hatte; jetzt saß er jedenfalls auf seinem Plas-
tikstuhl, den Hals ein wenig gereckt, die Ellbogen auf die Knie
gestützt. Er las ein Buch, eine alte Klassikerausgabe von Penguin,
Aufzeichnungen aus dem Kellerloch.

»Hallo?«, sagte ich.

Er musterte mich mit einem Blick, der gutmütiges Wiedererkennen auszudrücken schien, gab aber keine Antwort.

Ich ruckelte mich auf meinem Stuhl zurecht, woraufhin der Saal ebenfalls ruckelte, was der Pfleger aber offenbar nicht bemerkte. »Ich glaube, ich bin bei der Medikamentenausgabe vergessen worden«, sagte ich.

Mit einem schiefen Lächeln schüttelte er den Kopf. »Ich weiß«, erwiderte er. »Sie haben es mir schon gesagt.«

»Was?«

»Dass Sie bei der Medikamentenausgabe vergessen wurden«, antwortete er. »Das haben Sie mir schon gesagt.« Er lächelte nicht mehr, wirkte aber entspannt, als er auf seine Armbanduhr schaute. »Das war vor gut zehn Minuten.«

Ich schüttelte den Kopf. »Nein.«

»Doch.«

»Das war ich nicht«, sagte ich, »das muss jemand …«

»Na ja, egal«, sagte er. »Ist nicht so wichtig. Jedenfalls wurden Sie nicht übergangen, okay?«

Ich nickte. Er hatte natürlich recht. Mir waren meine Medikamente verabreicht worden. Nur fühlte es sich an, als hätte ich keine genommen. Was wiederum bedeutete – und der Gedanke kam mir so plötzlich wie eine Erleuchtung, wodurch der Saal stärker denn je an eine Kirche erinnerte –, dass es für mich keinen Grund gab, hier zu sein. Denn warum sollte ich hier sein, wenn die Medikamente nicht wirkten? Warum sollte ich mit all diesen Männern mittleren Alters, diesem sarkastischen jungen Kerl mit seinem Penguin-Taschenbuch und dem schrecklich alten Mann mit Dotter im Bart in diesem Saal sein, wenn ich auch woanders sein könnte? Mir war zwar nicht klar, wo dieses Woanders sein könnte, doch wusste ich, dass es ein Woanders gab. Warum sollte ich also nicht dahin gehen? Jetzt?

Ich schaute an mir herab. Ich trug Kleider, die ich kannte, und war nicht voll mit Dreck, Kotze oder Blut. Ich trug ein Hemd, eine Jeans und ein Paar Wanderstiefel. Ich sah aus, als wäre ich den Tag über unterwegs gewesen und wartete nun an einem Provinzbahnhof auf den Zug. Normal war ich nicht, doch war auch nichts offensichtlich Unnormales an mir. Säße ich im Warteraum irgendeiner Regionalbahn und jemand käme herein, um auf denselben Zug zu warten, hätte der mir dann angesehen, dass ich ein Irrer war? Sicher nicht.

Ich stand auf.

Der Pfleger hob den Kopf, behielt sein Buch aber in der Hand. Ich warf ihm einen raschen Kein-Problem-muss-nur-aufs-Klo-Blick zu, und er las weiter in seinem Dostojewski. Mein Kopf war jetzt völlig klar: Ich befand mich in keiner Geschlossenen, also konnte ich tun, was ich wollte, und um um jede Aufregung zu vermeiden, würde ich einfach gehen, denn wenn ich *erwähnte*, dass ich gehen wollte, würden sie mich warten lassen, bis mich ein Arzt untersucht hatte, ehe ich auf eigene Verantwortung entlassen wurde, und dann würden sie mir zureden, würden sich genötigt fühlen, mir zu sagen, dass ich gerade erst aufgenommen worden war – ich war mir ziemlich sicher, dass ich gerade erst aufgenommen worden war –, dass ich folglich gegen ihren medizinischen Rat handelte und so weiter und so fort, und all das wollte ich nicht über mich ergehen lassen. Außerdem bestand kein Grund zu der Annahme, dass diese Irrenanstalt anders als die anderen war, in denen ich gewesen bin, was hieß, dass ich nach draußen gehen und mich auf dem Gelände frei bewegen konnte. Das wiederum bedeutete, niemand würde sich viel dabei denken, wenn ich zur Außentür ging – falls ich allerdings tatsächlich erst kürzlich aufgenommen worden war, würde man mich im Auge behalten, schließlich war ich ein neuer Patient, und die standen unter Beobachtung, sofern man sie nicht gleich völlig ausknockte, damit sie den ersten therapeutischen Schlaf schliefen, der so wichtig dafür war, dass gewöhnliche Nullachtfünfzehn-Irre wie ich den Pfad der allmählichen, doch vollständigen Erholung einschlugen. Und so weiter.

Inzwischen ging ich über den Flur. Es war ein langer Flur, die Wand auf der einen Seite mit Holz verkleidet, auf der anderen bodentiefe Fenster, durch die ich das Gebüsch in dem für diese Art Anstalt so typischen, viktorianischen Park sehen konnte, finster, feucht und mit wässrigem Sonnenlicht betüpfelt. Wie aus dem Nichts ertönte plötzlich eine Stimme.

»Alles in Ordnung, John?«

Es war die Stimme einer Frau, und sie klang freundlich. Nicht einmal beunruhigt, nur als wollte sie sich vergewissern, dass ich nicht durcheinander war oder mich verirrt hatte. Lächelnd drehte ich mich um. Die Frau stand in einer Tür, an der ich gerade vorbeigegangen war: klein, mittleres Alter, dicksohlige Tennisschuhe, graue Hose und weiße Bluse. Irgendwas an ihr schien mir vertraut, doch kam ich nicht darauf, was es war.

»Ich dachte, ich mache einen Spaziergang«, sagte ich, »solange die Sonne noch scheint.«

Sie nickte. »Ja gut«, sagte sie, »aber gehen Sie nicht zu weit.«

Meine Hand zuckte unwillkürlich hoch, als wollte sie sich ein irres Winken gestatten, doch es gelang mir, sie wieder unter Kontrolle zu bringen. »Mach ich nicht«, sagte ich, drehte mich immer noch lächelnd wieder um und ging ohne Eile weiter, nur ein Mann, der an einem warmen Sommernachmittag aus keinem besonderen Anlass einen Spaziergang macht.

*　*　*

Wo ich heute wohne, führt eine Straße am Haus vorbei über die Hügelkuppe zum Dorf und dem dahinterliegenden Meer. Es ist eine schmale Straße mit Bäumen an einer Seite, Feldern auf der anderen, und da ich nicht über den Hügel schauen kann, gleicht sie der Straße in dem Traum, den ich seit Kindertagen habe, der Straße, die ins Jenseits führt – manchmal aber, in einem gewissen Licht, erinnert sie mich auch an jene Straße, über die ich an dem Tag damals ging, an dem ich meine letzte Irrenanstalt in der festen Gewissheit verließ, dass mir jemand nachkommen und mich zurückholen würde. Ich bin lange gelaufen, und ich muss sagen, es hat mir gutgetan. Das tut es meistens.

Als ich noch richtig verrückt war, litt ich an sogenannter Apophänie, ein Zustand, ein Unbehagen, näher beschrieben von Klaus Conrad, dem Spezialisten für Schizophrenie, der den Begriff prägte und darunter *das grundlose Sehen von Verbindungen* verstand, *begleitet von der besonderen Empfindung abnormer Bedeutsamkeit.* Mit anderen Worten: Man sieht Muster, wo keine sind, hört Stimmen im allgemeinen Grundrauschen, sieht Gott oder den Teufel im letzten Rest Fertignudeln. Normalen Menschen erlaubt diese Fähigkeit, die Welt zu verstehen und eine bescheidene, begrenzte sowie hoffentlich von anderen geteilte Ordnung zu finden, nach der sich leben lässt. Für den Apophäniker dagegen bedeutet sie eine wilde, gnadenlose Suche nach der einen allumfassenden Ordnung, nach einer Hypernarrative, einem *Jenseits*, doch findet er letztlich meist nur eine Flutwelle unverständlicher, überwältigender Details: die ganze Welt auf einmal, deren Geschnatter pausenlos in einem Geiste widerhallt, der Ruhe nur im Vergessen finden kann. Ich leide noch heute darunter, kann jetzt aber nicht mehr sagen, ich gehörte zu jenen, die eine Windbö irrtümlich für den Heiligen Geist halten. Ich leide zudem an gelegentlichen Anfällen von Schlaflosigkeit, und wenn es so weit ist, besteht meine bevorzugte Heilmethode darin, ins Dunkel und auf die Straße zu gehen, als ob ich irgendwohin wandern wollte. Im Großen und Ganzen schlafe ich heute besser als früher, aber es gibt immer wieder Zeiten, in denen ich den alten Rhythmen der Schlaflosigkeit verfalle, und dann bleibt die Straße meine beste Kur. Nachts herrscht dort kaum Verkehr; ich kann draußen im Mondlicht stehen und der Stille lauschen – und wenn es denn tatsächlich so etwas wie eine jenseitige Ordnung gäbe, wenn das Jenseits wirklich existierte, dann sähe der Weg dorthin ganz ähnlich aus: eine Straße, eine Weide, ein Streifen Dämmerlicht am Zaun und vielleicht noch ein Fuchs auf seiner ersten Morgenrunde durchs weiß bestäubte Gras.

Übrigens glaube ich tatsächlich immer noch, dass es ein Jenseits gibt. Heute Morgen, bei erstem Sonnenlicht, erhaschte ich erneut einen Blick darauf, als ich durch den überfrorenen Wald nach Hause ging, die Hagebutten weich vom unverhofften Tauwetter, und um mich herum eine Stille, die ich zu fühlen meinte, plötzlich und so bedacht wie der angehaltene Atem eines Chors, ehe das Kyrie angestimmt wird. Ich war im Dunkeln aufgestanden und meiner Paradiesstraße gefolgt – Frau und Kinder schliefen noch – und war seit Wochen, wie mir schien, zum ersten Mal wieder allein draußen und so glücklich wie schon lange nicht mehr, dachte an die Kohlereviere meiner Kindheit, an die Tage in der Irrenanstalt und sah die Erinnerungen langsam zu einer Vergangenheit schrumpfen, die mir nicht mehr wie die meine vorkam, zu einer Vergangenheit der Geschichtsbücher, der Fernsehdokumentationen. Die Vergangenheit der Memoiren, ordentlich, in sich abgeschlossen, mit Anmerkungen versehen und dem Fluss der Zeit entzogen. Ich erinnerte mich an den Hof, in dem ich als Kind gespielt hatte, an den Wald mit seinen Trümmern und Ziegelsteinen, erinnerte mich daran, als sei es etwas, das ich mir auf einer langen Busfahrt ausgedacht hatte, um die Zeit zu vertreiben. Und ich sah jene, mit denen ich an Sonntagnachmittagen oft zusammengesessen hatte, sah ihre Augen und die Finger, mit denen sie Cornedbeefsandwiches hielten oder sich Tee in Porzellantassen einschenkten, Tassen, die ich als das Kind, das ich damals war, zugleich unvergänglich fand und unfassbar zart. *Porzellan.* Das Wort haben sie gern wiederholt, die Tanten, erwachsenen Vettern und Nachbarn: *Porzellan,* etwas selten Schönes und Fragiles in ihrem Leben, die auf den Rand jeder Untertasse gemalten Rosen, das Innere jeder Tasse, unglaublich klar und eigenartig besänftigend, dabei hatten wir alle entsetzliche Angst, solange das Geschirr auf dem Tisch stand, Angst davor, dass etwas passieren könnte, dass ein Stück aus dem Service – ganz sicher ein Hochzeitsgeschenk oder das, was in jener Gegend als Erbstück galt – zerbrechen oder einen Schaden nehmen könnte. Ich kannte diese Menschen, wie ich die Etiketten auf den Cornedbeefdosen kannte oder die rosafarbenen, grünblättrigen Muster auf Tassen und Untertassen; sie waren mir ebenso vertraut und waren ebenso vergänglich. Manchmal, wenn Tante Sall oder meine Cousine Madeleine mir ein Stück Kuchen anbot und ich, nachdem ich mir mit einem Seitenblick die Erlaubnis der Mutter geholt hatte, meinen Teller nahm und ihn hochhielt, um ein dickes Stück Obst- oder Marzipantorte zu empfangen, verziert mit abertausend Tupfern schneeweißem Zuckerguss, überfiel mich der entsetzliche Gedanke, dass sie alle – meine Mutter, meine Tanten, meine Cousinen – bald tot sein würden, und dass ich nicht wusste, wohin der Tod sie bringen würde. Obwohl ich damals noch zutiefst religiös war, ein katholischer Bub, der daran dachte, Priester zu werden, hatte ich die Aussicht auf den Himmel aufgegeben, teils weil mir so offensichtlich schien, dass er nur zu unserem Trost ersonnen war, größtenteils aber, weil ich – wenn ich mir ausmalte, wie er sein mochte – stets an die Wäscherei hinter Tante Margarets Haus denken musste, grauweiß, niedrige Decke und trist, die Luft wabernd vom schweren Geruch nach Waschpulver und Stärke. Ich weiß noch, wie mir einmal auf einem Spaziergang mit meiner Mutter der Gedanke kam, dass die Toten wieder zu Erde werden, nicht nur ihre Körper, auch die Seelen, dieses unbeschreibliche Gewebe aus Erinnerungen und Wissen, das sie, wie ich wusste, alle ausnahmslos besessen haben mussten, und ich meinte auf dem Gesicht meiner Mutter den grünlichen Schatten dessen zu erkennen, was kommen würde, eine alte, dunkle Schwere wie auf dem Regenwasser, das sich in der Steinzisterne draußen bei den Wassersilos sammelte. Und doch war da auch eine gewisse Süße, ein Hauch von Maiglöckchen und frisch gemähtem Rasen. Der Eindruck hielt nur einen Moment vor, aber mir blieb die Erinnerung daran bis heute, ich habe sie nie ganz aufgegeben, denn so lachhaft es auch scheinen mag, über das Jenseits zu reden, gehört es doch auch zu der Geschichte, die ich erzählen muss, wenn ich mich vergewissere, wer ich bin. Es ist kein Jenseits im üblichen Sinn, aber eine Geschichte, mit der ich mich abfinden kann, liegt ihr doch die Erkenntnis zugrunde, dass die Toten nicht bei uns bleiben und nicht über unser Leben als Erwachsene wachen, wie sie während unserer Kindheit über uns gewacht haben; sie dauern nicht einmal in wiedererkennbarer Gestalt fort, auch wenn die Welt fortdauert und mit ihr etwas von dem, was sie waren. Manchmal fragt mich mein Sohn, was ich von alldem halte, und ich denke an den wässrigen grünen Schatten auf dem Gesicht meiner Mutter, erwähne ihn aber nie. Ich rede von Ideen und Vorstellungen, Mythen und Erinnerungen, kann ihm aber nicht sagen, woran ich wirklich glaube, dass nämlich beide, die Toten, die einst zu uns gehörten, und der Irre, der *ich* einst war, hinter einer Darstellung verschwinden, die Jahr um Jahr immer mehr einer Geschichte gleicht. Ich kann keine Worte finden, das andere zu erzählen, was ich in dieser Angelegenheit weiß, dass nämlich die Toten, die wir einst kannten, die aber nie die unseren waren, Tote, die nie irgendwem gehörten, nicht einmal sich selbst, auf immer weiterexistieren, zumindest ein Teil von ihnen, dass sie endlos im Regen aufgehen, in den Blättern und jungen Tieren, die im ersten Morgengrauen jagen. Ich will das nicht Himmel nennen oder Jenseits, da es nicht richtig wäre, es zu benennen, so wie es für mich nicht richtig wäre, meinem Sohn zu sagen, dass ich ihn nie verlasse, und doch gehört es zu dem, was ich weiß, an einem Morgen wie diesem, da die Toten zu Nichts vergehen und die Erinnerungen ans Verrücktsein, die ich für die meinen hielt, in einem anonymen Ereignisgewebe aufgehen. Es gibt eine fachspezifische Bezeichnung dafür, für jenen Zustand, in dem alle Erinnerungen – meine eigenen, die geliehenen, die erfundenen wie auch jene, die mir eingepflanzt wurden, ob mit oder ohne meine Zustimmung – gleichwertig sind, gleich real oder irreal. Manche nennen es *post-memory*, ein Phänomen, das wir uns leicht erklären können, indem wir über den uns umgebenden Ozean an Informationen reden, über all die Bilderfluten und Erzählungen, doch glaube ich nicht, dass dies genügt. Die bekannten Toten ziehen sich in Geschichten zurück und gesellen sich zu jenen, die wir niemals kannten, damit die Welt fortbestehen und sie selbst weiterziehen können in die Welt, die da kommt – und als ich an diesem Morgen den Hügel hinaufging, konnte ich sie um mich herum spüren, wie sie beiseiterückten, um der Zukunft Platz zu machen, so wie ich schließlich auch spürte, dass mein altes Ich aus den Tagen der Irrenanstalt, das wie ein fahler Schatten bei mir geblieben war, zerbröselte und sich in Luft auflöste.

* * *

In der Anfangszeit des Fernsehens gab es eine spätabendliche Sendung namens *Das Schlusswort*. Ich meine mich an einen Mann zu erinnern, womöglich ein Priester, der unmittelbar zum Zuschauer redete und Worte des Trostes und der Inspiration spendete, Worte, die andeuteten, dass der Welt eine zutiefst verlässliche Ordnung innewohnte. *Das Schlusswort* war eine heimelige, leicht rührselige Werbung für eben diese Ordnung, die besagte, wenn man sich in die Hände von jemandem – oder etwas – begab, das klüger und etablierter war als man selbst, dann käme Ordnung ins Leben, so wie es Weihnachten wurde und die Feiertage kamen, was von uns, den Kunden, nichts weiter als stille Akzeptanz verlangte. Es war eine Sendung, die meine Mutter gern sah, weniger wegen der darin zum Ausdruck gebrachten religiösen Ansichten als vielmehr wegen jener sanften Überzeugung, die der Sprecher ausstrahlte, ein Glaube, nicht streitsüchtig oder selbstzufrieden, weder presbyterianisch noch katholisch, eher etwas, das mehr mit Ingwerkeksen und Ceylon-Tee als mit Theologie an sich zu tun hatte. Ich bezweifle keineswegs, dass es mit Ingwerkeksen und Tee mehr auf sich hat als mit der Theologie, vor allem dann, wenn Porzellantassen dabei im Spiel sind, doch als ich an diesem Morgen durch den Wald ging, um mich herum alles still und weiß, erfasste mich ein seltsam nostalgisches Verlangen nach dem Gott meiner Kindheit – und wenn nicht nach dem Gott, dann nach dem Heiligen Geist, jenem, der wie ein Vogel aussah, wenn er sich denn überhaupt die Mühe machte, eine Gestalt anzunehmen. Der spätabendliche Priester hat ihn nur selten erwähnt, ein Glücksfall, wenn man es recht bedenkt. Stattdessen drehten sich seine Sendungen um die alltäglichen Herausforderungen des Lebens in dieser Welt, um Probleme im Umgang mit anderen Menschen, in der Ehe und so weiter, was bedeutete, dass ich den Heiligen Geist ganz für mich allein hatte, mein ureigenes Mysterium, das ich mit hinaus auf die Felder und in den Wald nehmen konnte, eine Subtilität im Schatten der Wassersilos oder der dachlosen Scheune am Ende der Old Perth Road – und während ich am besagten Morgen auf den Hügel stieg, nahm ich an, dass Er oder Es mich immer noch begleiteten und mit mir durch die frostige Welt streiften, eine animalische Präsenz trotz katechistisch versicherter Unsichtbarkeit, mein beharrlicher Begleiter auf dem Weg zum Jenseits des Hier und Jetzt.

Surbiton

Hi. Ich heiße John, und ich bin Alkoholiker.«

So, jetzt war es raus. Ich hatte es gesagt. Seit Wochen hatte ich geplant, es zu sagen, und jetzt war es so weit. Nichts Originelles, nichts Außergewöhnliches, bloß der Standardsatz, die vorgeschriebene Formel, die ich auch von denen gehört hatte, die vor mir dran gewesen waren, laut ausgesprochen und pflichtschuldigst anerkannt. Bloß jetzt, da ich es gesagt hatte, merkte ich, dass irgendwas nicht stimmte. Etwas war nicht so, wie es sein sollte. Dem, was ich gesagt hatte, fehlte es an Gewicht, an Bedeutsamkeit, und niemand in dem hohen braunen, ziemlich melancholischen Saal war gänzlich überzeugt – ich am wenigsten. Ich sah es ihren Gesichtern an: Ich hatte es noch nicht geschafft, täuschte vor, *damit es sich anhörte als ob*, schwindelte vielleicht auch nur, denn eigentlich hätte ich längst so weit sein müssen, oder nicht? Ich hätte längst eine Art Perspektive erlangen, mich selbst in neuem Licht sehen und vom Gesehenen gedemütigt sein sollen, gedemütigt und so beschämt, dass ich mich laut zu Wort meldete und vielleicht eine höhere Macht in mein Leben ließ, mit dem ich allein nicht fertigwurde, was mehr als offensichtlich war. Doch ich hatte mich nicht laut zu Wort gemeldet, hatte nichts in mein Leben gelassen, und während der letzten Wochen, sogar Monate, war mein Schweigen ohrenbetäubend gewesen.

Nicht, dass ich mir keine Mühe gegeben hätte. Ich war zu den Treffen gegangen, Tag für Tag: Montags und donnerstags saß ich hier in diesem Saal, mittwochs und sonntags in einem anderen braunen, von den Quäkern zur Verfügung gestellten Saal, dienstags, freitags und samstags in einem mausig müffelnden Kirchengebäude in Guildford. Ich mochte diese braunen Säle, und ich mochte die Leute, die zu den Treffen kamen, um ihre Geschichten zu erzählen und an die Neuankömmlinge Kaffee und Kekse zu verteilen. Sie waren dankbar und freundlich, konnten ohne jede Verlegenheit über die »höhere Macht« reden, und ich hatte sie in vielerlei Hinsicht gern, nur wusste ich, dass ich nicht dazugehörte. Ich tat so als ob. Alle wussten es – und alle wussten, dass *ich* es wusste. Ich hatte mich zu Wort gemeldet, mehr auch nicht. Was ich gesagt hatte, mochte durchaus stimmen, doch so, wie ich die Worte sagte, machte ich sie zur Lüge.

»Hi, John.«

Und da war sie, die Standarderwiderung. Zwölf, vielleicht auch fünfzehn Stimmen im Chor, die auf typische Weise antworteten, ganz nach Vorschrift. Sie wussten, dass es mir an Glauben fehlte, aber sie machten unbekümmert weiter, wollten mich auf dem Weg der Besserung sehen – kaum waren die Worte jedoch gesagt, fühlte ich mich traurig, nicht meinetwegen, sondern ihretwegen. Denn was ich gesagt hatte, war falsch.

Hi. Ich heiße John, und …

Woran lag's? Wo steckte der Fehler? Wo die Lüge? Lag es am legeren *Hi*? Hätte ich etwas anderes sagen sollen? *Hallo? Guten Abend? Entschuldigt die Störung, aber …?*

Oder lag es daran, dass mir ein solch uneingeschränktes Eingeständnis nicht behagte? Denn sobald die nüchterne Feststellung über meine Lippen gekommen war …

Ich heiße John, und ich bin Alkoholiker …

... begriff ich, dass ich von Anfang an auf jenes kleine, doch bedeutsame, erlösende Wörtchen *aber* gewartet hatte.

Hi. Ich heiße John, und ich bin Alkoholiker, andererseits aber...

Vielleicht auch:

Hi. Ich heiße John, und ich bin Alkoholiker, gewissermaßen. Auch ein Junkie, wenn man es genau nimmt. Und wenn Not am Mann ist, schlucke ich eigentlich alles ...

Nein.

Ich hatte die Worte gesagt und an der richtigen Stelle aufgehört, hatte aber an etwas anderes gedacht – und es nicht ganz geschafft. Dabei hatte ich eigentlich nur getan, was ich schon mein Leben lang tat, hatte den auswendig gelernten Text aufgesagt, den die Situation erforderte:

Credo in unum Deum.
Tut mir leid, ich tu's nie wieder.
Natürlich liebe ich dich.

* * *

Da waren wir also in diesem langgezogenen, holzverkleideten und ein bisschen zu trockenen Raum, der wie eine überdimensionierte Pfadfinder-Versammlungshalle aussah, die Fenster hoch und schmal, die Wände in warmem Hellbeige gestrichen, die Möbel alt, voller Kerben und Dellen. Nichts in diesem Saal war *grässlich* braun, doch herrschte Braun vor, das traurige Braun von Krankenhausfluren oder eines Pfarrhauses, das Braun öffentlicher Gebäude, in denen Menschen kommen und gehen und aus Liebe oder dem Wunsch nach Selbstverbesserung tun, was sie eben tun. In einer Ecke köchelte Wasser in einer großen Kanne vor sich hin, und nach einer Stunde standen wir auf und tranken Nescafé aus angeschlagenen Tassen, während die älteren Männer, jene, die schon seit acht, zehn oder gar zwanzig Jahren nüchtern waren, Zucker verteilten und Kekse sowie erbauliche Pamphlete. Am Ende des offiziellen Treffens saß ich allein da, stumm und ein wenig beschämt, als sich Harry, ein großer Mann mit Pferdegesicht, zu mir setzte. Lange hockte er einfach nur da, Gesicht und Hände weich und so entspannt, wie sie es vermutlich auch gewesen wären, hätte er es mit einem verirrten Kind zu tun oder mit einem im Gewächshaus gefangenen Vogel.

»Lass dir Zeit«, sagte er.

Erst habe ich ihn nicht angesehen, dann aber doch. Mir kam ein Gedanke, eine Erinnerung, noch undeutlich, eine Erinnerung an lang Vergangenes. Ich nickte, sagte aber kein Wort.

»Du wirst mir nicht glauben, wenn ich dir sage, dass es einfacher wird«, sagte er, »aber glaub mir, es wird einfacher.«

Wieder nickte ich. Die Erinnerung war jetzt vollständig zurückgekehrt, und ich hing ihr nach, folgte ihr in einen anderen braunen Raum, einen von früher, der sich aber kaum von jenem unterschied, in dem wir mit unserem Kaffee saßen, den Keksen und Selbstgedrehten. Es war zur Zeit der Tuberkulose gewesen. Ich musste meine Lunge röntgen lassen, und alle hatten Angst, da man TB kannte und wusste, was das hieß. Warum ich zur Untersuchung musste, weiß ich nicht mehr und kann mich auch nicht an die Symptome erinnern, unter denen ich gelitten haben dürfte, aber ich war da, in meiner Erinnerung, stand in dem braunen Raum und wartete darauf, dass man sich um mich kümmerte. Und ich weiß, dass ich glücklich war, dass mir dieser braune Raum gefiel und dass ich den Geruch mochte, den Geruch nach schalem Staub und Franzbranntwein, und dass ich mir über das mögliche Ergebnis der

24

Untersuchung nicht die geringsten Sorgen machte. Ich glaube, ich wünschte mir zu sterben, nicht unbedingt so schön wie ein romantischer Held in einem Buch, doch durchaus mit einem Minimum an Farbe und Genugtuung. Ich war fünfzehn, wenn ich mich recht erinnere. Ich mochte Mussorgsky, ausländische Literatur, die Farbe Braun, und ich war keine sonderlich angenehme Gesellschaft.

Endlich wurde ich zur Ärztin gerufen. Sie untersuchte mich aufmerksam, wollte sich wohl ein Bild von meiner Verfassung machen, vielleicht aber war dies auch nur die letzte Untersuchung, die bestätigte, dass ich doch nicht an der Schwelle zum Tod stand – und dann stellte sie mir Fragen, die mit Tuberkulose gar nichts zu tun hatten, übrigens auch nicht mit irgendwas anderem. Ich glaube, sie spürte, dass ich in Schwierigkeiten steckte, oder sie war neugierig, vielleicht auch besorgt, jedenfalls versuchte sie, den Finger auf etwas zu legen, und ich war mir plötzlich meiner schäbigen Kleider bewusst, der Armut, meiner umfassenden Unreife. Sie war ziemlich hübsch, diese Ärztin, und es machte mir zu schaffen, dass sie hübsch war, denn sie wirkte dadurch so unnahbar, so sehr Teil einer fernen, privilegierten Welt.

»Du magst also Bücher?«

Ich sah sie an, ihre Frage verwirrte mich. »Ja, ich mag Bücher. Wieso?«

Sie lächelte und zeigte auf das dicke gebundene Buch in meiner Anoraktasche. Ich hatte es ganz vergessen, ein Buch aus der Bibliothek, mitgenommen für den Fall, dass ich stundenlang in einem Wartezimmer sitzen musste. D.H. Lawrence. Ein Band der alten Ausgabe mit den dunkelgrünen Einbänden, welcher genau, habe ich vergessen. »Ich bin neugierig«, sagte sie mit einem Hauch von Betonung auf *neugierig.* »Gehört Lawrence zu deinen Lieblingsautoren?«

Ich sah sie wieder an. Ich war fünfzehn Jahre alt und kannte niemanden, den ich mochte, mit ihr aber wollte ich in ihre Welt zurückkehren und tun, was man dort so tat: mir einen Gin Tonic genehmigen, über Kinofilme reden, zum Abendessen in ein französisches Restaurant gehen und früh nach Hause kommen, um sich stundenlang in einem Zimmer im oberen Stock irgendwo in den Vorstädten zu lieben, die Gardinen halb zugezogen, sodass alles – die Sessel, das Bett, die Bilder an den Wänden – vom orangefarbenen Licht der Straßenlaternen in ein staubiges Gold getaucht wurde. Ich sah sie an und wollte ihr sagen, na klar, *Söhne und Liebhaber* ist schließlich ein Klassiker, tat es aber nicht, denn in Wahrheit hatte mir das Buch gar nicht gefallen, und ich war ganz allgemein ziemlich enttäuscht von D. H. Lawrence. Ich schätze, ein Teil von mir wusste, dass ich zu jung und unerfahren war, um ihn begreifen oder in all seinen psychologischen und sexuellen Feinheiten verstehen zu können, nur fühlte ich mich zu meiner Enttäuschung auch berechtigt. Es war *meine* Enttäuschung, und selbst wenn ich den Grund dafür nicht kannte, wusste ich, dass sie irgendwie angebracht war. Ich schüttelte den Kopf. »Weiß nicht«, sagte ich. »Ich glaube, ich hatte mehr erwartet.«

Da stieß sie ein seltsames kleines Lachen aus, ein freundliches, nachsichtiges Lachen, was dennoch nichts daran änderte, dass ich ein wenig sauer auf sie war, denn sie hatte mich durchschaut, natürlich hatte sie das, hatte das Wesentliche aber trotzdem nicht begriffen. Denn ich war keineswegs der frühreife Arbeiterjunge, für den sie mich hielt. Ich war nicht *ganz* der naive Autodidakt, den sie gern in mir gesehen hätte, und ich war längst nicht so unschuldig oder so belesen, wie es den Anschein haben mochte. In Wahrheit entstammte ich mit meiner feierlichen Gleichgültigkeit gegenüber dem Tod und meinen Träumen von Blut und Leinen einer völlig anderen Sorte Roman, einer hoffnungsloseren, tristeren Erzählung. Ich wollte nicht so gebildet sein, dass ich die Feinheiten von D.H. Lawrence verstand, wollte ein Zimmer am Ende eines braunen Flurs mit Blick auf Straßenbäume und das purpurne Licht der Laternen. Ich wollte, dass die Zeit stehen blieb, wollte auf immer bei der Betrachtung einer kleinen, begrenzten Zerstörungstat verweilen, einer Wunde etwa oder einer in die Länge gezogenen Folter, meiner eigenen oder der eines anderen, das war egal. Die eigene oder ihre, ich meine: Was bedeutete dagegen schon, dass D.H. Lawrence mich enttäuschte?

Und plötzlich hatte ich sie. *Das* war die Anrede, die ich gesucht hatte, vorhin, als ich mein Stück aufsagte. Folgendes hätte ich sagen sollen: *Guten Abend, ich heiße John, und ich weiß, Alkohol trinkt man nicht aus Vergnügen; ich weiß auch, wer trinkt, der genießt das nicht, als würde er Tee trinken oder flirten. Alkohol ist ein Ersatz für was anderes, nur kann ich ihn nicht aufgeben, denn täte ich es, erinnerte ich mich an dieses andere, und dieses andere ist ein unerträgliches und zugleich unmögliches Verlangen. Das Einzige aber, das mich davon abhält, an dieses Verlangen zu denken, ans braune Zimmer mit dem purpurnen Licht am Ende des dunklen Flurs, ist ein Drink, und was auch geschieht, welche Idiotien ich mir auch zumute, nichts ist so schlimm und so betörend wie dieses Zimmer…*

Kein Wort davon habe ich gesagt. Ich ging weiterhin zu den Treffen und versuchte, mich davon zu überzeugen, dass ich es schaffen würde, denn es zu schaffen wäre der erste Schritt auf dem Weg in ein normales Leben gewesen, und das war es, was ich wollte: ein normales Leben, nüchtern, frei von Drogen, von Träumen, mit einträglicher Arbeit. Wie alle anderen wollte ich sein, ein Hausbesitzer, Steuerzahler, ein Name im Wahlregister, ein unauffälliger, alltäglicher Typ, der Nachbar von nebenan, an dessen Namen man sich nie erinnern kann, ein Mann, der anderen aus dem Weg geht, im Grunde aber okay ist. Kurz gesagt, ich wollte aufs Angenehmste betäubt sein, *comfortably numb*. Das war Anfang der Achtziger: Höhepunkt des konservativen Rückschlags. Das große Bild war mit einem Mal schmerzlich grau geworden, alle Parteien von morgen schienen an ihr Ende gelangt zu sein, und mir waren die Alternativen ausgegangen. Als einzige Hoffnung blieb, in die Normalität zu verschwinden und zu hoffen, dass mir niemand aus der alten Welt in diesen Tunnel folgte.

Also zog ich in die Vorstadt.

Ich zog in die Vorstadt, weil ich bewusst leben, mich nur mit den wesentlichen Dingen des Lebens auseinandersetzen und zusehen wollte, ob ich das nicht zu lernen vermochte, was es mich lehren konnte, um nicht auf dem Sterbebett einsehen zu müssen, dass ich nicht gelebt hatte. Ich wollte die Ordnung, die andere Menschen zu haben schienen, wollte die nicht-apophänische Ordnung eines normalen Lebens. Ein normales Leben als normaler Mensch – in Surbiton oder einer ähnlichen Gegend.

Die Idee war lächerlich, aber eigentlich blieb mir nichts anderes übrig. Sechs Monate vor dem Treffen der Anonymen Alkoholiker war ich aus meinem ureigenen Tollhaus gerettet worden, und um nicht wieder dahin zurückzudriften, beschloss ich zu verschwinden, wie eine in Ungnade gefallene Figur aus einem viktorianischen Roman im Nebel der Chatham Docks verschwindet, um Jahre später im Fernen Osten oder in den Strafkolonien wieder aufzutauchen. Anders als meine literarischen Vorbilder begab ich mich jedoch nicht nach Siam oder in den Maschinenraum eines Ozeandampfers. Ich ging nach Surrey; und ich hatte dabei Büroarbeit im Sinn, Tee, Hecke schneiden, Kreuzworträtsel und Ovomaltine. Mit anderen Worten, ich dachte an Surbiton. Kein Über-die-Stränge-Schlagen mehr, kein Hausen in besetzten Häusern oder Billigzimmern, kein Leben vom Lohn eines Küchengehilfen, stets am Rande einer Strömung, die mich zurück in eine Nervenheilanstalt im grünen Gürtel oder ins anonyme Himmelblau der Notaufnahme führte, stets auf der Suche nach dem perfekten Deal, der in einem Nebel aus süßem Wein und Barbituraten oder mit dem flüchtigen Glück verschreibungspflichtiger Betäubungsmittel endete.

Es war nicht das Leben, das meine Mutter sich für mich gewünscht hätte; es war nicht mal das Leben, das ich mir selbst gewünscht hätte. Ich war hier einfach angespült worden, aus Schwäche und Gleichgültigkeit, und zumindest zu Beginn war es eigentümlich angenehm, sogar ganz wunderbar. Schon im Laufe der letzten zwei, drei Jahre dieses vergeudeten Jahrzehnts war mir klar geworden, dass mein Leben in die falsche Richtung lief, und als mir die Idee mit Surbiton kam, schwankte ich zwischen Häme und Entsetzen, zwischen der spontanen Lust an der Selbstauslöschung und der Furcht davor, in einer beengten, schäbigen Bude mit der falschen Sorte von Leuten und ohne Ausweg zu enden. Während all der Zeit hatte ich mir gesagt, es müsse aufhören. Seit mein Leben im frühen Teenageralter aus der Spur gelaufen war, sagte eine Stimme in meinem Kopf immer und immer wieder, ich müsse mich zusammenreißen, eine vernünftige Stimme, die zu meinem Unglück jedoch genau wie die Stimmen all derer klang, denen ich seit jeher misstraute – die Stimmen der Nonnen, Lehrer und Sozialarbeiter, deren undankbare Aufgabe es war, sich mit Menschen wie mir abgeben zu müssen. Die Stimme redete endlos auf mich ein, ihr guter Rat aber fiel auf taube Ohren, und eine Zeit lang glaubte ich, es würde sich nie etwas ändern, doch dann, am Ende einer langen Periode des Herumtreibens, sah ich mich im Spannungsfeld zwischen dem, was ich für meine ureigene Variante von Geistesklarheit hielt, und einem trügerischen, paranoiden Gnadenzustand, eine psychische Belastung, die sich letztlich nur in einer Nervenheilanstalt ertragen ließ. Ich wusste, der einzige Weg, eine Ewigkeit vor Panoramafenstern, vollgepumpt mit Chlorpromazin und geschmacklosem, mit Kleie garniertem Frühstück zu vermeiden, bestand darin, allem, was ich kannte, zu entfliehen und als neuer Mensch neu anzufangen. Als ein Mensch wie alle anderen.

Also schmiedete ich meinen Plan – auch wenn Plan ein ziemlich großspuriges Wort für jene Reihe von Ereignissen ist, in denen ich eine eher unbedeutende Rolle spielte. Denn wie jeder Pennbruder weiß, kommt eine Zeit, in der nichts entschieden werden kann, in der alles von der *Gnade* abhängt – und auch wenn ich es noch nicht wusste, hatte ich diesen Punkt nun erreicht. Zumindest glaube ich das heute. Meine Erinnerung an jene Zeit ist ziemlich schwammig, und ich kann nicht vollständig nachvollziehen, wie ich schließlich einen klaren Kopf bekam. Ich erinnere mich nur an ein Zimmer, an das aber so präzise, dass es mir gar nicht wie eine Erinnerung vorkommt, eher etwa wie der Film, den ich gestern Abend gesehen habe, oder wie ein Foto aus einer Zeitschrift, auf dem mir die zentrale Figur seltsam vertraut zu sein scheint, auch wenn sie nicht *ganz* die ist, deren Name mir als Erstes in den Sinn kommt. Diese zentrale Figur ist mir vertraut wie ein Schauspieler aus einem alten Schwarzweißfilm, sähe ich ihn aus dem Zusammenhang genommen, etwa wie er in meiner Heimatstadt die Straße überquerte oder in einem Café an der High Street die Rechnung zahlte. Farley Granger zum Beispiel, John Garfield oder jener schniefende Möchtegern-Erpresser, mit dem sich Humphrey Bogart eine Weile in einem alten Film von Howard Hawks herumschlagen muss. Da dies aber nun eine Geschichte ist, die ich erzähle – und da *ich* sie erzähle, nicht *er* –, kann ich hinnehmen, dass die zentrale Figur in dieser Szene eine Version meiner selbst oder doch jemand ist, der ich zu sein pflegte. Kaum habe ich dies allerdings gesagt, kommt es mir falsch vor, so offenkundig ist der, an den ich mich erinnere, ein Schauspieler oder Betrüger, jemand, der eine Rolle spielt, und selbst diese Rolle, die Figur, die er vorgibt, ist nicht der Mensch, an den ich denke, wenn ich heute versuche, das Bild dessen heraufzubeschwören, der ich damals war.

Letztlich umgibt alles in dieser Szene eine Aura des Fiktiven, auch wenn ich weiß, dass es sich tatsächlich mehr oder weniger wie in meiner Erinnerung abgespielt hat. In dem schäbigen Zimmer, das ich vor meinem geistigen Auge sehe, hockt die mir ähnliche Person auf einem ungemachten Bett und starrt in einen einfachen, fast bodenlangen Spiegel, den man, um die Illusion von mehr Raum zu erzeugen, an der Wand direkt gegenüber des einzigen Fensters angebracht hat. Das Zimmer ist klein, das Mobiliar neu, Überflüssiges fehlt – nur das Bett, der Spiegel und in der hintersten Ecke ein Furnierschrank, der zu dieser untypischen Gelegenheit mit Klarglasflaschen vollgestellt ist, Klarglas, kein grünes, kein braunes Glas, und alle sind fast

bis zum Rand mit derselben, süßlich riechenden, dunkelgolde-
nen Flüssigkeit gefüllt, wie sie sich auch in dem gut ein Dutzend
Flaschen findet, die in präzisen Abständen ums Bett gestellt
wurden. Bei der Flüssigkeit handelt es sich um eine Mixtur aus
Blut, Honig, Alkohol, Olivenöl und Urin; die Flaschen sind offen, Korken oder Schraubverschlüsse fehlen, nur eine einzelne
Feder schwebt in heikler Balance auf jedem Flaschenhalsrand.
Fällt eine Feder, verfliegt der Zauber, deshalb ist es wichtig, dass
jede einzelne liegen bleibt, denn dieser Zauber wurde sorgsam
heraufbeschworen, den Mann auf dem Bett zu schützen, der
nackt ist und im Moment zwar keine Angst hat, aber kürzlich
etwas sah, das – auch wenn es nur im privaten Vorführraum
seiner dementen Fantasie geschah – ihn so erschreckte, dass er
es seit zwei Tagen nicht wagt, sich aus dem wirren Knäuel der
klammen, schmuddeligen Bettwäsche zu befreien. Rückblickend
weiß ich heute nicht mehr genau, was ihn dermaßen erschreckt
hat. Auch wenn ich *er* bin oder einmal war, kann ich mich nicht
an jenen spezifischen Albtraum erinnern, doch dem zufolge, was
ich noch weiß, war der Mann auf dem Bett während der ganzen
Zeit wach – allem Anschein nach wach und zugleich vollkommen davon überzeugt, dass das, was er sah, *real* war.

An diesem Moment in meiner Erinnerung ist der Mann trotz
des Albtraums ruhig, nur ohne inneren Frieden. Er hat das Ende
jeder möglichen Gedankenkette erreicht und ist daraufhin verstummt. Er wartet, mehr nicht. Wartet, resigniert, bereit aufzugeben. Die Albtraumvisionen sind verblasst, und jetzt halten
ihn die Nachwehen umfangen. Er sieht aus dem Dunkel um
sein Bett keine Dämonen und Tiere mehr aufflammen, spürt die
Würmer nicht länger, die Löcher in sein Fleisch bohrten oder
seine Haut mit dem Filigran des Verfalls zierten. Er hört nie-

manden mehr unten auf der Straße schreien, ein ferner Klang, dem er stundenlang angestrengt lauschte, obwohl er nichts sehnlicher wünschte, als dass er aufhörte. Jetzt sind er und die Welt endlich still, jetzt ist er erschöpft, wenn auch unfähig zu schlafen, unfähig, auch nur die Augen zu schließen. Er weiß, das Ende der Welt naht, doch trotz oder vielleicht gerade wegen seiner Erschöpfung, überrascht ihn die Einsicht, dass es ein langsames, gar sanftes Ende und nicht die Katastrophe sein wird, mit der er gerechnet hatte, kein *après moi le déluge*, nur ein allmähliches Dahinvegetieren – über Wochen, Monate, auch Jahre ein langsamer, körperlicher Verfall, bis nichts mehr übrig ist. Er weiß es, weil er es wie in einer Vision gesehen hat.

Heute, im Nachhinein, fällt es schwer zu verstehen, was diesem Moment vorausging oder welch eigenwillige Logik das Handeln jenes Menschen in den Stunden bestimmte, die zu seiner Selbstaufgabe führte. Ich glaube, als er das Projekt mit den Flaschen begann, wollte er einen Bann verhängen, der die Welt vor der Auflösung bewahrte; er wollte alles zusammenbinden, dafür sorgen, dass es hielt. Später dann, nachdem er sich mit der Unvermeidlichkeit der Katastrophe abgefunden hatte, begriff er wohl, dass das, was er getan hatte, keinen Schutz vor der kommenden Auflösung bot – die ihrer Bestimmung nach allumfassend sein würde –, sondern nur davor, sie mitansehen zu müssen. Er rechnete nämlich nicht mit jener gewaltsamen Apokalypse, wie sie auf Gemälden des neunzehnten Jahrhunderts dargestellt wird, eine Erde, die auf Gottes Befehl hin zerbirst, woraufhin die ganze Natur ins Leere stürzt; nein, er sieht ein langsames Verwesen, ein stilles, doch quälendes Vergehen ins Nichts. Ein Mann wacht auf und geht von Zimmer zu Zimmer, sucht nach den Kindern, die er am Abend zuvor ins Bett steckte,

oder nach der Frau, die vielleicht nur duscht oder in der sonnen-
hellen Küche ein zeitiges Frühstück einnimmt. Kinogänger treten blinzelnd aus einer Matineevorstellung ins Tageslicht, und
die Stadt, wie sie sie kannten, ist fast vollständig verschwunden,
nur einige struppige Bäume und eine Straßenlaterne, ein paar
verwehte Laken oder zerbrochenes Geschirr verraten, dass es sie
einmal gegeben hat. Auf diese Weise endet die Welt, nicht mit
einem Knall, sondern mit einem kaum wahrnehmbaren Wim-
mern – und eben das entsetzt ihn, nicht die Tatsache, dass alles
enden wird, sondern dass der Zusammenbruch so allmählich
vonstattengeht, erst hier, dann anderswo dies zerfällt, dann das,
während die restliche Maschinerie weiterhin funktioniert. Die
Welt war dem Untergang geweiht – das wusste er –, nur hatte
er nicht mit der Grausamkeit eines lang hingezogenen Schreckens gerechnet, in dessen Verlauf sich die Opfer so lebhaft der
Geschehnisse bewusst sein würden. Er hatte nicht geglaubt, sie
würden einer nach dem anderen langsam und schmerzlich da-
hinsiechen, nicht bloß geistig und seelisch, sondern auch *physisch*:
Fett, Muskeln und Knochen verrotten über Stunden oder auch
Tage, bis am Ende nur noch ein letztes Aufheulen vor Schmerz,
vor Wut und Schrecken jener zu hören ist, die übrig bleiben und
wissen, dass es ihnen früher oder später gleichfalls bestimmt ist,
den lang währenden, offenkundig sinnlosen Zerfall zu erdulden,
einen Zerfall, der so vollständig sein wird, dass er nicht nur diese,
sondern auch jede künftige Welt auslöscht. Das Jenseits. Und ich
fürchte, das macht ihm am stärksten zu schaffen, jenem Menschen, der ich einmal war, dass nämlich wie alles andere auch das
Jenseits nicht fortdauern wird, dass er nie das Licht eines neuen
Tages erblickt, an dem die Toten darauf warten, uns wie Platz-
anweiser bei einer Hochzeit zu begrüßen, um uns zu den reser-

vierten Plätzen zu führen, während der Organist sich setzt und die Gemeinde für alle Ewigkeit verstummt.

* * *

Nun traf es sich aber, dass die Welt nicht endete. Und dass mich jemand besuchen kam, war reiner Zufall – jemand, mit dem ich mich einige Tage zuvor noch gestritten hatte –, reiner Zufall war es auch, dass ein Bewohner des anonymen Miethauses an diesem Tag blaumachte. Das Wetter war schön, wenn ich mich recht erinnere: ein lauer, sonniger Vormittag mitten im ungewöhnlich warmen Frühling. Vielleicht war der pflichtvergessene Nachbar auch nur deshalb noch da, weil die Pubs noch nicht geöffnet hatten, als die unerwartete Besucherin an die Tür klopfte und er sie einließ. Sie war noch nie zuvor im Haus gewesen. Ich wollte nicht, dass die wenigen Freunde, die mir geblieben waren, mich in diesem schmierigen, halb verfallenen Labyrinth von Einzimmerwohnungen sahen, in dem es nach Imbiss und drei Tage alten Milchtüten stank, die man zum Versauern auf die oberen Fensterbänke gestellt hatte. Unter normalen Umständen hätte ich sogar verärgert reagiert, war aber nicht recht fähig, meine gewohnt griesgrämige Laune an den Tag zu legen oder eine Erklärung für meine Lage vorzubringen. Ich ließ folglich zu, dass sie mich einsammelte und fortbrachte. Das Zimmer habe ich nie wieder gesehen. Meine Freundin – eine rationale, ziemlich störrische, berufstätige Frau Mitte vierzig – rief andere Freunde an, die ich missbraucht und auf meinem Weg zurückgelassen hatte, und mit einer Großzügigkeit, über die ich noch heute staune, taten sie sich zusammen, um mich aus dem Loch zu ziehen, in das ich mich hineinmanövriert hatte. Vierzehn Tage später war ich bis auf Weiteres in einer sauberen, hellen Wohnung voll mit Büchern und Bildern untergebracht, saß am Fenster, blickte auf einen langgezogenen Vorstadtgarten mit Rosen und Apfelbäumen und schmiedete Pläne, die sich irgendwie um Surbiton drehten.

Surbiton - ein Kürzel für einen Ort, den es fast gibt, eine einfachere Welt aus Herbstblättern, Bussen und einem Haus in einer Seitenstraße, in dem ein Mann sauber und wahrhaftig leben kann - natürlich allein mit seinen Büchern, der Musik und nicht einmal einer siamesischen Katze zur Gesellschaft. Ich sah das Haus regelrecht vor mir, sah mich als dieser Mann - und an jenem warmen Nachmittag im Frühling, als ich am Fenster saß und in den Garten schaute, hatte ich plötzlich eine Vision vom Rest meines Lebens, eine überaus deutliche Vision: Ich würde zu einem dieser Einzelgänger werden, die überall in den Vorstädten und Marktflecken dieses Landes ihr Leben wie ein Uhrwerk lebten, ein von perfekter, banaler - will sagen *normaler* - Routine festgelegtes Dasein: aufstehen, zur Arbeit gehen, nach Hause kommen, ein Buch lesen, fernsehen, zu Bett gehen, aufstehen. Und jeden Tag würde ich es wieder genauso halten; am Samstag dann würde ich daheim bleiben, kochen und putzen, oder ich würde ins Kino gehen - nicht in dieses große Multiplex in der Hauptstraße, sondern in irgendein altes Flohkino in einem noch nicht gentrifizierten Viertel nahe des Bahnhofs, in ein altes Ritz oder Alhambra, das von einem schwulen Pärchen übernommen und renoviert wurde, um sonntagnachmittags sechs, sieben Stunden hintereinander Filme von Fassbinder oder Kurosawa zu zeigen, Marathonsessions der Werke unterschätzter Größen mit wenigen, bittersüßen Pausen für Tee und selbst gemachte Lebkuchen. Ich würde mein Leben in jenem gesteigerten Zustand führen, den Andy Warhol meint, wenn er seinen Lesern rät, jeden Tag dasselbe zu tun, auf genau dieselbe Weise und in derselben Reihenfolge. Selbst beim Essen würde ich mich wie Andy an die Routine halten. Und die ganze Zeit über wäre es mir bewusst, wenn ich von einem Zimmer ins andere gehe, eine Lampe anmache oder nach einem Holzlöffel greife, um die Suppe umzurühren, die ich mir auf dem Herd warm mache, Campbells Hühnersuppe zum Beispiel.

Der Plan war perfekt, lächerlich, gewiss, aber perfekt. Ich würde zu jemand anderem werden und mich so von meiner untilgbaren Schande heilen, von meinem offenkundigen Irrsinn. Dazu musste ich nur allein sein, mich abgrenzen, mich an eine feste, unveränderbare Routine halten. Ich brauchte einen Job, bei dem ich für mich bleiben konnte, kleinere Probleme löste oder Daten verarbeitete. Jeden Morgen würde ich um Punkt neun Uhr kommen, und Schlag fünf Uhr ginge ich nach Hause und sähe mir im Spätprogramm alte Filme an. Um mich von meiner Sünde reinzuwaschen, würde ich ein simples Leben führen, einsam und ungestört. Durch Ausprobieren fände ich die perfekte Routine und hielte mich daran, Tag für Tag, Woche für Woche, Jahr für Jahr, Jahrzehnt für Jahrzehnt. Und wenn meine Stunde schlug, würde ich, sofern ich Glück hatte, während einer Wiederholung von *Geheimauftrag für John Drake* sterben. Vielleicht wollte ich etwas sammeln – Briefmarken oder alte Platten aus den Sechzigern –, und ich würde Jahre der Stille verleben wie jener Philosophiestudent, dem Wittgenstein auftrug, seine Studien zu beenden und für den Rest seiner Tage in einer Fabrik zu arbeiten. Ich würde schlichten Freuden frönen und für andere vernachlässigbar sein: Marmorkuchen zum Tee am Nachmittag, eine Topfpflanze auf dem Fenstersims und dazu Grace Slicks überraschtes Glucksen am Ende von »Sally Go 'Round the Roses«. Es würde vielleicht kein besonders tolles Leben sein, doch war es die eleganteste Anerkennung ehrenwerten Versagens, die ich mir vorzustellen vermochte.

Besitzer des sauberen, hellen Hauses war ein Paar, das ich seit Jahren kannte. Ich hatte die beiden in der Anfangszeit kennengelernt, damals, als mein Verfall manchmal auch wunderbar war, und was sie sahen, wenn sie mich anschauten, war das Potenzial, das ich noch ausgestrahlt haben musste. Vielleicht erinnerten sie sich sogar daran, wie vielversprechend ich auf sie gewirkt hatte, als alles noch gut zu gehen schien und der Glanz einer wilden Nacht, eines langen beschwipsten Nachmittags nicht ganz verflogen war, als ich ein sanftes Strahlen zu verströmen schien, fünf Teile Neurasthenie, natürlich, aber womöglich auch ein, zwei Teile einer gewissen Aura. Es war ein geliehenes Licht – ich kann nicht so tun, als wäre es das nicht gewesen –, doch vermochten sich diese braven Menschen einzureden, es wäre etwas anderes, etwas Gutes, Ehrliches, Erhaltenswertes – und selbst als das Licht verging, wahrten sie ihren Glauben an die anfängliche Illusion. Zurückblickend wird mir mit Entsetzen klar, wie oft sie in das Chaos eingriffen, das ich aus meinem Leben gemacht hatte, wie oft sie mich aufnahmen, wenn ich nicht mehr wusste, wohin, mir Geld borgten, mir zu essen gaben, wenn ich hungrig war, meinen wilden Fantastereien zuhörten, wenn ich einen meiner »Schübe« hatte, mich in der Nervenheilanstalt besuchten, in die man mich zu meinem eigenen Schutz einsperrte. An jenem Tag, an dem ein junger Polizist an ihre Tür klopfte, um mich über einen Einbruch in ein Geschäft in der Stadt zu befragen, lieferten sie mir ein Alibi, obwohl sie nicht wissen konnten, ob ich unschuldig war oder nicht. Bei anderer Gelegenheit beauftragten sie einen Freund ihrer Tochter, mich aus dem

Lion Yard loszueisen, einem Pub, in dem ich mit einer Handvoll Pillen, reinem Alkohol und in Gesellschaft einiger Säufer und Tunichtgute hockte. Und während ich über die wenigen mir verbliebenen Möglichkeiten nachsann, bestärkten sie mich in meinem Vorhaben, nach Süden zu ziehen und neu anzufangen, und sie scheuten keine Mühe, mir zu diesem neuen Leben zu verhelfen. Sie liehen mir noch mehr Geld, forderten manchen Gefallen ein und boten moralische Unterstützung, als ich erschrocken aus meinen Tagträumereien erwachte und mich fragte, was zum Teufel ich da eigentlich vorhatte. Natürlich wussten sie, dass mein Surbiton ein Fantasieprodukt war, ein Traum, den ich mir als Außenseiter rund um die *soi-disant* Verwirrung des Normalen und Banalen geschaffen hatte, aber sie wussten auch, ich würde wie ein Stein untergehen, wenn ich nicht nach *irgendeinem* Halt griff. Dieser Halt war womöglich ein Hirngespinst, aber er war besser als nichts. Also setzten sie mich in den Zug, winkten mir nach und hofften, ich würde, wenn es jenes Surbiton schon nicht gab, zu dem ich unterwegs war, wenigstens an einen sicheren Ort gelangen.

Eine Bar auf der Merrow Down

Als ich in Surrey eintraf, war es Sommer. Die ideale Jahreszeit, um die normale Welt zu suchen – dachte ich zumindest. Mit ein wenig Hilfe meiner Freunde lebte ich eine Woche später in einer WG am Worplesdon-Ende von Guildford, geografisch gesehen nicht direkt Surbiton, doch braucht es nur wenig Fantasie, Surbiton da zu entdecken, wo man es findet. Die Wohnung gehörte jemandem aus dem Kreis unverdienter Freunde und wies keinerlei Ähnlichkeit mit jenem Reihenhaus in der Seitenstraße auf, das ich mir vorgestellt hatte, kam für mich einem Zuhause aber so nahe wie nichts zuvor. Wenn ich spätabends oder in den frühen Morgenstunden wach lag und der Stille lauschte, wurde mir klar, dass ich bald weiterziehen musste, doch wurde mir erst einmal ein neuer Anfang gewährt, und ich wusste, ich würde das Beste draus machen müssen. Die Halluzinationen und Einbildungen waren auf Pause geschaltet, und man hatte mir Medikamente verschrieben, die mir das Krankenhaus ersparen sollten. Nach einer Weile gab es Treffen, zu denen ich musste, eine Zeit lang auch einen Drogenberater, der mir mit meiner Suchtpersönlichkeit half; es gab sogar so etwas wie einen Job. Nun hatte ich also eine Bleibe, und ich wusste – auch wenn ich es nur ungern zugab –, es gab ein Sicherheitsnetz für den Fall, dass ich ins Straucheln geriet. Kurz gesagt, mir wurde – gänzlich unverdient – die Gelegenheit gewährt, ein normales Leben zu führen. Und doch.

Und doch – tief in mir drinnen war ich trotz meiner Faszination für Surbiton nicht gänzlich davon überzeugt, fürs Normale bereit zu sein. *Theoretisch* wollte ich ein normales Leben, *theoretisch* wollte ich in meine private Welt abtauchen und in der Vorstadt Briefmarken sammeln, schließlich wusste ich, dass ich Heilung brauchte. Also hatte ich mich freiwillig für ein offizielles Zwölf-Schritte-Programm eintragen lassen, damit ich einer Gruppe ähnlich gesinnter Seelen meine drogen- und alkoholverschuldeten Desaster bekennen und zu jener Demut finden mochte, der es bedurfte, mein Leben der sprichwörtlich höheren Macht anzuvertrauen. Ich habe es lang ausgehalten, obwohl ich weder Nescafé mag noch Rich-Tea-Kekse und von Anfang an wusste, dass es mir nicht leichtfallen würde, eine höhere Macht in meinem Leben zu akzeptieren. Ich zweifle übrigens durchaus nicht an, dass es da draußen etwas gibt, das einer höheren Macht gleichkommt, bloß bin ich nicht im Mindesten davon überzeugt, dass Er, Sie oder Es willens sind, *mich* durch jene doch eher unbedeutenden und recht schäbigen Probleme zu leiten, die ich mir selbst eingebrockt habe. Es versteht sich, dass ich froh war, aus meiner misslichen Lage befreit zu sein, und ich war voll guter Absichten, doch wenn die Nacht anbrach und ich nüchtern und drogenfrei in meinem sauberen Bett lag oder wenn ich ein langes, freundliches Treffen mit nichts als Hobnobs und Nescafé zum Trost überstanden hatte und mit dem Morgen unheilvoll der erste Tag vom Rest meines Lebens dräute, fiel es mir schwer zu erkennen, was an meiner plötzlich normalisierten Existenz so attraktiv sein sollte.

Ich sage *Existenz*, denn mehr war es das erste Jahr nicht für mich, keine Aufregung, keine Spannung, nichts Ungewöhnliches. Kein LSD, kein Dope, keine Barbiturate, kein Meth und meist auch kein Alkohol – was hieß, dass ich aufpassen und jede Situation meiden musste, die mich zurück ins Partyleben stieß –, und ich wollte wirklich nicht zurück in jene Welt, die ich gerade erst verlassen hatte, zumindest nicht bewusst. Bewusst wollte ich geheilt werden. Bewusst war ich froh, mein altes Ich hinter mir gelassen zu haben. Das Problem war nur, dass die ganze Welt freitagabends unterwegs zur langen Nacht zu sein schien, dass sie nach einer Woche Datenspeicherung oder Kundenpflege plötzlich lebendig wurde; junge Frauen in weißen Kleidern und mit zu dick aufgetragenem Lippenstift kreuzten meinen Heimweg vom Imbiss, junge Männer in ihren besten Hemden warteten an der Bushaltestelle, spürten die Hitze, ahnten das Abenteuer. Oder ich bog an einem Samstagnachmittag um die Ecke und sah sie aus irgendeinem Pub in einer Seitenstraße strömen, gewöhnliche Kids, die schön wurden durch das, was ihnen für ein, zwei Stunden durch die Adern rann, Kids, die unterwegs waren zu einem Versteck irgendwo am Fluss, um den ganzen Nachmittag in der Sonne zu sitzen, zu rauchen, zu flirten und Pillen einzuwerfen, bis der Pub wieder aufmachte. Nachts lag ich dann im Dunkeln im Bett, hörte sie über die Worplesdon Road heimgehen, lachen und sich zurufen, keine zwanzig Meter weit entfernt. Oder ich stand in den frühen Morgenstunden am Küchenfenster, sah ein Taxi vorfahren und eine junge Frau aussteigen, direkt vor dem Mietshaus – die hübsche Dunkelhaarige, die im Zeitungsladen arbeitete und mir immer zulächelte, wenn ich die Sonntagszeitungen kaufte. Bestimmt kam sie von einer Party nach Hause, überquerte die Straße, umgeben von einem fahlen silbrigen Glanz, betrat das gegenüberliegende Haus ihrer Eltern; und da ich wusste, ich würde nach diesem Anblick nicht mehr schlafen können, machte ich mir noch eine Tasse richtigen

Kaffee, kein Nescafé, blieb bis zum Morgen wach und dachte an die gute alte Zeit.

Da war er also: der vertraute Kampf. Vergnügter roter Teufel auf der einen, anämischer weißer Engel auf der anderen Schulter. Ich steckte wirklich voll guter Absichten, aber selbst mir war klar, wie gefährlich gute Absichten sein können, und wenn ich die Risiken gegeneinander abwog, rechnete ich mir für die vermeintliche Rückkehr in den Schoß des Normalen eher schlechte Chancen aus. Außerdem war ich für mein neues Leben erbärmlich schlecht gerüstet, vor allem für ein Leben in Surrey. Ich war achtundzwanzig Jahre alt und hatte kein Auto und keine Hypothek. Ich besaß nicht einmal einen Kühlschrank, einen Staubsauger oder eine Stereoanlage. Dafür gehörten mir zwei Pullover, eine Tüte mit T-Shirts, zwei Jeans und eine Schublade mit Unterwäsche, drei, vier Bücher, ein Schnappschuss sowie ein Notizblock mit Geschreibsel, das selbst ich nicht entziffern konnte. Alles andere hatte ich entweder verloren oder weggegeben. Mir zu besorgen, was ich für die Rückkehr in das brauchte, was meine Mitselbsthelfer verschämt das *nüchterne Leben* nannten, würde eine Weile dauern, und alles hing davon ab, dass ich mich benahm – dass ich clean blieb, nüchtern, schuldenfrei und, so weit möglich, auch bei Verstand –, was natürlich auch bedeutete, dass jeglicher Fortschritt auf dem Weg zur Normalität allzeit wieder verfallen konnte, was mich dann zurück an den Anfang werfen und mir nichts weiter als den flüchtigen Trost lassen würde, die Hilfe meiner Freunde damit vergolten zu haben, dass ich sie endgültig enttäuschte.

Während der ersten Monate erledigte ich in einem Rentnerdorf außerhalb von Cranleigh Instandhaltungsarbeiten: Gartenpflege, Anstreichen und kleinere Reparaturen. Um hinzukommen, fuhr ich in der Morgendämmerung acht Kilometer mit dem Rad über Land und wartete dann an der Straße auf einen Mann namens Frank, der mich die restliche Strecke im Wagen mitnahm. Auf dem Rückweg nahm ich dieselbe Route, aber obwohl mir das tägliche Rechen, Harken, Rasenmähen durchaus zusagten, fiel es mir schwer, mit meinen Vorgesetzten auszukommen. Laut dem Leiter des Bauhofs hatte ich ein Problem mit Autorität. Aus irgendeinem Grund passte es mir nicht, von jemandem herumkommandiert zu werden, dem es schwerfiel, das Kreuzworträtsel im *Mirror* auszufüllen – und damit stand ich keineswegs allein. Der Bauhof beschäftigte vier feste Mitarbeiter, und sie alle hatten dasselbe Problem. Der einzige Unterschied zwischen mir und meinen Kollegen bestand darin, dass ich nach neun Wochen entlassen wurde.

Die nächste Stelle fand ich in einem Gartencenter in einem beliebten, einige Kilometer entfernten Pendlerdorf an der A3. Das Center war ein Gemeinschaftsunternehmen zweier ortsansässiger Geschäftsleute, die etwas Geld übrig hatten, sowie eines gelangweilten Aristokraten, dem zufällig eine große ummauerte Fläche gehörte, für die er keine bessere Verwendung fand. Geführt wurde das Unternehmen von einer der Ehefrauen, der es an Beschäftigung mangelte, und das Geschäft hätte durchaus erfolgreich laufen können, tat es aber aus irgendeinem Grund nicht. Die Arbeit hat jedenfalls Spaß gemacht: Das Dorf war das reinste Bilderbuchdorf, ein ländliches Sammelbecken Stirnlocken zupfender Einheimischer mit zu viel Gesichtsbehaarung und ihren bessergestellten *Country Life*-Nachbarn, ausnahmslos mit grünen Gummistiefeln, teuren Autos und einer Schar an billigeren Privatschulen untergebrachter Kinder aus früheren Ehen. War der geruhsame Tag vergangen und wir hatten mit leisem

Bedauern den Laden geschlossen, lief ich manchmal ins Dorf und gönnte mir im Ram's Bollocks ein Glas frisch gepressten Orangensaft, ohne Eis bitte, um mich für die Radfahrt entlang der A3 zu stärken. Es dürfte allerdings wohl kaum überraschen, dass ich irgendwann der Versuchung erlag und mir im Dead Badger mit den Einheimischen ein, zwei Halbe gönnte. Schließlich, sagte ich mir, habe es keinen Sinn, wie ein Mönch zu leben. Ein Glas Wein zum Mittagessen, ein Bierchen nach der Arbeit, da war doch nichts dabei. Außerdem würde es mir guttun, wenn ich lernte, in Maßen zu trinken. Ich musste auch lernen, mich anzupassen, konnte doch nicht ewig zu den Treffen der Anonymen Alkoholiker gehen. Und was das Trinken betraf, durfte ich nur nicht vergessen, niemals allein zu trinken. So lautete eine der wichtigeren Regeln, vielleicht die wichtigste überhaupt: TRINK NIEMALS ALLEIN. Trank man allein, so die gängige Meinung, konnte das nicht lange gut gehen, und bei meiner Suchtpersönlichkeit musste ich da besonders vorsichtig sein. Andererseits, so sagte mein Freund Paul gern in jenen Monaten, die zu seinem vorzeitigen Tod durch eine Bauchspeicheldrüsenentzündung führten, trinkt der wahre Trinker *immer* allein, ganz unabhängig davon, mit wie vielen Leuten er zusammen ist.

Mich mit Paul anzufreunden, war für mich gefährlich, denn wenn ich je einen wahren Trinker kannte, dann war das Paul. Er arbeitete in London, wohnte aber in einem Dorf entlang der Route nach Surrey, nur wenige Minuten zu Fuß vom Bahnhof entfernt. Das war ein Glück, bedeutete es doch, dass er kein Auto besaß, und ich will mir gar nicht vorstellen, was Paul für ein Fahrer gewesen wäre. Ich weiß nicht genau, was er arbeitete, irgendein Bürojob, aber zwei-, dreimal die Woche zog er nach der Arbeit mit Freunden, Kollegen oder mit wem er auch sonst gerade zusammen war, in die Stadt, um zu trinken. Er saß für gewöhnlich in einer Weinbar oder im Pub, bis die Bekannten essen gingen oder ihren Zug nach Hause erwischen mussten, um sich dann nach Waterloo aufzumachen und unterwegs in South Bank oder der Bahnhofskneipe einen Zwischenstopp für ein paar Gläser einzulegen, ehe er sich schließlich auf den Weg in Richtung Vorstadt begab. Fand sich im Zug eine Bar, gönnte er sich dort noch ein paar Gläser, gab es keine, brachte er einen Vorrat mit, schaute ins Dunkel und sah die Ortschaften vorüberblitzen. Danach wurde es meist ziemlich nebulös. Manchmal schaffte er es nach Hause, manchmal landete er in einem Wartesaal und verfluchte sich, weil er zu lange im Pub geblieben oder weil er eingeschlafen war und seine Haltestelle verpasst hatte; insgeheim aber freute es ihn, dass keine Züge mehr fuhren und er bis zum Morgen festsaß. Natürlich gab es immer noch irgendwelche Möglichkeiten, je nachdem, wie weit es bis nach Hause war, aber die kamen für ihn kaum in Frage: Er zog es vor, im kupferfarbenen, matten Licht eines Wartesaals zu sitzen, der Anzug zerknittert, das Haar wirr, während die Uhr langsam die Minuten und Stunden bis zum Tagesanbruch vertickte. Unter Umständen hatte er eine Stunde im Zug geschlafen, aber das war nicht weiter wichtig – er konnte sowieso nicht mehr schlafen, war hellwach und spürte den seltsamen Drang wach zu bleiben, jetzt, da er allein und irgendwo gestrandet war. Dergleichen passierte ihm ständig: Er schlief ein, verpasste seine Station und landete an der Endhaltestelle; oder er wachte plötzlich auf, sprang an irgendeinem Provinzbahnhof aus dem Zug und bemerkte den Irrtum erst, wenn es zu spät war. Anfangs hatte er sich noch bemüht, nach Hause zu kommen, nach einer Weile aber ließ er sich bewusst darauf ein und dachte sogar daran, für die langen schlaflosen

Stunden eine halbe Flasche Brandy mitzunehmen. Die ersten Male blieb er, wohin es ihn verschlagen hatte, saß da, nippte an seinem Brandy, sah auf dunkle Felder oder auf die Lichter der Vorstadt, die durch die umstehenden Bäume blinzelten. In solchen Momente fühlte er sich dann manchmal vollkommen verlassen, doch kannte er sich gut genug, um auch um die Zufriedenheit zu wissen, die er unter der Oberfläche der Einsamkeit verspürte – Zufriedenheit, weil er völlig frei war. Eine Stunde, vielleicht auch fünf Stunden lang war sein Alkoholproblem keine Krankheit, keine Charakterschwäche oder die Folge einer schwierigen Kindheit. Es war eine spirituelle Übung, eine rituelle Beobachtung seiner selbst in höchster Reinform und mehr als alles andere auch eine Art Gebet. Als man bei ihm Pankreatitis feststellte, war die Alkoholsucht so weit fortgeschritten, dass er dem Rat des Arztes, sich wieder in den Griff zu bekommen, nicht folgen konnte. Er hatte seit Jahren allein getrunken – und er wusste, wenn seine Stunde schlug, würde er sich mit einem Gläschen stärken und dann einem quälenden, unschönen Tod entgegensehen. Er hat sich nicht für den Tod entschieden, beileibe nicht – er konnte sich bloß nicht für ein Leben entscheiden, in dem er nicht mehr trinken durfte.

Erst hinterher fand ich heraus, dass er eine Frau hatte. Keine Kinder, aber eine Frau, die es fünfzehn Jahre mit ihm durchhielt, ihn aber verließ, als sein Leben ausartete, vielleicht in dem Versuch, ihm solch einen Schock zu versetzen, dass er sich zum Besseren änderte. Es hat nicht geklappt. Auf der Beerdigung überraschte sie uns – einige wenige Trinkkumpane und zwei betrübte Kollegen –, wie sie da in edlem Schwarz mitsamt Hut und Handschuhen am Grab stand, fest entschlossen, nicht zu weinen, eine Haltung, die ihre, wie ich heute finde, schockierende

47

und seltsam unangemessene Schönheit nur betonte. Später fand ich heraus, dass sie Maria hieß. Sie war sichtlich jünger als ihr Mann – und obwohl ich es kaum glauben wollte, sah ich ihr an, dass sie Paul bis zum Schluss geliebt hatte, selbst dann noch, als er sich mit seiner täglichen Ration Chardonnay und Wodka Tonic zu Tode soff. Ich habe Paul nur wenige Monate gekannt – ich lernte ihn etwa zu der Zeit kennen, als ich anfing, mich wieder auf Tage voller Wein und Rosen einzulassen –, trotzdem war er für mich ein Freund, und sein Tod hätte mir eine Warnung sein sollen, war er aber nicht. Ganz im Gegenteil. Während ich insgeheim noch um meine hart erkämpfte *Nüchternheit* rang, beneidete ich ihn um diese letzten Wochen, in denen er sein Leben fortwarf, um sich in einem schäbigen Wartesaal irgendwo zwischen Waterloo und Portsmouth ganz der kühlen Nacht zu überlassen. So elend sein Ende aber auch gewesen sein mochte, diese letzte, lange Sauftour war doch kompromisslos und auf ihre Weise ziemlich ehrenwert gewesen. Das Verlangen, dem ich manchmal nachgab, hatte für mich nichts Perverses; dieses klägliche, doch seltsam logische Verlangen, ihm auf seinem Weg zu folgen und mich ein für alle Mal der langen, einsamen Zeremonie der Selbstauslöschung hinzugeben.

* * *

Ich gab mir allerdings Mühe, *große* Mühe – was meist der falsche Weg ist, etwas anzugehen. Ein Jahr oder länger ging ich zu den Treffen und blieb während jener Zeit mehr oder minder nüchtern. Ich war dabei, mich grundlegend zu ändern, zu tun, was getan werden musste, und zu vermeiden, was ich zu vermeiden versprochen hatte. Irgendwann verlor dann das Gartencenter seinen Reiz, und ich fing an, mich nach etwas anderem umzuschauen – und so kam es, dass ich an einem regnerischen Nachmittag des Jahres 1985 in Whitehall in einem Büro saß und drei äußerst gelangweilte Herren davon zu überzeugen versuchte, dass ich einen großartigen Beamten abgeben würde. Ich besaß keinerlei nennenswerte Qualifikation, fand es aber ermutigend, dass ich es während eines chaotischen, an Irrsinn grenzenden Jahrzehnts offenbar geschafft hatte, mir den Eindruck von Glaubwürdigkeit zuzulegen. Hätten sich meine Gesprächspartner dafür interessiert, hätten sie in meinem Lebenslauf große Lücken entdeckt, und hätten sie mir länger als einige Sekunden in die Augen geschaut, wäre ihnen klar geworden, was für ein Hochstapler ich war, ein waschechter Opportunist, der sich durch ein Gespräch lavierte, von dem er so gut wie nichts verstand. Ich bewarb mich beim Ministerium für Landwirtschaft, Fischerei und Lebensmittel um eine Stelle als Programmierer, dabei besaß ich an Computerwissen nur einige höchst rudimentäre und erst kürzlich erworbene Kenntnisse über BASIC und zudem eine kindliche, oft erprobte Leidenschaft für logische Probleme. Damals wusste ich noch nicht, dass der Civil Service ebenso verzweifelt nach brauchbaren Neulingen suchte wie ich nach einem anständigen Job, eine Tatsache, derer ich mir jedoch rasch bewusst wurde, als mich die Auswahlkommission lustlos auf Charakterschwächen zu prüfen begann – ist dies wirklich jemand, der für die Regierung arbeiten könnte? –, ehe sie mich (vielleicht war es auch andersherum, ich habe nur sehr verschwommene Erinnerungen an diesen Nachmittag) in ein winziges Zimmer mit dem simpelsten Eignungstest steckten, der je von Menschen ersonnen wurde.

Ich bestand den Test, was mich nicht überraschte, bestand aber auch das Auswahlgespräch, was mich ziemlich überraschte.

Und ehe ich recht begriff, wie mir geschah, hatte ich den entsprechenden Ausbildungskurs absolviert und arbeitete im Ministerium, schrieb Programme, mit denen sich Informationen über Stoppelbrand oder Interventionspreise abrufen ließen, damit der Minister – der den passenden Namen MacGregor trug – die nötigen Antworten parat hatte, wenn er im Parlament Rede und Antwort stand. Es war lächerlich. Ich war ein EO, ein *executive officer*, der niedrigste technische Rang, und arbeitete mit längst überholtem Gerät – im Ministerium mussten wir noch Lochkarten stanzen, die nachts durchratterten, und ich verbrachte manche Stunde damit, sie fluchend auf einem uralten Stanzer im Erfassungsbüro zu korrigieren. Meine Ausbildung war erst wenige Monate her, und doch ging meine Arbeit bei ein, zwei Gelegenheiten so gut wie unmittelbar an den Minister, und da das, was ich tat, fast nie überprüft wurde – ständig fehlte es an Zeit, alles war immer eilig und wurde erst in letzter Minute fertig –, hätte ich sonst was behaupten können. Aber genau darum ging es natürlich: Meine Berichte wurden letztlich nicht benötigt, um das Parlament zu informieren; sie waren bloß das Rohmaterial, aus dem sich jemand, der weiter oben in der Nahrungskette stand, zusammensuchte, was er gebrauchen konnte. Einmal kam mir der Gedanke, ich könnte ebenso vierzig Seiten mit wahllos generierten Zahlen statt meiner sorgsam parametrisierten Berichte einreichen; das Ergebnis wäre dasselbe. Wenn der Minister das Wort ergriff, sagte er, was er sagen wollte, und das hatte nichts mit dem Programm zu tun, das ein niederer EO in vier, fünf Stunden geschrieben, zusammengestellt und früher am selben Tag hatte durchlaufen lassen.

Und trotzdem, nichts davon störte mich auch nur im Mindesten. Im Gegenteil, ich fand es ermutigend. Meine Arbeit war rein abstrakt, eine Reihe von Problemen, die in einer bestimmten Zeitspanne gelöst werden mussten, fast wie ein Kreuzworträtsel zur Mittagspause. Sie erfüllte keinen Zweck und wurde um ihrer selbst willen ausgeübt wie Kunst oder ein Flirt. Sicher war dies der einzige interessante Job, den ich je gehabt hatte, und er bedeutete rein gar nichts, bestand einfach nur aus einer Folge von Abläufen. Und mich kümmerte es nicht. Auf diese Weise unbedeutend zu sein, fand ich sogar recht befriedigend, beinahe wie unsichtbar zu sein oder auf ehrenwerte Weise von der Oberfläche der Erde zu verschwinden, ohne jede Spur, wie die Grinsekatze, nur der Hauch eines Lächelns blieb zurück und verriet, dass man schon immer gewusst hat, wie lächerlich das Leben war.

Und mindestens acht Stunden am Tag war das Leben tatsächlich lächerlich – nicht, weil mein Job so unwichtig gewesen wäre und nicht, weil Computerarbeit bedeutet, dass man ständig zwischen plötzlicher Panik und Nichtstun schwankt. Wenn es denn Arbeit gab, war sie manchmal sogar interessant; außerdem gab es immer noch den Teewagen, den ein oder anderen Büroflirt und eine schier endlose Zahl von Zeitschriften, deren Inhalt in lockerem Zusammenhang mit der Arbeit stand – *Farmers Weekly, New Scientist,* sogar den *Ecologist,* noch in dem alten, matten Format –, Blätter, die wie durch Zauberei in meinem Posteingangsfach erschienen. Im Sommer konnten wir während der langen Gleitzeitpausen Krocket auf dem Rasen des Ministeriums spielen oder zur Merrow Down schlendern und uns über Sonnenschein und Schmetterlinge freuen. Die etwas Abenteuerlustigeren setzten sich vielleicht ab, um mit jemandem auf der Down anzubändeln, diesem Park, der nur eine Straße vom Büro entfernt lag, auch wenn ihr Vorhaben in den meisten Fällen Träumerei blieb, oder sie machten früher Schluss und fuhren zum

Silent Pool, acht Kilometer in Richtung Shere, um im umgebenden Wald Ehebruch zu begehen. All *das* war nicht lächerlich. Im Gegenteil: Lächerlich war die übrige Zeit, die Bürozeit, der *Job*, denn der Job wurde ständig neu organisiert und dann gleich wieder von Leuten reorganisiert, die geradewegs vom Ausbildungskurs für Manager kamen und die frischgelernten Techniken an uns ausprobieren wollten. Mit anderen Worten: Sie versuchten zu beweisen, dass sie Manager waren, und wer Manager sein wollte, der musste über eine große Bandbreite von Methoden der Einmischung verfügen, mittels derer er andere Leute von sinnvoller Arbeit abhielt. Vielleicht war dies ihre Rache – Manager zog man sich gewöhnlich aus jenem Kreis von Mitarbeitern heran, die nicht sonderlich gut waren mit Computern, Systemdesign oder sonst einer Arbeit, die einen gewissen Intelligenzgrad und ein Minimum an Fantasie voraussetzte. Gewiss gab es Ausnahmen, doch habe ich die, wenn überhaupt, dann nur von Weitem gesehen: Meist wurde meine tägliche Fron von jemandem namens Brian oder Simon geplant und abgesteckt, von Typen, die einen Hintern nicht von einem Ellbogen unterscheiden konnten und gegen jeden eingenommen waren, dem dies gelang.

Der Gipfel aber war, dass man mich in ein Büro zu einem Kerl namens Tim steckte, einem hochgewachsenen, rotwangigen High Executive Officer mit sieben Jahren Berufserfahrung, dessen größter Wunsch es war, einmal in der Sendung *Mastermind* aufzutreten. Tim war Mitglied in mehreren Quizmannschaften und verbrachte einen Großteil seiner Zeit damit, sei es im Büro oder auch außerhalb, Seiten aus dem *Guinnessbuch der Rekorde* oder Details aus dem Filmlexikon *Halliwell* auswendig zu lernen. Er konnte für jeden beliebigen Tag die Nummer eins in den Musikcharts aufzählen, von Beginn der Charts bis heute; er wusste nicht nur, wer 1962 den Oscar für die beste Nebenrolle erhalten hatte, sondern auch, wer alles dafür nominiert worden war; er kannte die Staatsblumen von Mississippi und Minnesota sowie sämtliche Währungen und die Namen aller ehemaligen Hauptstädte eines jeden Landes, das es jemals gegeben hatte. Sein Spezialgebiet war die Popmusik, und er hatte die Namen aller Mitglieder jeder Girlgroup im Kopf, die je bei der Plattenfirma Tamla Mowtown Aufnahmen gemacht hatte, aber auch die Lebensgeschichte jedes Acid Rockers von Darby Slick bis Gary Duncan. Da er HEO und ich nur ein simpler EO war, galt er offiziell als mein Vorgesetzter, was ihm wunderbar in den Kram passte. Bis ich kam, war er auf sich allein gestellt gewesen – es kursierten diverse Gerüchte, warum andere Langzeitangestellten nicht mit ihm zusammenarbeiten wollten –, weshalb er seine Studien der *Cricketbibel* oder der *Encyclopedia Britannica* gelegentlich unterbrechen musste, um das ein oder andere Programm zu schreiben und einen gänzlich unnötigen Bericht zu verfassen. Jetzt hatte er wieder einen Untergebenen, was bedeutete, dass er *delegieren* konnte. Delegieren war gut, zum Delegieren wurde ermuntert, durchs Delegieren verschaffte sich der Vorgesetzte Zeit für andere Aufgaben, während die unerfahreneren Arbeiter das nötige Selbstvertrauen gewannen, neue Herausforderungen anzunehmen und Probleme zu lösen. Das Beste daran war für Tim jedoch der unschätzbare, unermessliche Vorteil, dass er wieder mehr Zeit zur Vorbereitung hatte. Da er nun einen EO einweisen und unterrichten musste, wuchs zwangsläufig seine Arbeitsbelastung, weshalb er Überstunden beantragte und die Sonntage im Büro verbrachte, gewöhnlich allein und ungestört, sodass er sich in Ruhe in Sachen Ligapokal und Zeitgeschehen auf den aktuellen Stand bringen konnte.

Am Montagmorgen quollen die Papierkörbe in unserem Büro meist über vor Zeitungen und leeren Bierdosen, doch schien das nie jemandem aufzufallen. Schließlich wurde die Arbeit erledigt, und das besser als zuvor – vor allem wohl, weil Tim sich nicht einmischte, denn Tim war beschäftigt. Tim hatte eine Mission zu erfüllen. Im Jahr vor meiner Versetzung in Tims Abteilung hatte seine Quizmannschaft den Regionalentscheid gewonnen, war aber im Viertelfinale gescheitert. Mit dem neuen Lakaien, der für einen reibungslosen Ablauf im Büro sorgte, konnte Tim sich nun ganz auf seine wahre Berufung konzentrieren. Ich sah es ihm an, wenn er am Schreibtisch saß und die Sieger von Wimbledon auswendig lernte. Heute: die Nationals; morgen: der schwarze Stuhl bei *Mastermind*.

Das war sie also, die Normalität, womit wohl nur bewiesen wäre, wie langweilig das normale Leben ist, vor allem der Büroalltag, was seinerseits vermutlich erklärt, warum das Ministerium für Landwirtschaft, Fischerei und Lebensmittel in all seiner Weisheit eine Bar mitten im Zentrum des Gebäudes an der Epsom Road eingerichtet hatte, eine Bar gleich bei der Merrow Down. Eine echte Bar, und die Getränke wurden *staatlich subventioniert*. Wie hätte ich da widerstehen können, ich mit meiner Suchtpersönlichkeit? Tag für Tag lockte mich die Bar, und es dauerte nicht lang, da folgte ich ihrem Ruf.

Kafkaland

Die Bar rief, und ich folgte diesem Ruf, trotzdem habe ich mich anfangs ganz gut gehalten. Ich trank ein, zwei Bier zum Mittagessen, nach einem langen Tag manchmal auch ein paar mehr, ging aber weiterhin zur Arbeit und sah lange nichts oder niemanden, was nicht tatsächlich da war. Und ich trank immer noch nicht allein.

Später hätte ich es ebenso gut tun können, denn nach wenigen Monaten ging ich jeden Abend aus, steuerte gegen sechs Uhr die Bar an und zog dann weiter zu einem der Hotels entlang der Epsom Road, ehe ich mich in die Stadt treiben ließ. Meine Absicht war jedes Mal, in Ruhe ein Glas zu trinken, und manchmal tat ich genau das. Dann und wann aber lief es nicht wie geplant. Meist fing es ganz unverfänglich an, ich nippte an einem mittelmäßigen Chardonnay, studierte die Speisekarte in einem dieser netten Pubs im Country-Stil und sagte mir, dass ich nur einen Happen essen wolle, um anschließend nach Hause zu gehen, doch war es bloß eine Frage der Zeit, bis ich in irgendeiner Spelunke landete. Oder ich fand mich in der Küche einer Wohngemeinschaft in Worplesdon wieder und kippte mit meinen neuen Freunden vom Landwirtschaftscollege Bourbon aus einer Plastiktasse. Dann weiß ich nur noch, dass ich als Nächstes auf dem Boden eines Zimmers neben schnarchenden Baumpflegern aufwachte und ins Gesicht eines schnurrbärtigen Typen blickte, den ich nie zuvor gesehen hatte, oder dass ich mich auf einem Grundstück hinter irgendeiner Tierhandlung aus einem Müllcontainer stemmte. Oder ich war neben einer Frau einge-pennt, der ich nie richtig vorgestellt worden war, und fragte mich, wie weit wir es wohl getrieben hatten, ehe wir ins Vergessen ab-geglitten waren. Jedes Mal, wenn ich aus dem Büro ging, standen Weißwein und nette Gespräche auf dem Plan, französisches Es-sen und vielleicht ein kleiner Flirt mit jemandem, den ich am an-deren Ende eines vollen Saals entdeckte. Die schönen Klischees eben. Zwei Stunden später hieß es dann Knockout-Wodkas und eine Handvoll Bennies oder Bier und Whisky in irgendeinem überteuerten, spätabends noch geöffneten Saufschuppen, der sich als Disco tarnte.

Immer aber fing der Abend in dem Glauben an, dass es dies-mal anders laufen würde, und eine Weile setzte ich meine gan-ze Hoffnung auf die Bar eines Hotels unweit vom Büro. Es war eine jener Bars, in denen der Betrieb abends gegen neun auf-lebt – oder auch nicht, bis dahin jedoch gehört sie den stillen Männern, denen, die trinken um des Trinkens willen, langsam und stetig, Bier und Schnaps oder Gin Tonic, vor sich auf der Bar eine Zeitung, meist auf der Seite mit dem Kreuzworträtsel aufgeschlagen, um müßige Gespräche gar nicht erst aufkommen zu lassen. Am Tresen bedienten zwei Festangestellte, ein aufge-quollener, sehr höflicher Brillenträger namens George, ein Mann in seinen späten mittleren Jahren, und eine recht hübsche junge Frau, die, wenn sie nicht arbeiten musste, am Ende des Tresens stand und hinaus in den Garten starrte, als ob sie auf jemanden wartete. Vielleicht stimmte das ja auch, nur ist in all der Zeit, da ich dort trank, niemand gekommen. Sie hieß Linda. George bekam den Mund kaum auf, aber Linda grüßte immer freund-lich. Sie wohnte in der Nähe und kannte die Stammkunden beim

Namen, obwohl sie selbst deutlich jünger war. Wahrscheinlich handelte es sich um Freunde ihres Vaters, was vermutlich auch der Grund war, warum ihr niemand nachstellte – fast niemand. Ich erinnere mich nämlich, dass es zwischen uns kurzzeitig eine auf interessante Weise vieldeutige Phase gab, und das dürfte um jene Zeit gewesen sein, als ich Greg kennenlernte. Ich schätze, hätten Greg und ich uns nicht getroffen, hätte es sich zwischen Linda und mir von interessant vieldeutig zu kurzlebig tragisch entwickeln können, ob das aber stimmt, werde ich nun wohl nie erfahren.

Ich nenne ihn Greg, aber das war nicht sein richtiger Name. Er kam mit Chris, einem untersetzten, ziemlich heruntergekommen aussehenden Typen, das Gesicht kaum mehr als ein Klecks, der Bart klamm, die Brille beschmutzt. Chris arbeitete im Ministerium, allerdings nicht in der Computerabteilung. Ich war ihm gelegentlich in der Bar begegnet und wusste, dass er einer von der fröhlichen Sorte war, der es sich zur Aufgabe machte, mit jedem zu reden, den er traf, ob der nun reden wollte oder nicht. Chris erzählte Witze, unterhielt mit Tratsch über Filmstars und Politiker, verbreitete zwielichtige Gerüchte über Kollegen sowie extravagante Lügen über sich selbst, doch seine eigentliche Spezialität waren Spiele: Dart, Snooker, Pubquiz, Bowlen, Krocket, am Sonntag sogar Cricket mit den Ortsansässigen. Typische Jungsaktivitäten eben. Chris war pummelig, linkisch und alles andere als sportlich, hielt sich aber für den selbst ernannten Experten in Sachen Freiluftaktivitäten von Netzball bis Skilanglauf und redete zudem über herausragende Tennisspieler oder Fußballer mit jener neidlosen Bewunderung, die jeder andere vermutlich allein für einen talentierten Freund oder Verwandten reserviert hätte.

Am besten aber gefielen ihm jene Tricks, die man spätabends am Tresen während irgendwelcher Fortbildungskurse lernt. Wie man ein Whiskyglas durch den Griff eines Halbliterkruges zwängt, ohne das Glas zu zerbrechen. Wie ein Ei auf dem spitzen Ende stehen bleibt, all die infantilen Wortspiele und Streiche, die das Herz eines Neunjährigen erfreuen.

»Sprich mir nach«, sagte er etwa und hüstelte. »Mary besaß ein kleines Lamm, das Fell war wie Schnee.«

Irgendwer wiederholte den Vers, und er grinste triumphierend, um dann einen Laut wie den eines Summers auszustoßen. »Nee, nee, nee, aber danke fürs Mitspielen«, sagte er dann. »Okay, wer versucht es als Nächstes?« Er legte die Hand vor den Mund und hüstelte kurz. »Mary besaß ein kleines La...«

Wenn er keine Tricks übte, teilte er Weisheiten aus. Laut Chris konnte ein jegliches in Kategorien unterteilt werden, und er kannte sie alle. »Es gibt drei Sorten Menschen auf der Welt«, erklärte er zum Beispiel. Und es gab zwei Sorten Frauen, fünf Sorten Songs, sieben Sorten Geschichten. Er besaß zu allem eine Theorie.

An jenem Abend kam er mit einer Gruppe von Leuten, zu denen auch Tim und zwei attraktive Frauen gehörten, die bei der IBAP angestellt waren, der Interventionsbehörde für landwirtschaftliche Erzeugnisse. Bis auf eine Ausnahme arbeiteten in dieser Gruppe alle fürs Ministerium, und ich kannte ihre Gesichter meist aus der Kantine oder der Bar, oft auch ihren Namen und ihre Stellung. Die Ausnahme war Greg. Ihn hatte ich vorher noch nie gesehen, weshalb mir vermutlich auffiel, wie deplatziert er wirkte. Ein hochgewachsener, kantiger Mann, ein paar Jahre älter als ich, mit spärlichem aschfarbenen Haar und dunkel geränderter, leicht getönter Brille. Er erinnerte an einen ehemaligen Hippie, doch fand ich am auffälligsten, wie sehr er sich von der Gruppe abhob und wie wenig er zu dieser Meute gut gelaunter, Anzug tragender Beamter passte. An jenem Abend trug er einen grünen, tarnjackenähnlichen Pullover und schwarze Röhrenjeans über verblichenen Converse Sneakers, die nur die merkwürdige Geometrie seines Körpers betonten, eine Geometrie, teils Bausatz, teils Hautpanzer, was anzudeuten schien, dass er nicht ganz menschlich war – und Gesicht und Hals hatten tatsächlich etwas Insektenhaftes, fast wie von einer Gottesanbeterin oder einer Heuschrecke. Wäre er Schauspieler gewesen, hätte er die ideale Besetzung für die Rolle des Gregor Samsa in einer experimentellen Bühnenaufführung von Kafkas *Verwandlung* abgegeben.

Hätte Linda an jenem Abend nicht Dienst gehabt, wäre ich längst fort gewesen, aber sie hatte, und ich war geblieben, was bedeutete, dass ich, der ich gleichfalls fürs Ministerium arbeitete und allem Anschein nach allein war, es nicht verhindern konnte, in diesen feuchtfröhlichen Kreis aufgenommen zu werden. Mir gefiel das nicht: Keiner dieser Leute bedeutete mir etwas – dennoch gehörte ich, auch wenn ich es gern verleugnet hätte, zu dieser verbitterten Schar von Schwarzmalern und Nihilisten. Was ich mit ihnen gemein hatte, war genau das, was sie als Gruppe zusammenhielt, denn wie diese definierte ich mich vorwiegend durch Negatives. Was sie hassten, das hasste ich, was sie verachteten, das verachtete ich: das moderne Leben, den Geschmack der Massen, gesellschaftlichen Erfolg, Common Sense, gutmütige Nachgiebigkeit. Kaum hatten sie Platz genommen, überkam sie eine eigenartige Hysterie, während sich ihre Unterhaltung vom Büroalltag ferneren Dingen zuwandte und sie miteinander darum wetteiferten, ihrem brodelnden, tief sitzenden Widerwillen Ausdruck zu geben. Manches war natürlich bloß Pose, und keiner sah alles so verächtlich, wie er vorgab, trotzdem ging es ziemlich hässlich zu. Nichts war gut, nichts vom Verdacht ausgenommen, nichts über ihre Verachtung erhaben. Bei früheren Gelegenheiten hatte ich das Feuer solcher Gespräche nur zum Spaß angefacht, indem ich ein vorsichtiges, im Grunde aber freundliches Wort für etwas einwarf, das Erfolg gehabt hatte, für einen Film etwa, von dem Kritiker schwärmten, für einen Song, der es in die Charts, für ein Buch, das es auf die Bestsellerliste geschafft hatte, um dann die Reaktion abzuwarten. An jenem Abend aber war ich dazu nicht in der Stimmung.

Wir hockten an zwei Tischen inmitten eines Meeres von Gläsern und Aschenbechern, ich eingekeilt zwischen den Frauen von der IBAP, mir direkt gegenüber Tim, dessen pausbäckiges, rot angelaufenes Gesicht teilweise den Blick auf den Tresen verdeckte, hinter dem Linda Gläser putzte und uns zuhörte, amüsiert und wohl auch ein wenig angeödet. An der einen Seite saß Greg, allein, den Stuhl leicht abgerückt, als wollte er kundtun, dass er zwar mit der Gruppe gekommen war, aber nicht dazugehörte. Eine Weile schaute er nur zu und lächelte gelegentlich über eine mehr als gewohnt schwachsinnige Bemerkung – etwa über Tims Behauptung, George Harrison hätte als Gitarrenspieler ja nicht gerade viel getaugt –, beteiligte sich selbst aber nie am Gespräch. Hin und wieder sah er zu mir herüber und fing meinen Blick auf; ich merkte ihm an, dass er sich Gedanken über mich machte, den einzigen anderen Menschen am Tisch, der nichts zu sagen hatte. Die meiste Zeit aber hielt er den Kopf gesenkt und drehte sich streichholzdicke Zigaretten, die er dann mit einer kleinen schwungvollen, allein für ihn selbst gedachten

Geste anzündete. Als das Gespräch abebbte und es hieß, man wolle weiter, stand er auf und blickte in die Runde.

»Ich muss los«, sagte er, schaute zu mir herüber und nickte. »Man sieht sich.«

Chris ließ von dem Trick ab, den er gerade den IBAP-Frauen vorführte. »Geh noch nicht«, sagte er. »Wir fangen doch erst an.«

Was offensichtlich nicht stimmte, aber Greg nicht weiter kümmerte. »Nee«, sagte er. »Ich geh besser nach Hause zu meinem Mühlstein.« Er verzog das Gesicht zu einem kläglichen Lächeln. »Nachsehen, ob mit ihr alles in Ordnung ist.«

Er winkte unbestimmt ab, sah dabei aber niemanden an. »Habt noch viel Spaß«, sagte er.

Mit diesen Worten verschwand er, und obwohl er bis dahin kein einziges Wort gesagt hatte, fiel der Abend in sich zusammen wie ein Soufflé. Zwanzig Minuten später löste sich die Gruppe auf, das Gerede, noch in eine spätabends geöffnete Kneipe zu gehen, war mehr Show als ernst gemeint. Ich wandte mich wieder dem Tresen zu, um mich mit einem letzten Schluck für den Heimweg zu stärken, während Linda stumm unsere Gläser einsammelte und die Aschenbecher leerte wie jemand, der darauf wartet, dass irgendwer etwas sagt, dem es aber auch ziemlich egal war, ob er es tat oder nicht.

* * *

Meine Mitbewohnerin war inzwischen ausgezogen, weshalb ich das Wochenende allein verbrachte und mir alte Filme anschaute. So verbrachte ich meine Zeit, wenn ich wusste, dass ich eine Weile allein sein würde: Ich stockte meinen Vorrat an Milch und Water Biscuits auf, lieh mir mehrere Filme aus dem Videoladen um die Ecke, schloss mich in einen Zelluloidtraum ein und versuchte, nicht in den Pub zu gehen. Mich erinnerte das an die Stunden, die ich immer dann im Arts Cinema in Cambridge verbracht hatte, wenn das Leben schwieriger als normal wurde – draußen mochten Engel und Dämonen herrschen, aber für ein, zwei Stunden konnte ich an diesem anderen Ort sein, in der makellosen, verschneiten Welt von *Der Glanz des Hauses Amberson*, auf den stillen Treppen und in den gespenstischen Gärten von *Schloss des Schreckens*. Meist sah ich wieder und wieder dieselben Filme: *Asche und Diamant* etwa oder *Das Schloss im Spinnwebwald*. Renoir, Welles, Kurosawa, Bergman, Pasolini, Jack Clayton, Wajda – das waren Leute, die ich kannte, Leute, denen ich vertraute. Ich lieh mir zwei, drei Filme aus und schaute einen pro Tag, spulte an den Anfang zurück, sobald ich das Ende erreichte, und ließ immer wieder die Szene laufen, in der Zbigniew Cybulski die Wodkagläser anzündet, oder jene, in der Joseph in *Das 1. Evangelium – Matthäus* der Engel des Herrn erscheint. Auch an jenem Wochenende schloss ich mich mit zweien meiner Lieblingsfilme ein, doch kehrten meine Gedanken aus irgendeinem Grund stets zu Greg zurück. Er hatte etwas an sich, das mir nicht unbedingt gefiel, doch war er interessant, und das war mehr, als ich von den meisten Menschen behaupten konnte.

Vielleicht war ich auch nur neugierig. Vielleicht war ich nur gelangweilt und brauchte ein Geheimnis, dem ich nachspüren konnte. Am folgenden Montag fragte ich Tim während der Arbeit über Greg aus, auch wenn ich nicht annahm, glauben zu können, was er mir sagte.

»Meine Güte«, murmelte er und schüttelte den Kopf. »Irgendwer sollte herausfinden, von welchem Planeten der Junge stammt, damit wir ihn dahin zurückschicken können.«

»Wie meinen Sie das?«

Tim grinste, tat, als schaute er weit in die Ferne, und sagte: »Das Weltall, unendliche Weiten ...«, im ziemlich treffend nachgeahmten Ton der Stimme von Captain Kirk. Ich fragte mich, wie lang er das wohl geübt hatte.

»So schlimm, ja?«, fragte ich.

Wieder schüttelte er den Kopf. Er hatte seinen Auftritt gehabt und verlor jetzt rasch das Interesse. »Ach, ich denke, er ist schon in Ordnung«, sagte er, »jedenfalls nicht gefährlich oder so. Es ist nur ... ich weiß nicht. Sagen wir mal, ich würde ihn nicht mit meiner Schwester ausgehen lassen.«

»Haben Sie denn eine Schwester?«

Tim musterte mich mit einem schmalen Lächeln. »Nur so eine Redewendung, altes Haus.«

»Ach so.«

»Egal, jedenfalls hat er eine Frau«, fuhr Tim fort. »Habe sie nie zu Gesicht bekommen, aber es heißt, sie sei ein ziemlicher Drache.«

Mir fielen Gregs Abschiedsworte ein, er müsse nach Hause »zum Mühlstein«. »Wirklich?« Greg schien mir nicht der Typ zu sein, der daheim unterm Pantoffel stand. »Wie das?«

Tim mimte ein überrashtes Schulterzucken. Meine Fragen nervten ihn. »Keinen Schimmer«, sagte er. »Wird nur allerhand geredet.«

»Aha.«

»Und überhaupt«, fuhr er fort, »haben Sie eigentlich nichts Besseres zu tun, als hier herumzusitzen und zu schwatzen? Ich weiß jedenfalls, dass Arbeit auf mich wartet.« Er lächelte. Es war Tims Geheimwaffe, dass er sich völlig ungeniert gab. Alle wussten, was er trieb, und er *wusste*, dass alle es wussten, und es scherte ihn keinen Deut. Angesichts seiner Vorgeschichte war er die Karriereleiter vermutlich so weit hinaufgestiegen, wie er es je schaffen würde, und man würde ihn nicht feuern, was immer er auch anstellte, also konnte er im Grunde tun und lassen, was er wollte. »Nächsten Dienstag ist der Regionalentscheid«, sagte er. »Höchste Zeit, meine Sportkenntnisse zu vertiefen.«

Ich nickte. »Ich mach dann mal weiter«, sagte ich, »und über-lass Sie Ihrer Arbeit.«

Er nickte zurück, war in Gedanken aber schon woanders. Was, wenn etwas Ausgefallenes drankäme, irgendwas über Lacrosse oder College-Basketball? Sport war nicht gerade seine Stärke. Bei Fußball und Cricket konnte er sich durchmogeln, aber der Typ, der gewöhnlich das eher Spezielle im Sport abdeckte, war nach Alnwick oder sonst wohin versetzt worden, und jetzt fiel es Tim als Mannschaftskapitän zu, vorbereitet zu sein. Ich blieb noch einen Moment. »Und? Wer hat 1964 den Stanley Cup ge-wonnen?«, fragte ich.

»Was?« Tim schaute entsetzt auf.

»Wer hat 1964 den Stanley Cup gewonnen?«, fragte ich noch einmal. »Und wer schoss das Siegestor im letzten Spiel der Se-rie? Und ...« Ich versuchte es mit meiner besten Magnus Mag-nusson »Die-ist-schwer-würde-mich-echt-überraschen-wenn-Sie-das-wüssten«-Stimme, »was war an dem Spieler besonders?«

Tim starrte mich an. Er hatte keine Ahnung. »*Sie* wissen das nicht, oder?«

Ich verzog keine Miene. »Natürlich weiß ich das.«

»Und wer war's?«

»Sie meinen, *Sie* wissen das nicht?«

»Nein, sagen Sie es mir.«

Ich wandte mich ab. »Tut mir leid, kann hier nicht rumstehen und schwatzen. Hab Arbeit zu erledigen.« Ich öffnete die Schublade und zog einen frischen Stapel Papier heraus. »*Ihre* Arbeit«, sagte ich.

* * *

Ich traf Greg einige Abende später im selben Pub. George stand hinterm Tresen, und es waren kaum Gäste da – nur ein paar alte Knacker aus der Umgebung, die sich über ihr kleines Glas Bier beugten und die allem Anschein nach nur wenig von einem tiefen Schlaf der einen oder anderen Art trennte. Ich weiß bis heute nicht, ob Greg nach mir gesucht hatte, damals wirkte unser Treffen jedenfalls ganz zufällig: Er wohnte einige Straßen weiter, und auch wenn ich ihn vorher nie hier gesehen hatte, war die Hotelbar für ihn doch ein naheliegender Zufluchtsort, wenn er mal aus dem Haus musste. Und aus Gründen, die bald deutlich wurden, musste er ziemlich oft aus dem Haus. »Zeit für einen Drink?«, fragte ich.

»Alle Zeit der Welt«, sagte er.

Ich bestellte zwei Pints, und wir schauten stumm zu, wie George hin und her huschte, Gläser holte, sie zum Zapfhahn trug, leise wie zur eigenen Erbauung seufzte, als das Bier einströmte, und dabei über die Halbrandbrille lugte, um zuzusehen, wie sich das Glas füllte, als führe er ein seltenes, hochpräzises Experiment durch. Ich wandte mich zu Greg um. »Kennst du Chris schon lange?«

Er schaute mich an. »Chris?« Er dachte eine Weile nach, als stammte das Wort aus einer fremden Sprache oder wäre ein kryptischer Hinweis in einem Kreuzworträtsel. Schließlich fand er die Antwort. »Ach so! *Chris.*« Er legte eine feierliche Pause ein und sagte, ob aus Geheimnistuerei oder Respekt, kein Wort mehr, bis George bezahlt worden war und sich ans andere Ende des Tresens zu den Ortsansässigen verzogen hatte. »Nein«, sagte er. »Nicht lange.« Er nahm einen Schluck und stellte das Bier wieder ab. »Ehrlich gesagt kenne ich ihn eigentlich überhaupt nicht.«

»Aha.« Ich nickte. Ich begriff die Logik, die ihn dazu brachte, die Bekanntschaft zu leugnen. »Ich meinte nur – na ja, ich hab dich mit ihm kommen sehen und dachte ...«

»Ich bin nicht *mit* ihm gekommen«, sagte er. »Ich bin nur zur selben Zeit gekommen.« Er schüttelte den Kopf. »Wir haben uns vor der Tür getroffen«, setzte er dann mit einem knappen Lächeln hinzu, wie um anzudeuten, dass er nicht unhöflich sein wollte.

Ich lachte. »Dann bist du wohl kein allzu großer Fan von ihm, oder?«

»Von Chris?« Er zuckte die Achseln. »Er ist in Ordnung.« Greg griff nach seinem Bier und nahm diesmal einen großen Schluck, leerte das Glas über die Hälfte.

»Mann«, sagte ich, »du hast aber Durst.«

»Kannst du laut sagen«, erwiderte er und gestattete sich einen leisen, zufriedenen Seufzer. »Noch eins?«

Ich nahm selbst auch einen großen Schluck. »Hätte nichts dagegen.«

Drei Stunden später saßen wir immer noch da, an einem Tisch im hintersten Winkel der fast leeren Bar, waren inzwischen aber zu Schnäpsen übergegangen. Die Ortsansässigen hatten sich nach und nach verzogen, einige Stammkunden waren vorbeigekommen, wir blieben die einzigen Dauergäste. Wir hatten ohne Unterlass getrunken, waren aber beide nicht, was man betrunken nennt. Zumindest hätten *wir* es nicht so genannt. Wir redeten über die Arbeit und über die Stadt, rückten vorsichtig erste Häppchen über unser Privatleben raus und wandten uns dann angenehmeren Themen zu. Musik, Film, Sport, Männerkram. Nur war es eben nicht der *übliche* Männerkram. Und es war auch nicht dieses gemeine, schwarzmalerische Gerede, wie ich es von Chris, Tim und deren Meute kannte. Es war besser, lustiger, ein bisschen abgedrehter, wissentlich absurd und zugleich in den lächerlichsten Fragen absolut leidenschaftlich. Ich verstand auf Anhieb, warum Tim ihn nicht mochte. Reine Eifersucht. Greg war ein wahrer Fundus an sinnlosen Informationen und wahllosen Erinnerungen, eine wandelnde Enzyklopädie seltsamer Fakten und belangloser Lappalien. Sein fantastischer Verstand schien, was immer er auch streifte, in eine sinnlose, niemals endende Erzählung ohne Handlung, Ziel und Figuren einzubinden, die direkt aus einem paranoiden Albtraum zu stammen schien – mir aber war diese Erzählung höchst vertraut. Es war, als hätte ich in Sachen Geschmack meinen Klon getroffen: Fünfzigerjahre-Noir, *Das Schreckenshaus des Dr. Rasanoff*, James Ensor, The Grateful Dead.

»Pigpen habe ich nur ein einziges Mal gesehen«, sagte er, »und das muss 1972 in Bickershaw gewesen sein ...«

»Richtig«, sagte ich. »Ich erinnere mich.«

»Warst du da?«

Ich nickte. »Ein Meer aus Schlamm. Die Hell's Angels. Und Country Joe, der versucht, die Leute von dem Gerüst zu scheuchen.«

Er spitzte die Lippen. »Yeah«, sagte er. »Country Joe.« Und dann mit lakonischer West-Coast-*Mir ist, als müsst ich krepieren*-Stimme. *»Das Ding wurde für vier Leute gebaut, und ihr seid vierhundert da oben. Wenn ihr jetzt nicht von diesem verdammten*

Gerüst runterkommt, kippt es um und kloppt die Scheiße aus jedem,
der druntersteht.«

»Und dann fing dieser Typ an zu schreien, der, der auf einem
schlechten Trip war«, sagte ich. »Direkt unter den großen
Scheinwerfern ...«

Wieder einmal hingen wir unseren Erinnerungen nach. Ich
wusste nicht, was er dachte, ich jedenfalls dachte an den heftigen
Regen an jenem Sonntagmorgen und daran, wie ich in einem
der großen Zelte Zuflucht suchte und nass bis auf die Knochen einem hageren Biker mit einem Wehrmachtshelm aus dem
Zweiten Weltkrieg gegenüberstand. Er hatte sich ein schwarzes
Hakenkreuz ins hohlwangige, schrecklich weiße Gesicht gemalt,
weshalb ich mit meinem halluzinogenen Blick meinte, er sei
längst tot. Irgendwo draußen spielten Brinsley Schwarz. Oder
bildete ich mir das nur ein? Es ist falsch, wenn es heißt, wer sich
an die Zeit erinnere, sei nicht dabei gewesen. In Wahrheit erinnert man sich an jede Menge, nur stimmt nichts davon.

»Und dann war da Pigpen«, fuhr Greg fort. »Noch am Leben, ist aber kurz danach gestorben, und ich schätze, hätten wir
genauer hingesehen, hätten wir in seinem Gesicht schon Anzeichen des Todes gesehen, aber er war einfach zu weit weg.« Er
warf mir einen Blick zu, und ich erwiderte ihn mit einem feierlichen Abschiedsnicken. »Ich konnte es damals nicht glauben«,
sagte er. »Er war noch so jung.«

»*Yeah*«, antwortete ich. »Ich weiß noch, nachdem ich es gelesen
hatte, habe ich drei Tage am Stück ›Turn On Your Love Light‹
gehört. Wie er immer wieder *huh* ruft? Diese Arroganz, diese
Freude?« Vielleicht war ich *doch* betrunken.

Greg lächelte traurig. Er nahm Pigpens Ende persönlich – und
da war es, das Eine, das Männer in Bars verbindet. Geteilte Ei-

genbrötelei. Die schlichte Tatsache, dass man über solche Dinge redete, als wären sie wichtig, denn sie waren wichtig, während all der Kram, über den andere Leute redeten, als wäre er wichtig, scheißegal war. Wir aber wussten Bescheid. Wir hatten *Werte*. Wir kauften den Mist nicht, für den die Glotze Reklame machte; wir gehörten nicht zu den angesagten Typen. *Gemeinsames Spintisieren*: das wahre Fundament einer jeden Männerfreundschaft. Wie hätten wir *nicht* Freunde werden können? Gemeinsames Spintisieren, gemeinsame Erinnerungen, zu viel Bier in einer halbleeren Bar an einem Wochenabend? Dazu die Tatsache, dass wir beide überzeugte Arbeiter waren, unabhängig davon, wo wir gerade jobbten – was bedeutete, dass wir uns trotz unseres eher ausgefallenen Geschmacks in Bezug auf Filme und Bücher vom Leben letztlich nur wünschten, an einem warmen Sommerabend ausgehen, am Feldrand stehen, Dosenbier trinken und einen Joint rauchen zu können, während über Kassettenrekorder die Allman Brothers liefen und direkt hinter der Hecke, dort, wo die Nacht begann, eine riesige Abenddämmerung glühte. Wir waren sentimental, unreif, querköpfig, naiv, paranoid und fanden das absolut selbstverständlich – weshalb ich an ebenjenem Abend beschloss, Greg zu mögen. Ich mochte ihn, weil er in allem angeblich Unwichtigen fantastisch war und völlig gleichgültig gegenüber dem, worauf es vermeintlich ankam – und was immer er in den kommenden Wochen sagte, bestärkte nur, was ich damals gespürt hatte. Er schätzte Menschen ganz willkürlich ein, kam zu schnellen, unwiderruflichen Urteilen, die auf deren Musikgeschmack basierten, einem winzigen Detail ihrer Kleidung oder ihres Äußeren. Er hielt nichts von bärtigen Männern mit Anzug; in seinen Augen konnten sie sich nicht entscheiden, was sie sein wollten. Wer einen gestreiften Schlips trug, wurde mit unverhohlener Verachtung gestraft. Jede neue männliche Bekanntschaft unterzog er scheinbar beiläufig einem für Greg alles entscheidenden Test über Banalitäten der Popmusik, einem Wertetest: Mit was für einem Motorrad fuhr sich Duane Allman zu Tode? Wer schrieb den Song *Death Don't Have No Mercy*? Von wem stammte die – bessere – Originalaufnahme des Moody-Blues-Hits *Go Now*? Von Frauen wurde nicht erwartet, dass sie sich mit derlei auskannten. Sie mussten nur vermeiden, das Falsche zu mögen – Greg war nämlich davon überzeugt, dass sie in den meisten Fällen mehr oder weniger instinktiv eine gute Wahl trafen. Ausnahmen – Fans von Simon and Garfunkel, Frauen, die auf Rod Stewart standen – bestätigten die Regel. Ich habe nie herausgefunden, warum jemand, der so zutiefst frauenfeindlich war, dies denken konnte – vielleicht handelte es sich um das Äquivalent des Chauvinisten zur rassistischen Annahme, dass Schwarze ein angeborenes Rhythmusgefühl haben –, jedenfalls war er schlicht davon überzeugt, dass jede wahre Frau, die etwas taugte, ein inneres, wenn auch völlig ungeschultes Gespür für gute Musik besaß. Seine Verachtung für den Mühlstein, die sich unweigerlich immer wieder bemerkbar machte, fand ihren Ausdruck darin, dass sie, zumindest laut Greg, einen Großteil ihrer Tage damit verbrachte, auf dem Sofa zu liegen und *Bridge Over Troubled Water* zu hören – oder *Tapestry*.

Greg hasste *Tapestry*.

»Wie konnte Carole King uns das antun?«, jammerte er, wenn das Thema aufkam. »Mit diesem Album voll Pseudo-Hippie-Scheiß hat sie alles verraten, wofür sie stand.« Seine Wut war echt. »Dabei sind diese fantastischen Songs für die Chiffons und die Shirelles von ihr. *One Fine Day, Will You Still Love Me Tomorrow*, irre gut. *Going Back*, Mann! Warum um alles in der Welt musste sie da nur *Tapestry* machen?« Er stierte mich trübsinnig an, und ich schüttelte den Kopf. Er trieb es auf die Spitze, und das wussten wir beide, so wie wir beide wussten, dass jeder vernünftige Mensch mit den Schultern gezuckt hätte und weitergezogen wäre – aber wir wussten auch, dass man uns beide kaum vernünftig nennen konnte. Ich war nicht auf dieselbe Weise verrückt, wie er es war, aber alle Spielarten des Irrsinns sind miteinander verwandt. Die Verrückten ziehen die Gesellschaft der Verrückten jener der Vernünftigen vor; sie ist nicht so verstörend, auch wenn sie manchmal katastrophal endet.

* * *

So machten wir die nächsten Wochen weiter, trafen uns alle paar Tage und ertränkten den Abend, redeten Blödsinn und schufen uns eine andere Welt aus alten Songs und Trivialitäten. Wir haben uns nur im Pub getroffen; was immer uns auch verband, es funktionierte bloß in Bars, und wir wussten es. Zumindest wusste *ich* es, allerdings hatte ich auch keine weitergehenden Pläne; ich nahm nur an, eine verwandte Seele kennengelernt zu haben, jemanden, der so erbärmlich und desolat war wie ich selbst. Jemand, der mich nicht so langweilte wie die anderen, weil er nicht so langweilig wie sie war; er war genauso langweilig wie ich.

Fürs Trinken gelten ebenso Gesetze wie für alles andere auch, und eines der wichtigsten lautet, dass jeder echte Säufer unter den richtigen Bedingungen irgendwann zur Einsicht gelangt, dass Menschen von Natur aus langweilig sind, allen voran er selbst. Was uns vor völligem Überdruss rettet, ist unsere Begabung fürs Absonderliche, fürs Abartige und Ausgefallene, denn wer auch nur ein bisschen pervers ist, der ist zumindest zeitweilig interessant. In den meisten Fällen existiert das Perverse jedoch nur in kompromittierter Form: Die Leute sind nicht grundlos so, sie wollen etwas beweisen, haben ein Motiv dafür, anders zu sein, was ihre Andersartigkeit kleinlich und unelegant wirken lässt. Gregs Perversität aber war so rein wie frisch gefallener Schnee. Seine Eigenwilligkeit war stets grundlos und geprägt von einer verqueren Logik, bei der es sich für ihn um eine Frage des Prinzips handelte. Zumindest habe ich das damals geglaubt, und meine widerwillige Bewunderung für diese Einstellung mag vieles erklären. Hätte ich gewusst, was er verschwieg, hätte ich nur noch allein getrunken und wäre wieder zum typischen Kneipenhocker geworden. Als die entsprechende Regel fürs Zwölf-Schritte-Programm aufgestellt wurde, hat man nur die Hälfte gedruckt. Eigentlich müsste sie besagen, dass es nur eines gibt, was schlimmer ist, als allein zu picheln, nämlich in Gesellschaft zu saufen.

* * *

Ich weiß nicht mehr, wie lange ich Greg kannte, ehe unser Gespräch auf den Mühlstein kam, seine Frau. Ihren wahren Namen habe ich nie erfahren. Er bot mir einige Alternativen an, von denen ich keine sonderlich überzeugend fand, und selbst als ich dann in ihrem kleinen Wohnzimmer über sie gebeugt stand, da ich eingeladen worden war, ihr das Leben zu nehmen, kannte ich sie mit Gewissheit nur unter diesem Namen: der Mühlstein. Der, der Greg um den Hals hing. Er hing schon eine Weile da, ehe ich die Bühne betrat, und ich kenne auch nur Gregs Seite der Geschichte. Rückblickend versuche ich, ein Muster auszumachen, gar eine Absicht, etwa in der Art und Weise, wie er über seine Ehe redete, eine Reihe von Gesprächen, die wie selbstverständlich zu dem Vorschlag führten, dass ich die Frau umbringen sollte, die er so offenkundig hasste – und ich denke, es *gab* ein Muster, wenn auch keine Absicht, zumindest keine wissentliche. Der Gedanke kam von irgendwo tief unten, stammte aus einem nur halb bewussten Traum, aus einer Welt, in der Hitchcock-Filme mir nichts, dir nichts in Realität übergehen und Verzweiflung das einzig geltende Prinzip ist. Mit anderen Worten: Es kam aus den hintersten Winkeln seines Geistes.

Das glückliche Paar hatte sich sechs Jahre zuvor auf einer Büroparty kennengelernt. Beide waren betrunken, er hatte was für sie übrig, und eines führte zum anderen. Dabei hätten sie es belassen sollen, taten sie aber nicht. *Warum* nicht, das konnte er mir nie erklären. Jedenfalls schlitterten sie in eine Ehe, die sie noch im selben Jahr bereuten. Er zumindest. Sex hielt nicht lange vor, und als ich ihn kennenlernte, redeten sie kaum mehr miteinander.

»Wir leben in getrennten Welten«, sagte er. »Ich habe keine Ahnung, was in ihr abläuft, und sie interessiert nichts weniger als die Frage, wie es mir geht.« Er klang ganz sachlich, vielleicht, weil er lange genug Zeit gehabt hatte, sich an die Situation zu gewöhnen. Außerdem war es ja nicht gerade so, dass er in seiner Umgebung viele Beispiele für Ehen sah, in denen es besser als in der eigenen lief. Seiner Meinung nach war jede Ehe ein Krieg der einen oder anderen Art; das einzig Gute an seinem Krieg bestand für ihn darin, dass ein apathischer, mehr oder weniger funktionierender Waffenstillstand geschlossen worden war, stumm und im Geiste rückhaltloser Gleichgültigkeit sowie, was seine Frau betraf, dank einer alles verzehrenden Leidenschaft für Wodka und lange Nickerchen vor dem Fernseher. Zumindest behauptete Greg das, wohingegen ich nicht recht glauben konnte, dass es wirklich so schlimm um sie stand. Früher einmal hatte seine Frau Arbeit gehabt; jetzt blieb sie den ganzen Tag daheim, schlief oder hing am Telefon, bis es Zeit wurde, eine neue Flasche Smirnoff zu öffnen.

»Na ja«, wandte ich ein, »das kann sie nicht *ständig* machen. Irgendwas anderes wird sie doch auch noch tun.«

Greg dachte nach. »Manchmal strickt sie«, sagte er dann und schien selbst davon überrascht.

»Das ist alles?«

Er nickte. »So ziemlich.«

»Und was strickt sie?«

»Babysachen.«

»Soso.«

Er lächelte bedrückt. »Sie verschenkt sie an Freundinnen.«

»Ihr habt also keine Kinder.« Ich wusste nicht, was ich sonst sagen sollte.

Greg gab ein seltsames, gutturales Geräusch von sich, blieb ansonsten aber stumm.

»Das dürfte dann wohl ein Nein sein«, sagte ich.

Er zog eine Grimasse. »Das sollte ein *Niemals* sein.«

»Aha.« Und da glaubte ich zu verstehen. Die beiden konnten keine Kinder haben – und vielleicht lag darin das Problem. Sicher war der Mühlstein deprimiert. Irgendwann wollen Frauen immer Kinder. Deshalb heiraten sie überhaupt nur, und wenn sie keine Kinder bekommen können, werden sie deprimiert. Fall gelöst.

»Sie ... wie heißt sie noch mal?«, fragte ich. Ich hatte ihn das bereits gefragt, aber er war mir ausgewichen.

»Zelda.«

»Zelda?«

»Ja.«

»So heißt sie wirklich?«

»Ja.« Er sah mich verwirrt an. »Was gefällt dir an Zelda nicht?«

»Zelda wie Zelda Fitzgerald?«

»Ihr Dad war ein großer Fan von *Gatsby*.«

Ich wollte ihm nicht glauben. »Jetzt sag schon, wie heißt sie wirklich?«

»Aber ich sag's doch«, erwiderte er mit einem Blick, als könnte er kein Wässerchen trüben. »Zelda. Pfadfinder-Ehrenwort.« Er dachte kurz nach. »Oder heißt sie doch Lois?« Ein Schatten huschte über sein Gesicht. »Ich glaube, ich hab's vergessen«, sagte er. »Ist ja auch verdammt lang her.«

»Tja«, sagte ich, »vielleicht solltest du mal versuchen, dich daran zu erinnern. Und vielleicht solltest du mit ihr über all das reden. Sag ihr, wie unglücklich du bist. Sicher ist sie auch unglücklich. Und deprimiert. Du wirst nie erfahren, was mit ihr los ist, wenn du nicht mit ihr redest.« Abrupt verstummte ich, fast ein wenig atemlos. Eigentlich hatte ich nichts davon sagen wollen, weshalb ich ihn jetzt anschaute und auf eine Reaktion wartete.

Er wirkte nicht beleidigt, nur ein bisschen überrascht. Schließlich schüttelte er den Kopf. »Danke für den Rat«, meinte er, »aber wenn ich mit mir selbst reden will, gehe ich lieber in die Kirche.«

* * *

Während dieser Zeit lebte ich allein in der Wohnung. Sie gehörte jemand anderem, einer Frau, aber sie hatte eine neue Stelle angenommen und sich dort ein Zimmer gemietet, irgendwo in der Nähe von Reading. Gelegentlich schaute sie vorbei, nur über das eine oder andere Wochenende, aber meist blieb ich allein und stromerte durch die Wohnung wie ein halbwildes Tier, gefangen in einem verlassenen Gebäude.

Vielleicht auch nicht gefangen. Vielleicht war dieses Tier nur verletzt oder fürchtete sich – vor Jägern etwa und einer Bande gelangweilter Kids mit geliehenen Luftgewehren. Ich konnte ausgehen; ich konnte funktionieren, aber meine Tage blieben leer, episodenhaft und so unvollständig wie ein Übungsheft für Viertklässler – und blieb ich auch noch so lange fort, die Wohnung wartete während all der Zeit auf mich, kein bisschen unvollständig und nicht im Mindesten nur episodenhaft. Da gab es keine Logik: Zeit stellte Seltsames an in den frühen Morgenstunden, den »kleinen Stunden«, wie sie im Englischen auch heißen; dabei haben, wie jeder Schlaflose weiß, die kleinen Stunden so gar nichts Kleines an sich, sind sie doch eher riesig, träge und so fern aller Kartografie wie ein Ozean oder die Oberfläche des Jupiters. Manchmal lief ich die ganze Nacht auf und ab, sah Dinge, spürte fremde Körper im Flur oder im Nachbarzimmer, hörte Geräusche in den Wänden, echte Geräusche und wohl auch einige, die weniger real waren; Geräusche, die keinen Sinn ergaben und sich deshalb für eine Unendlichkeit möglicher Auslegungen öffneten. Im Rückblick könnte ich jene Nächte mit einem vertrauten Satz von Symptomen beschreiben, einer in Lehrbüchern dargelegten Pathologie, bekannt von einem gewissen Typus geistig kranker Patienten, doch wäre das ebenso episodenhaft und unvollständig wie meine unersprießlichen Tage im Büro oder meine Tour über den Guildford-Markt am Samstagmorgen, die mich jede Woche zu denselben Ständen führte und mich mehr oder weniger dasselbe Gespräch mit der hübschen Blonden führen ließ, die am Stadtrand Blumen verkaufte, oder mit dem Mann, der immer die besten Auberginen feilbot. Ich suchte nach Ordnung, so wie wir alle – und manchmal fand ich sie oder doch etwas ihr

Ähnliches. Manchmal aber fand ich auch die heimeligen Ecken und Winkel meiner ureigenen Vorhölle.

So beunruhigend diese auch waren – und sie konnten wirklich sehr beunruhigend sein –, war das Umherschweifen in den frühen Morgenstunden doch nur ein Teil des Problems, und nicht einmal der schlimmste. Ehrlich gesagt hatten einige dieser langen Nächte sogar etwas Schönes an sich, eine Schönheit des Möglichen, sei es der Möglichkeit, dass die Zeit komplett innehielt oder dass ich, im Dämmer der Wolfsstunde, in der das Licht von der Straße einfiel wie das Licht eines Projektors in einem altmodischen Kino, auf immer in die Hypernarrative abglitt und dort bliebe, wo außer dem Detail nichts mehr zählte: die Kaffeetasse auf dem Esszimmertisch, am Bett die Vase mit den Schwertlilien, die offene Tür zum Flur, durch die jeden Moment jemand eintreten konnte. Darin lag eine gewisse Schönheit, und es lag auch eine Schönheit in der Art und Weise, wie die Dinge unverändert fortdauerten, darin, wie der Türdurchgang leer blieb, die Wände nach einer Weile verstummten, sowie in jenen Momenten, da ich stundenlang nur dagesessen und ins Halbdunkel gestarrt hatte, plötzlich aufwachte und begriff, ich hatte geschlafen und geträumt, der Traum wundersam und logisch und selbst im Dahinschwinden so zutiefst bedeutsam – die Apophänie sei verflucht – wie jener Traum, den Dmitri träumt, nachdem man ihn in *Die Brüder Karamasow* stundenlang verhört hat.

Solche Nächte prägte ein gewisser Terror, das will ich nicht leugnen. Terror, manchmal war es auch Furcht, und das ist nicht schön, sondern leer und krank – doch gab es eine noch schlimmere Zeit, eine Taglichtzeit am späten Nachmittag, wenn ich in die Wohnung heimkehrte und sie anders vorfand, ein wenig verwandelt, leicht verändert seit dem Fortgehen am Morgen. Ich kam nach Hause, und schon wenn ich den Schlüssel ins Schloss steckte, wusste ich, dass während meiner Abwesenheit jemand dort gewesen war, und so suchte ich, während ich langsam durch den Flur zur Küche ging, nach Spuren, nach jenen winzigen, kaum erkennbaren Hinweisen, die ein Eindringen verrieten, und fürchtete zu finden, was ich suchte, war aber zugleich von dem verzweifelten Wunsch getrieben zu erfahren, wer oder was hinter mir her war. Es fand sich immer etwas. Ich *wusste* es jedes Mal. Dinge waren verrückt worden, Dinge waren angefasst und benutzt worden – und was es mit dieser Präsenz auch auf sich hatte, sie war noch da, wohnte den Dingen inne, die sie berührt hatte, war wie ein Fleck, ein Virus. Ich rede hier nicht von Geistern oder Buhmännern, nicht einmal von Dämonen, Engeln oder Maupassants Horla, auch nicht von Doppelgängern oder Kobolden. Ich rede von einer *Präsenz*. Während ich fort war, war irgendetwas in den aufgeräumten, beigefarbenen Zimmern anwesend gewesen – dabei hatte ich mir so sehr gewünscht, zu einer Abwesenheit heimzukehren, hatte mir so sehr gewünscht, dass dort nichts war, denn mehr als alles andere wollte ich, dass mein Leben normal verlief. Aber das tat es nicht. Irgendwas war anwesend in diesen Dingen, in diesen Zimmern, und wann immer es sich zeigte, hielt ich es nicht lange in der Wohnung aus. Ich musste raus, weg, irgendwohin.

* * *

Es war ein Samstag, Mittagszeit. Greg und ich hatten uns mehr oder minder geplant zu einem Drink im Three Pigeons getroffen. In jenen Tagen schlossen die Pubs noch nach dem Mittagessen bis sechs Uhr abends, weshalb wir uns nach unserer letzten Bestellung überlegen mussten, wie wir den Nachmittag verbringen wollten. Für mich hieß dies üblicherweise, dass ich zu den Buchmachern ging, in ein Café oder vielleicht mit einer Flasche Wein in den Park oben hinterm Schloss. Jener Tag aber verlief anders. Ich kannte Greg damals seit einigen Wochen, aber er war nie in meiner Wohnung gewesen und ich nicht in seinem Haus abseits der Epsom Road. Diese stillschweigende Übereinkunft galt in den Bars und Kneipen für uns alle: Trinken war eine Sache, das traurige Wrack namens Zuhause etwas völlig anderes, und beides hielten wir strikt getrennt. Ich war daher ziemlich überrascht, als Greg mich an jenem Nachmittag zu sich nach Hause einlud.

»Ist schon in Ordnung, der Mühlstein ist nicht da.« Er schien von dieser Tatsache angenehm überrascht. »Sie besucht ihre Mutter«, sagte er. »Das macht sie manchmal.«

Wäre ich stocknüchtern gewesen, hätte mich diese Einladung vermutlich zögern lassen. Wäre ich betrunken gewesen, wäre ich ganz sicher irgendwo anders hingegangen. So aber willigte ich ein, da ich auf halber Strecke zwischen beidem in jener Vorhölle war, in der nichts weiter zählt, solange nur ein volles Glas in Sichtweite ist. Ich glaube, im ersten Moment habe ich Greg sogar unterstellt, er hege irgendwelche Absichten, nur wusste ich nicht, welche, und in meinem alkoholisierten Schwebezustand war es mir eigentlich auch egal. Also besorgten wir uns vier Flaschen Wein, ein paar Flaschen Cidre und gingen zu ihm nach Hause. Ich muss zugeben, ich war neugierig darauf, wie es bei ihm aussah.

Er wohnte in einer Doppelhaushälfte an einer ruhigen, baumgesäumten Straße hinter einer rot gestrichenen Tür und einem Feuerdorn, der dringend beschnitten werden musste. Echt Surbiton eben. Drinnen wirkte das Haus viel kleiner, als ich es mir vorgestellt hatte, und es war das reinste Dreckloch. Im Flur roch es, irgendwas nach Curry und Malz; über den Treppenläufer zogen sich abgetretene Stellen bis ganz nach oben. Im Wohnzimmer, das offenbar auch als Esszimmer diente, stapelte sich auf dem Tisch dreckiges Geschirr mit angetrockneter Nudelsoße und Curryflecken, und überall lagen leere Flaschen herum. In einem Durcheinander aufgeweichter Zeitungen und Zeitschriften verdunstete auf dem Sofa eine Pfütze von etwas, das wie Brandy aussah, darüber breiteten sich Staub und Tabakkrümel aus. Zigarettenpapier lag auf dem Boden verstreut, und im dämmrigen, hintersten Winkel des Zimmers hob sich oben auf dem Fernseher feierlich und seltsam bedeutungsvoll eine Reihe leerer brauner Bierflaschen ab. Greg blickte sich um und zuckte mit den Achseln.

»Entschuldige die Unordnung«, sagte er, sammelte die von Brandy durchsuppten Zeitungen ein, trug sie in die Küche und machte sich dann daran, eine Flasche zu öffnen und Gläser zu holen. Ich stand noch mitten im Zimmer und überlegte, wo ich mich hinsetzen sollte.

»Nimm Platz«, sagte er, während er mit dem Korkenzieher hantierte. »Fühl dich wie zu Hause.«

Ich setzte mich in einen Sessel am Kamin, und er reichte mir ein Wasserglas mit Rotwein. Dann schenkte er sich selbst ein und legte eine Platte auf. Ich wusste nicht, was es war, aber es klang ein bisschen wie Brinsley Schwarz. Ehe ich ihn jedoch fragen konnte, war er schon wieder aufgesprungen. Ich hatte geglaubt, wir würden uns einfach eine Weile hinsetzen, Musik hören und unseren Alkoholpegel halten, aber er fand keine Ruhe.

»Jetzt komm«, sagte er. »Ich will dir etwas zeigen.« Er ging zur Küche, Glas in der Hand, und ich folgte ihm, allerdings blieb er gleich darauf mit andächtiger Miene vor dem Kühlschrank stehen, einem großen, altmodischen Modell von der Sorte, die man früher »American Style« genannt hatte. Greg lächelte wehmutsvoll. »Als ich klein war, besaßen wir keinen Kühlschrank«, sagte er. »Zuerst jedenfalls nicht.« Er öffnete die Tür, und ein bläuliches Licht sprang an. »Dann, eines Tages, es war Sommer und richtig heiß, hielt der Lieferwagen vor unserem Haus. Mein Dad hatte gerade eine neue Stelle angenommen, und es gab mehr Geld, also hatten sich meine Eltern diesen riesigen Kühlschrank gekauft, ein wirklich schönes – Gerät.« Er fasste ins Licht und griff nach zwei Flaschen Carlsberg. »Ich liebte diesen Kühlschrank«, fuhr er fort. »Ich bin nachts aufgestanden und in die Küche gegangen, habe die Tür aufgemacht und reingesehen, habe die Kälte an Händen und Gesicht gefühlt und genoss diese Kühle. Durch ihn wurde alles so …« Er verstummte, trat ans Fenster über dem Spülbecken und blickte in den Garten hinterm Haus. »Ich mach das immer noch. Seit zwölf Jahren habe ich jetzt diesen Kühlschrank, und er funktioniert problemlos. Ist fast dasselbe Modell, das wir damals hatten.« Er stellte das Glas aufs Abtropfbrett. »Ich liebe ihn mehr als alles andere auf der Welt. Als wir geheiratet haben, bin ich oft in die Küche gegangen, habe stundenlang hier gesessen und dem Summen zugehört. Nachts sah ich aus diesem Fenster und habe zugeschaut, wie es hell wurde. Der Kühlschrank war mein *Freund.*« Er sah zu mir hin, wollte sich vergewissern, dass ich ihm zuhörte – und ich begriff, wie er versuchte, mich für sich einzunehmen, da er herausgefunden hatte, dass ich eine ähnliche Einstellung zu alldem besaß, zum Kühlschrank und zur Nacht und dazu, in einem Haus zu sein, in dem oben jemand schläft, ein Fremder. »Was auch passiert«, sagte er, »ich werde nie zulassen, dass man mir diesen Kühlschrank nimmt.«

»Tja«, sagte ich, »ich schätze, sie wird dich kaum wegen des Sorgerechts für diesen Kühlschrank verklagen.«

»Nein«, antwortete er. »Wohl kaum, aber sie wird die Hälfte von allem haben wollen, und ich würde dieses Haus verkaufen müssen. Ich würde alles verlieren.«

Wir waren zurück auf vertrautem Terrain. Seit einiger Zeit schon kam er immer wieder darauf zu sprechen, welche Folgen eine Scheidung für ihn haben würde. Dass er das Haus verlieren würde, dass er sie unterstützen müsste, dass er es nicht ertrüge, wenn es dazu käme. Ich hatte versucht, vernünftig mit ihm darüber zu reden, aber er hatte sich in seinem Kopf alles zurechtgelegt, und ich fand das Thema mittlerweile ein wenig langweilig.

»Sie bekäme nur die Hälfte«, wandte ich ein. »Damit solltest du eigentlich hinkommen.«

»Aber dann müsste ich Unterhalt zahlen. Ich würde nur noch arbeiten, damit sie genügend Wodka und Frauenzeitschriften hat.«

Ich kannte mich mit Scheidungen nicht aus, und jedes Mal, wenn das Thema aufkam, wünschte ich mir, ich hätte mich informiert, nur um ihm Paroli bieten zu können. »Ich denke, davon darfst du nicht ausgehen«, sagte ich. »Ich meine, ihr habt doch keine Kinder oder so …«

»Sie wird behaupten, sie hätte ihre Arbeit aufgegeben, um mich heiraten zu können. Und dann besorgt sie sich irgendeinen Topanwalt, der sagt, sie hätte eine vielversprechende Karriere gehabt, ehe sie mich kennenlernte. Und dann muss ich mir auch einen besorgen und mich dumm und dämlich zahlen, und wir werden den Anwälten alles in den Rachen werfen, nicht dass es da viel gäbe, was wir werfen könnten …«

Und so weiter und so fort, als hätte ich all das nicht schon x-mal gehört.

Irgendwann gingen wir zurück ins Wohnzimmer und ließen den geschätzten Kühlschrank in seiner warmen Ecke vor sich hin brummen. Wir öffneten noch eine Flasche Wein, den Cidre, und Greg legte das erste Album von Steven Stills auf, danach irgendeine dämliche Kompilation aus den frühen Siebzigern, und eine Weile saßen wir nur stumm da und hörten Nick Drake oder sonst wem zu. Aber er konnte es nicht auf sich beruhen lassen. Als die Platte auslief, regte er sich nicht, blieb auf dem Sofa sitzen, blickte ein bisschen trostlos drein und musterte mich mit seltsamem Lächeln.

»Und?«, sagte ich. »Legst du noch eine neue Scheibe auf?«

Er rührte sich nicht. »Erinnerst du dich an diesen Film?«, sagte er schließlich. *»Der Fremde im Zug?«*

Ich nickte. »Klar«, sagte ich. »Farley Granger, Robert Walker. 1953, oder?«

»1951.«

»Wenn du meinst. Was ist damit?« Ich wusste natürlich, dass ich lieber nicht fragen sollte, denn allein sein Anblick verriet mir, dass er in Gedanken weit weg war.

»Na ja«, sagte er, »du kennst das Komplott. Wie Robert Walker den Zufallsbekannten Farley Granger bittet, seinen Vater umzubringen, und wie er im Gegenzug Farleys Frau …«

»War das seine Frau?«

»Natürlich. Sie war ihm untreu, deshalb hat er jetzt eine Neue, nur lässt seine Frau ihn nicht gehen …«

»Kann ich mich gar nicht dran erinnern.«

»Es ist aber so, glaub mir.«

»Sicher, du hast bestimmt recht.«

»Nur hält Farley Granger seinen Teil der Abmachung nicht ein.«

»Ich glaube nicht, dass ich ...«

»Und deshalb läuft dann alles schief ...«

»Nicht deshalb ...« Ich musste nachdenken. An ein Tennisspiel konnte ich mich erinnern, und da war irgendwas mit einem Feuerzeug gewesen, nur war ich mir nicht sicher, was dann am Ende geschah. Ich wusste allerdings noch, dass es nicht Farley Grangers Schuld war; er hatte nur versucht, sich zu retten und Robert Walker in eine Falle zu locken, damit die Polizei ihn schnappte oder irgendwas in der Art. *So* ein Handel eben. Nur konnte ich mich nicht genau erinnern. Ich brachte diesen Film mit dem über Leopold und Loeb durcheinander, Farbe für einige Erinnerungen, schwarzweiß für andere. Und wie hieß dieser Film über Leopold und Loeb noch mal? »Ich weiß es nicht mehr«, sagte ich.

»Sicher weißt du das«, erwiderte Greg. Seine Stimme klang so weit fort, als redete er im Schlaf. »Robert Walker erzählt ihm von diesem perfekten Plan, nur läuft alles schief, weil Granger Zweifel kommen.«

»Also, ich weiß nicht ...«

»Dabei ist es ein guter Plan«, fuhr er fort. »Er *könnte* klappen.«

»Ist Granger am Anfang nicht dagegen? Oder ist das ...«

»Na ja, damit wird nur die Spannung erhöht. Interessant ist doch, dass der Plan funktionieren könnte, wenn Granger bloß ein bisschen Fantasie aufbringen würde. Außerdem fiebert man nicht mit Granger, sondern mit Walker.«

Er war lauter geworden, sodass ich merkte, wie viel ihm daran lag – und im selben Moment begriff ich, worauf er aus war. »Was redest du da eigentlich?«, sagte ich, wollte seine Antwort aber nicht hören.

»Ich meine – was, wenn du und ich die Männer wären, die sich zufällig im Zug treffen. Was, wenn ich Robert Walker wäre, und du wärst Farley Granger?«

»Was dann?«

»Na ja, wir sind wie die beiden. Es gibt nichts, was uns so richtig verbindet …«

»Gibt es nicht, nein.«

»Und du hast selbst gesagt, es könnte klappen.«

»Okay, Greg«, sagte ich. »Hör jetzt sofort damit auf. Das ist nicht einmal ansatzweise lustig.«

»Ich versuche auch gar nicht, lustig zu sein«, erwiderte er. »Ich sage dir nur, dass es im Grunde nichts gibt, was uns miteinander verbindet. Wir haben ein paar Biere zusammen getrunken, aber heute bist du zum ersten Mal bei mir zu Hause …«

»Halt den Mund, Greg.«

»Ich sage dir«, fuhr er fort, »wir bekämen das hin. Es wäre ganz einfach. Du hast sie nie kennengelernt, sie ist für dich eine Fremde. Ich sorge für einen problemlosen Ablauf. Gebe dir den Schlüssel. Schütte ihr was ins Glas, auch wenn das gar nicht nötig ist. Während ich unterwegs bin, gehst du einfach ins Haus, erledigst den Job und bist gleich wieder weg. Wie ein Gespenst.« Er holte Atem und pfiff dann leise wieder aus, ein gedämpftes Pfeifen, beinahe als wollte er sagen, sieh doch, wie einfach, ist fast eine Sünde, so einfach ist das. »Und im Gegenzug«, fuhr er fort, »bring ich dann jemanden für dich um. Egal wen, ich stell auch keine Fragen.«

Ich starrte ihn an und konnte nicht glauben, was ich hörte. Er meinte es ernst. Er hatte darüber nachgedacht und sich alles zurechtgelegt. Jetzt musste er mich nur noch überzeugen. Ich fühlte mich leer im Kopf, und mir war fast übel vor Entsetzen, nicht, weil er seine Frau tot sehen wollte, sondern weil er gerade *mich* gefragt hatte. Wieso glaubte er, ich sei zu so etwas fähig? Warum hielt er *mich* für einen Mörder? »Du machst Witze, oder?«, brachte ich schließlich hervor.

»Ganz und gar nicht.«

»Aber was bringt dich auf den Gedanken ...«

»*Quid pro quo*. Machst du das für mich, erledige ich jemanden für dich.«

Ich stieß ein verzweifeltes Lachen aus. »Aber ich möchte niemanden umbringen lassen«, sagte ich.

»Bist du dir sicher?« Er sah mich verwirrt an. »Was denn? Wirklich niemanden?«

»Also, nein«, sagte ich – und beschloss im selben Moment, dass es doch nur ein Spiel war, denn das konnte er einfach nicht ernst meinen. Es war zu lächerlich. »Meine Güte«, sagte ich, »einen Moment lang bin ich wirklich drauf reingefallen.«

»Ach ja?« Er war stiller geworden, nachdenklicher, als hätte ihn wirklich überrascht, dass ich niemanden tot sehen wollte, was er vielleicht für ein Versagen meinerseits hielt, doch entschied ich, dass dies ebenfalls zu seinem dummen, betrunkenen Spiel gehörte.

»Verdammt«, sagte ich, »jetzt leg endlich eine andere Platte auf.«

Er blickte auf. »Stimmt«, sagte er, »eine Minute lang hast du mir wirklich geglaubt.« Er lachte.

Ich erwiderte nichts darauf. Bis zu diesem Moment war ich überzeugt gewesen, alles wäre wieder im Lot. Und nicht seine

Worte änderten das, sondern seine Miene. Er hatte begriffen, dass er zu schnell zu weit gegangen war, doch merkte ich ihm an, dass er den Gedanken insgeheim weiterspann. Er war einfach nur zu früh damit rausgerückt.

Ich hätte gehen sollen, tat es aber nicht. Ich habe keine Ahnung, warum nicht. Vielleicht glaubte ich, ihn im Auge behalten und mich davon überzeugen zu müssen, dass er sein Vorhaben wirklich fallen ließ, davon, dass das, was in seinem Hinterstübchen ablief, niemals ans Tageslicht geriet. Am folgenden Montag saß ich, umgeben von Tims Sonntagnachmittagsmüll, an meinem Tisch und ließ mir das Vorgefallene noch einmal durch den Kopf gehen. Warum entschied sich Greg für mich als seinen Attentäter? Wir hatten mehrmals über Mord geredet, meist im Zusammenhang mit alten Filmen, hatten uns gefragt, wie man jenes Klischee hinbekäme, das perfekte Verbrechen, und wir hatten über Methoden geredet, über das richtige Timing und darüber, wie man es vermied, geschnappt zu werden; allerdings hatte ich immer geglaubt, unsere Unterhaltungen seien nur theoretisch gemeint gewesen. Nun stellte sich heraus, dass sie die Grundlage für etwas gewesen waren. Irgendwie hatte Greg meine Vertrautheit mit diesem Thema beeindruckt, weshalb er beschloss, dass ich sein Farley Granger sein würde.

Unterdessen versuchte ich immer wieder, mich auf meine Arbeit zu konzentrieren, statt in Gedanken stets aufs Neue diesen Unsinn durchzugehen – und irgendwann begann ich aus Erschöpfung wohl tatsächlich mit einem der routinemäßig anfallenden Wartungsjobs, die mir so oft zugeschoben wurden. Im Erfassungsbüro gab es ein uraltes Validierungsprogramm, das ziemlich umfangreich, aber so nachlässig dokumentiert war, dass eigentlich niemand mehr wusste, wozu es diente, nur dass es mehr oder weniger funktionierte, wenn man es gelegentlich ein wenig anstupste. Und diesmal fiel mir das Anstupsen zu. Nicht gerade der interessanteste Job, aber an jenem Tag der einzige, der anstand. Bald darauf war ich vollauf mit dem Code beschäftigt und versank tiefer und tiefer in dessen knirschender Maschinerie. Ich merkte kaum, dass Tim kam und sich an seinen Tisch setzte, und ich vergaß ihn wieder, sobald er Platz genommen hatte. Ihm war das egal. Für das Quiz-Team stand ein Viertelfinale an, und er musste Stoff wiederholen. Tags zuvor hatte er bestimmt fünf, sechs kostbare Überstunden damit zugebracht, warmes Bier zu trinken, die Beilagen der Sonntagszeitungen zu lesen und alle Oscargewinner in sämtlichen Kategorien zwischen 1950 und 1975 durchzugehen, was den Müll im Büro erklärte. Wie gesagt, mich kümmerte das nicht. Meist spürte ich nur leisen Ärger aufflammen, wenn er sein Buch zuklappte und »Goldie Hawn?« murmelte, »ich fass es nicht!« Oder: »*Behind the Painted Smile.* Was für ein Schwachsinn!« Irgendwann aber fiel mir auf, dass er sein Buch beiseitegelegt hatte und mich anstarrte.

Ich sah ihn an. »Was ist?«

»Ich versuche zu lesen«, erwiderte er.

»Dann lesen Sie.«

»Kann ich nicht.«

»Warum nicht?«

»Weil Sie Selbstgespräche führen.«

»Blödsinn.«

»Doch.«

»Ehrlich?«

»Ja.«

»Und was rede ich? Ist es interessant?«

88

»Ich habe keine Ahnung, aber würden Sie bitte damit aufhören?«

Ich gab keine Antwort. Tim hatte keinen Verstand, war aber offiziell mein Vorgesetzter, also sagte ich nichts, obwohl ich ihn darauf hinweisen hätte können, dass es letztlich egal war, ob ich Selbstgespräche führte oder nicht, da er sich ja sowieso nur auf ein bescheuertes Quiz vorbereitete. Andererseits war es besser, er bereitete sich auf ein Quiz vor, als dass er tatsächlich arbeitete, denn wenn er Gewissensbisse bekam und sich Mühe gab, mir zu helfen, sorgte er stets für ein derartiges Durcheinander, dass ich eine Ewigkeit brauchte, um wieder Ordnung zu schaffen. Da war es letztlich einfacher, ich machte von Anfang an alles allein und ließ ihn seine Nase ins *Guinnessbuch der Rekorde* oder in *Brewer's Phrase & Fable* stecken.

»Wollte nicht stören«, entschuldigte ich mich folglich nach kurzer Pause, da ich endlich weiterkommen wollte. Wobei ich ihm durchaus glaubte. Bestimmt *hatte* ich Selbstgespräche geführt – was mich nicht sonderlich beunruhigte, auch wenn ich es irgendwie obszön fand, dass er mir zugehört hatte. »Und? Worauf bereiten Sie sich gerade vor?«

»Wie?«

»Womit beschäftigen Sie sich gerade?«

Er schüttelte den Kopf. »Sorgen macht mir eher, womit *Sie* sich gerade beschäftigen«, sagte er, lächelte dann und wandte sich wieder seinem Buch zu, einer Sport-Enzyklopädie, die Sorte Buch, die einem sagt, wer in jedem beliebigen Jahr den Stanley Cup gewonnen hat, wie viele Spiele ausgetragen wurden und welcher Spieler das Siegestor schoss.

* * *

Die Morgendämmerung war vorbei, jedoch noch nicht lang. Allmählich erwachte ich in einem Zimmer voller Glanz und Gefunkel – Glanz, Gefunkel und weit entfernt auch Schatten. Ein
großes Zimmer mit einem enormen Erkerfenster, dem Bett gegenüber, in dem ich lag, nackt und halb in ein weißes Baum-
wolllaken verheddert. Draußen vorm Fenster war es still – kein
Verkehr, keine Passanten –, doch wusste ich, da war eine Stadt,
und ich versuchte mich zu erinnern, was geschehen war, wo ich
mich am Abend zuvor aufgehalten hatte, mit wem ich zusammen gewesen war, und wie es kam, dass ich mich hier befand, in
diesem Zimmer voller Glanz und tiefer Marmorschatten. Dann
hörte ich durch die Wand in meinem Rücken plötzlich ein helles,
hartes Klopfen, wiederholt, darauf Stille, dann erneutes Klopfen
und schließlich ein langsames, irgendwie gummiartiges, zugleich
aber leises, wie durch Musselin gedämpftes Kratzgeräusch, fast
als schabte jemand Fleisch von einem Knochen. Ich hatte keine Ahnung, wo ich war. Wieder durchforschte ich mein Gedächtnis, erinnerte mich aber nur an einen riesigen Spiegel in
verziertem Goldrahmen über einem Kalksteinkamin, und ich
blickte mich um, weil ich herausfinden wollte, ob der Spiegel
zum Mobiliar dieses Zimmers gehörte, in dem ich mich befand.
Gehörte er nicht. Dann wieder dieses Geräusch, ein schleppen-
der, schmerzhafter Laut, ein Flensen, gefolgt von einem lauten,
nassen Platschen, als hätte jemand einen großen Eimer mit Flüssigkeit – mit Flüssigkeit, nicht mit Wasser, das hier klang dicker
als Wasser – über einen Fliesenboden ausgekippt. Danach mehrere Minuten Stille, Zeit, erneut nachzudenken, Zeit, sich zu erinnern. Nur konnte ich mich an nichts erinnern, also wollte ich
aus dem Bett, doch als meine Füße den Boden berührten, bedeckte ihn ein feuchter, warmer Film; und ich ließ mich wieder

ins Bett sinken und hörte mich laut rufen, nur war das eigentlich nicht meine Stimme, denn ich schlief ja noch, oder nicht? Und so wachte ich auf und lag auf dem Boden in meiner Wohnung, die eigentlich nicht mir gehörte, aber das Nächstbeste war, was für mich als Zuhause durchging.

* * *

Ich mied Greg eine Weile, und ich nehme nicht an, dass er in dieser Zeit nach mir gesucht hat, doch war es wohl unvermeidlich, dass wir uns irgendwann wieder über den Weg liefen, und da eine Zeit vergangen war, konnte ich mir einreden, dass ich ihn bei unserem letzten Gespräch einfach missverstanden hatte. Auch wenn es heute seltsam scheinen mag, wie bereitwillig ich mich wieder auf ihn einließ, ist es das eigentlich nicht, jedenfalls nicht, wenn man die schiere Trägheit bedenkt, die völlige Gleichgültigkeit, mit der ich der Welt vor meiner Haustür gegenübertrat. Zu Hause, in der Wohnung, ob zurechnungsfähig oder nicht, war ich *real* oder fühlte mich doch so. Die restliche Zeit aber hätte ich mich ebenso gut gar nicht blicken zu lassen brauchen. Was auch anstand, ich war dabei, ließ mich blind und unstet einfach mittreiben: Büro, Pub und, sofern es sich ergab, das ein oder andere Sexabenteuer mit einer Fremden, für mich war das alles eins. Hin und wieder machte ich allein einen Spaziergang auf der Merrow Down, oder ich legte mich in meinem Büroanzug auf den Rasen, starrte in den Himmel und lauschte den Insekten im hohen Gras, den Vögeln in den Bäumen am Rand des Parks. Ich wusste, ich musste mein Leben ändern, musste mich aus diesem erneuten Tief befreien, wenn ich nicht wieder in einer psychiatrischen Klinik landen wollte, nur wusste ich nicht, wie ich es anstellen sollte. Vielleicht aber war es mir einfach auch egal – und wenn man erst einmal weiß, wie die Medikamente wirken, gibt es kaum etwas Tröstlicheres als den Gedanken, wieder in der Klapse zu landen.

Ich hatte also vermutlich keinen guten Grund, mich wieder mit Greg zu unseren eigenbrötlerischen kleinen Saufpartys in den muffigen Ecken diverser Pubs und Hotels in Guildford zu treffen, nur fand ich ebenso auch keinen guten Grund, der mich davon abhielt. Er war unterhaltsam, meist jedenfalls, und redete, bislang zumindest, auch nicht wieder von seiner Frau. Er machte sogar einen zufriedenen Eindruck, so zufrieden, dass ich glaubte, seine Frau, der Mühlstein, wäre für immer zu ihrer Mutter gezogen und hätte ihm das alleinige Sorgerecht für den Kühlschrank und dessen Inhalt überlassen. Eigentlich wirkte er in jenen letzten Tagen unserer Freundschaft sogar derart zufrieden, dass ich annahm, er wohne allein – weshalb es mich komplett auf dem falschen Fuß erwischte, als er etwa einen Monat später vorschlug, nach dem Pub zu ihm nach Hause zu gehen.

Ich blockte. »Weiß nicht«, sagte ich.

»Komm schon«, sagte er. »Das wird wie früher in den guten alten Zeiten.«

Das fand ich ziemlich komisch. Schließlich waren wir nicht gerade in irgendeinem Kaff zusammen aufgewachsen, hatten uns Filme mit Paul Newman angesehen und waren samstagnachmittags angeln gegangen, Blutsbrüder, die durch Zeit und Umstände getrennt worden waren, um sich nun durch bloßen Zufall wieder zu begegnen, älter, aber kein bisschen weiser, und die sich einen letzten Drink genehmigten, ehe das Schicksal sie wieder auseinandertrieb. »Ach ja«, sagte ich, »die guten alten Zeiten. An die kann ich mich erinnern.«

»Na gut«, sagte er, »dann eben nicht.« Er klang verletzt.

Und natürlich gab ich klein bei, denn es hatte sie ja gegeben, die alten Zeiten. Wenn man säuft, gibt es sie immer, die alten Zeiten, egal, mit wem man zusammen ist. Etwas in uns erschafft sie, schreibt das Geschehene zu einem langen Abend am Waldrand um, an dem man auf der Motorhaube saß und Bier trank, nur wenige Meter entfernt vom rauschenden Verkehr der dummen alten Welt, die ihrem sinnlosen Treiben nachging. So viel Hektik und Lärm – und da waren wir in dieser guten alten Zeit, von all dem frei, weise Narren, heilige Gestrauchelte.

Wir hatten mittlerweile einiges intus, was wohl der Hauptgrund dafür ist, weshalb ich mitging. Das oder die Stimmen in meiner leeren Wohnung. Er habe eine Kiste Wein da, sagte Greg, trotzdem besorgten wir uns unterwegs noch eine Flasche Wodka und nahmen ein Taxi, obwohl es nur vier Querstraßen weit bis zu unserem letzten nichtsnutzigen Abend in dem düsteren kleinen Haus war, von dem ich blöderweise annahm, dass sich niemand weiter darin aufhielt.

* * *

Der Mühlstein schlief auf dem Sofa, ihre Miene eigenartig besorgt. Dass sie es war, wusste ich gleich. Sie war mollig, blass, völlig reglos, Mitte dreißig, schätzte ich, eine Frau mit mausgrauem Haar und großen weißen Händen, die aussahen, als wären sie mit einer Fahrradpumpe aufgebläht worden. Kaum kamen wir ins Wohnzimmer, ging Greg zu ihr, beugte sich über sie und starrte auf die Schlafende, als versuchte er, ihre Träume zu lesen. Schließlich wandte er sich zu mir um. »Sie schläft«, sagte er, »wir wecken sie besser nicht auf.«

Ich ärgerte mich, aber nicht so sehr, wie ich eigentlich wollte. »Du hast nicht gesagt, dass *sie* hier ist.«

Er sah mich verwundert an. »Sie wohnt hier«, erwiderte er. »Wo sollte sie sonst sein?« Dann ging er in die Küche und holte zwei Wassergläser. Wenn Greg zu Hause war, trank er offenbar nur aus Wassergläsern, Wodka, Wein, Cidre, egal, es waren immer die gleichen Gläser, die er fast bis zum Rand füllte. »Außerdem«, sagte er und reichte mir ein Glas, das ich wider besseren Wissens annahm, »ist sie ja eigentlich gar nicht da, nicht so richtig, oder?« Er hockte sich auf die Sofalehne, damit ich im Sessel am Kamin Platz nehmen konnte. »Setz dich«, sagte er, »fühl dich wie zu Hause.«

Ich setzte mich. »Na schön«, sagte ich, »aber ich will nicht wieder so einen Blödsinn hören, okay?«

»Was denn für Blödsinn?«

»Du weißt, was ich meine.«

Er gab keine Antwort, drehte sich aber erneut zur Schlafenden um. »Bestimmt hat sie den ganzen Tag gesoffen«, sagte er. »Das macht sie manchmal.« Mit einem Schluck leerte er zur Hälfte sein Glas Wodka. »Wodka mag sie auch«, sagte er mit überraschend sanfter Stimme, fast als redete er über jemanden, der ihm noch etwas bedeutete. Eine Frau, die er einmal geliebt hatte und jetzt nicht mehr liebte, die ihm aber immer noch wichtig war, allein um der alten Zeiten willen. »Wodka – und Babynahrung«, sagte er.

»Wie bitte?«

»*Das* mag sie«, sagte er. »Wodka und Babynahrung. Babynahrung und Wodka ...«

»Vielleicht ist sie schwanger«, sagte ich.

Greg lief ein Schauder über den Rücken. Dann lächelte er vielsagend. »Kann sie zum Glück nicht sein«, sagte er, beugte sich vor und blickte dem Mühlstein so aufmerksam ins Gesicht,

94

als fürchtete er, sie höre zu. »Sie isst schon seit Jahren Babynahrung«, fuhr er fort, »ich denke, sie *mag* sie einfach.«

Mir fiel meine Babywunsch-Theorie wieder ein, und ich fragte mich, ob die beiden nicht bloß ein perfides Spiel miteinander trieben, beide zusammen oder jeder einzeln, wenn sie abwechselnd in der Wunde bohrten wie George und Martha in *Wer hat Angst vor Virginia Woolf?* »Muss schwierig sein«, sagte ich.

Abrupt wandte er sich zu mir um. »Was?«

»Muss schwierig sein«, wiederholte ich, »dass sie keine Kinder haben kann ...«

Greg lachte laut, um mir zu zeigen, wie lustig er meine Bemerkung fand; die Schlafende ignorierte er einfach. »Oh Mann«, sagte er, »der war nicht schlecht.« Er warf mir einen wohlmeinenden, anerkennenden Blick zu, als hätte ich gerade einen verdammt guten Witz gemacht. »Nein, nein«, sagte er dann. »So ist das nicht. Sie *kann* Kinder bekommen.« Er stockte und dachte kurz nach. »Na ja, nehme ich jedenfalls an.«

»Und was hast du dann gemeint?« Ich fing wieder an mich zu ärgern, nahm einen Schluck Wodka und beschloss zu gehen, sobald ich ausgetrunken hatte. »Du hast gesagt, sie kann ...«

»Ich hatte eine Vasektomie«, erklärte er, grinste, drehte sich wieder zur Frau auf dem Sofa um und schaute ihr ins Gesicht. »Nicht, dass wir miteinander vögeln würden. Ich meine, sieh sie dir doch an. Hast du je eine so ... unattraktive Frau gesehen?«

Ich betrachtete den Mühlstein. Sie war nicht schön, das konnte ihr wirklich niemand vorwerfen, aber sie war auch nicht hässlich. Und er musste sie einst begehrt haben, zumindest am Anfang, sonst wäre er wohl kaum hier gelandet. »Sie ist okay«, sagte ich.

Er lächelte, als hätte ich unbeabsichtigt eine sarkastische Bemerkung gemacht. »Na gut«, sagte er. »Sie ist nicht *hässlich*, na ja, jedenfalls nicht allzu schlimm.« Er warf mir einen fragenden Blick zu, als läge ihm etwas an meiner Antwort. »Findest du sie hässlich?«

»Nein, gar nicht.«

»Du hast recht«, erklärte er so vergnügt, als hätte ich seiner Frau gerade ein außergewöhnliches Kompliment gemacht. »Hässlich ist sie nicht. Viel schlimmer.« Er wandte sich wieder der besinnungslos Schlafenden zu und musterte ihr Gesicht. Auf mich machte er dabei den Eindruck, als hätte er das schon oft getan, sie beobachtet, während sie schlief, während er darüber nachsann, worauf er sich mit ihr eingelassen hatte. »Ich hatte oft genug Gelegenheit, mich von ihr zu trennen«, sagte er. »Niemand zwang mich, sie zu heiraten. Ich tat es aus freien Stücken.«

»Tja«, erwiderte ich, weil ich nicht wusste, was ich sagen sollte. »Immerhin etwas.«

Er sah mich seltsam an, überrascht, kehrte sich aber dann wieder zum Mühlstein um. »Heiraten ist so leicht«, sagte er, »viel leichter, als sich scheiden zu lassen, nicht?«

Ich warf ihm einen warnenden Blick zu. Gegen seine leise, elegische Stimmung, die Sache mit dem Wodka und so hatte ich nichts, wollte aber auf keinen Fall, dass er sich wieder endlos über die Scheidung ausließ.

Rasch redete er weiter. »Und dann erweist es sich als Fehler. Was tust du also?« Er richtete sich auf und leerte sein Glas. »Du erstarrst. Du fühlst dich schuldig, weil du dich in diese lächerliche Lage manövriert hast. Und du fängst an, dich zu bestrafen. Bestrafst dich für etwas, das absolut zufällig passiert ist. Bestrafst dich für die Verfehlungen eines anderen.« Er nahm mein noch halb volles Glas und ging damit in die Küche, während er weiterredete. »Ich meine, zurückzublicken und zu sagen, man hat das eigene Leben vermurkst, ist eine Sache, aber was glaubst du, wie es sich anfühlt, wenn man nach vorn blickt und weiß, man wird den Rest seines erbärmlichen Lebens auch noch vergeuden?« Er verschwand im Dunkeln, und ich hörte, wie Wodka nachgeschenkt wurde – zu spät fiel mir ein, dass ich nach einem Glas gehen wollte. Einen Moment später tauchte er mit dem aufgefrischten Drink wieder auf, das Glas erneut bis an den Rand gefüllt.

»Wir haben das alles schon durchgekaut«, sagte ich. »Und ich verstehe nicht, warum du sie nicht einfach verlässt, wenn du so unglücklich bist. Bestimmt wäre das doch ...«

»Ich hab's dir erklärt«, sagte er mit leiser, doch leicht genervt klingender Stimme. »Sie würde mir alles nehmen ...«

»Und *ich* habe *dir* gesagt«, erwiderte ich, »dass ich nichts mehr von diesem Blödsinn hören will.«

»Das ist kein Blödsinn«, gab er zurück. »Und das weißt du. Sie wird *alles* wollen. Und genau das wird sie auch bekommen.« Er schaute mich an, und ich war mir sicher, er war von dem Gesagten so fest überzeugt, dass er entsprechend handeln wollte. Er glaubte, für das, was er besaß, gearbeitet zu haben, und er würde es sich von niemandem nehmen lassen. Ob er damit recht hatte, war letztlich egal. Er glaubte daran, und für ihn war es eine Frage des Prinzips, dass es nicht so weit kommen durfte – ehe er in dieser Sache auch nur einen Schritt nachgab, war er bereit, entsprechende Vorkehrungen zu treffen, wie immer die auch aussehen mochten.

»Du brauchst einen Anwalt«, sagte ich. »Besorg dir einen Anwalt, *das* solltest du tun.«

»Und dann nimmt sich der verdammte Anwalt seinen Teil, und ihr Anwalt nimmt sich seinen, bis …« Er schien den Tränen nahe – und das Merkwürdige war, dass er mir in diesem Moment tatsächlich leidtat. Ich wusste, was jetzt kam – es würde sich nicht vermeiden lassen –, und trotzdem tat er mir leid. Bedächtig schüttelte er den Kopf, und ich merkte ihm an, wie verzweifelt er war – nur spürte ich auch, wie sehr er wollte, dass mir seine Verzweiflung nicht entging. »Du könntest es jetzt tun«, sagte er. »Niemand käme dahinter.«

»Hör auf!«

»Du könntest es tun. Sie wäre besser dran …«

»Ach, jetzt soll es also ihr zuliebe passieren, ja?«

»Du weißt, wie ich es meine …«

»Aber warum *sollte* ich?«

»Ich bringe auch jemanden für dich um«, sagte er. »Eine Hand wäscht die andere.«

»Aber ich will nicht, dass du jemanden für mich umbringst«, erklärte ich. »Das habe ich dir doch schon gesagt.«

»Irgendwen *muss* es doch geben.«

»Nein.« Ich stellte mein Glas ab. »Mach endlich Schluss damit. Du solltest den Gedanken wirklich aufgeben, dir einen Anwalt besorgen und …« Ich wusste nicht, was ich noch sagen sollte. Hier stand ich im Wohnzimmer dieses Mannes neben dessen schlafender Frau – die er womöglich schon vor Stunden betäubt hatte, damit wir genau diese Unterhaltung führen konnten –, und er versuchte, mich zum Mord zu überreden. Ich würde ihm den Gefallen nicht tun, begann mich aber zu fragen, ob ihr Leben nicht sowieso in meiner Hand lag. Wenn ich jetzt aus dem Haus ging, was ich schon seit zwanzig Minuten vorhatte, würde er es vielleicht selbst tun und möglicherweise versuchen, mir die

Sache anzuhängen. Oder er würde es einfach tun und sich den Teufel um die Folgen scheren. Mittlerweile musste er ziemlich betrunken sein und konnte bestimmt nicht mehr klar denken. Andererseits war er oft genug betrunken gewesen, seine Frau aber lag immer noch hier auf dem Sofa, und sie würde sicher früher oder später aufwachen und nicht einmal ahnen, worüber wir geredet hatten. Vielleicht war ich also derjenige, der nicht mehr klar denken konnte. Vielleicht war es ja tatsächlich ein Spiel – ein ernstes Spiel, ein Spiel der Fantasie, das Greg immer weitermachen ließ, weil eines Tages, heute nicht, aber irgendwann, die Chance bestand, dass jemand in sein Haus kam und das Angebot annahm, und dann wäre er frei, ohne je was anderes getan zu haben, als diese lächerliche Szene zu Ende zu spielen. So ging es endlos rund in meinem Kopf: Mord, ein Spiel, ein Spiel, Mord – und war das nicht längst dasselbe? Ich war bedrückt, erschöpft, und ich hatte die Nase voll. »Mir reicht's«, sagte ich schließlich.

Wieder senkte er die Stimme. Für einen Mann, der so viel getrunken hatte, klang er erstaunlich nüchtern. »Niemand wird dich verdächtigen«, sagte er. »Das ist perfekt. Warte einfach, bis ich gegangen bin, dann lass mir eine halbe Stunde, nein, sagen wir eine Stunde, nur um sicherzugehen. Anschließend kannst du es erledigen.«

Da musste ich lachen. »Aber das ist doch blöd«, sagte ich, »eine halbe Stunde reicht nicht. Eine Stunde auch nicht. Und wo willst du in dieser Gegend schon hin? Die Pubs haben alle geschlossen.« Ich schüttelte den Kopf. Ich hätte längst zur Tür hinausgehen sollen, stattdessen diskutierte ich mit ihm. »Verdammt«, sagte ich, »wenn das dein Plan ist, gib lieber gleich auf.« Ich redete zu laut, denn ich redete zur versteckten Kamera, zum verborgenen Zeugen. »Und ich habe keinen Schimmer, warum

du jemals geglaubt hast, ich würde mich auf so etwas einlassen.«
Ich stand auf und ging in Richtung Tür.

Greg sprang auf und packte mich am Arm. »Also gut, also gut«, sagte er. »Jetzt reg dich ab.« Einen Moment lang stand er nur da und dachte nach, als steckten wir in einem gemeinsamen Dilemma, und es läge an ihm, eine Lösung zu finden. Dann nahm er wieder Platz, gönnte sich einen kräftigen Schluck und blieb eine Weile einfach stumm sitzen.

Ich wartete. Ich wollte gehen, wollte ihn aber auch nicht mit dem möglichen Opfer allein lassen. »Weißt du was?«, sagte ich. »Gehen wir zurück in die Stadt. Lass uns einen Spaziergang machen, bis die Pubs wieder öffnen.«

Greg sah zu mir auf, sagte aber nichts. Er schien nachzudenken, und das gefiel mir gar nicht. Schließlich schüttelte er den Kopf. »Was ich dir jetzt erzähle, wird dich bestimmt überraschen«, erklärte er, »aber ich habe Petula Clark immer gemocht.« Er musterte mich, als wollte er sehen, ob ich seine Ansicht über die große Sängerin teilte, aber ich hing etwas zurück, dachte noch an das seiner Frau drohende Unheil. Sie fing plötzlich an zu schnarchen, ein sanftes Brummen, immer wieder von seltsamen, kurzen Schleifgeräuschen unterbrochen, und ich sagte mir, jetzt wird sie bald wach. *Denn nun schläft sie*, dachte ich, *und ist nicht länger bewusstlos*. Er hatte sie betäubt, aber die Wirkung ließ nach. Gleich würde sie aufwachen, ganz benebelt und konfus, aber vermutlich in Sicherheit. Bloß war ich nicht davon überzeugt. »Wie schade, dass sie mit dem Singen aufhören musste«, fuhr Greg fort, als wäre nichts Ungewöhnliches passiert.

Ich warf ihm einen verwunderten Blick zu. »Wovon redest du eigentlich?«

»Von *Petula Clark*«, antwortete er. »Weißt du nicht? Sie bekam diese seltene Krankheit. Wer weiß, was aus ihr geworden wäre, hätte sie ihr ganzes Potenzial ausschöpfen können.«

»Was um alles in der Welt redest du denn da?«, rief ich und war sauer, wegen Petula Clark, aber auch meinetwegen. In all der Zeit, in der er den Mord an seiner Frau geplant hatte, war ich untätig geblieben, jetzt aber machte mich eine kleine Lüge über eine der Lieblingssängerinnen meiner Mutter wütend. Ich sah Petula Clark vor mir, hörte sie in einer der Sechzigerjahre-Fernsehshows *Downtown* singen. »Petula Clark hat nie irgendeine seltene Krankheit gehabt«, sagte ich. »Sie musste das Singen auch nicht aufgeben. Und falls ich mich nicht irre …« – ich hörte, wie ich lauter wurde, laut genug, den Mühlstein zu wecken, aber ich konnte nicht anders –, »singt sie heute noch. Sie *hat* ihr ganzes Potenzial ausgeschöpft. Das war's. Ende der Geschichte.«

Greg wirkte schockiert. »Ich weiß nicht, wie du so was behaupten kannst«, sagte er ehrlich verletzt. »Wie kannst du behaupten, Petula Clark hätte ihr ganzes Potenzial ausgeschöpft, wenn sie doch …«

»Verdammt, was macht es denn für einen Unterschied?«, schrie ich. Der Mühlstein regte sich, seufzte, änderte leicht die Haltung und versank wieder im Schlummerland, aber mir war jetzt egal, ob sie aufwachte oder nicht. »*Was für einen verdammten Unterschied macht die blöde Petula Clark!*«

Greg lächelte traurig. »Na ja, für mich macht sie einen Unterschied«, erklärte er leise.

Ich schüttelte den Kopf. »Macht sie nicht, Greg«, sagte ich. »Sie macht nicht den allerkleinsten Unterschied. Besorg dir einen Anwalt, besorg dir keinen, tu, was du willst, aber ich verschwinde jetzt, okay?«

Er regte sich nicht, und ich tat die letzten verbliebenen

Schritte in Richtung Tür, öffnete sie – ging aber nicht. Ich konnte nicht. Ich wusste immer noch nicht, was er tun würde. Also stand ich da, wartete und hoffte, dass er etwas sagen würde, dass seine Frau aufwachte oder dass Petula Clark durch die Tür spaziert käme und anfinge, *Downtown* zu singen, und alles wäre in Ordnung. Endlich machte er den Mund auf. »Bist du sicher?«, fragte er, in seiner Stimme ein Anklang von Bestürzung. Ich fragte mich, ob wir immer noch über Petula Clark redeten.

»Ganz sicher«, erwiderte ich leise.

Es folgte eine Stille, in der ich absurderweise versuchte, mich an den Text zu erinnern. *When you're alone, and life is making you lonely, you can always go – Downtown* … Und was dann? Was kam danach?

Greg sprang auf. »Okay«, sagte er. »Du bleibst, und ich gehe jetzt.«

Erschrocken sah ich ihn an – und begriff, dass es nichts Besseres gab, als wenn Greg jetzt ging. War er aus dem Haus, konnte ich seine Frau wecken, sie vor seinen Plänen warnen und sie vielleicht sogar in Sicherheit bringen. Ob das möglich war, wusste ich nicht, aber für den Augenblick war der Mühlstein bei mir sicherer als bei ihm. »Wo willst du hin?«, fragte ich.

»*Downtown*«, sagte er. »Du wartest hier. Falls sie aufwacht, kein Problem, verschwinde einfach, ehe sie dich sieht, und wir machen es ein andermal. Sollte sie nach einer Stunde aber noch schlafen – dann mach es.« Er nahm mich ins Visier, um mich wissen zu lassen, dass er es ernst meinte, nur war ich zu müde, irgendwas darauf zu erwidern. »Egal wie«, fuhr er fort, »in der Methode hast du die freie Wahl. Gib mir nur eine Stunde.« Dann ging er ohne ein weiteres Wort durch den Flur aus dem Haus und ließ mich allein mit der schnarchenden Frau, die ich umbringen sollte. Ich hätte mit ihm gehen können, hätte ihn vielleicht aufhalten können, tat es aber nicht. Die Haustür wurde geöffnet, und in dem Moment, in dem er ging, fiel mir auf, dass er vor sich hin pfiff. Ich kannte den Song – nicht *Downtown*, irgendwas anderes –, kam aber nicht auf den Namen. Kurz darauf schlug die Tür zu, und es war wieder still.

Ich wartete eine Weile, aber er kehrte nicht zurück, und der Mühlstein wurde nicht wach. Ich hatte keine Ahnung, seit wann sie schlief, vielleicht schlief sie schon den ganzen Tag. Falls er sie betäubt hatte, musste er es getan haben, kurz bevor er sich mit mir traf. Sie konnte in den nächsten Minuten aufwachen, schlief vielleicht aber auch noch bis morgen, das war unmöglich zu wissen – und ehrlich gesagt, es kümmerte mich nicht. So wenig wie mich kümmerte, ob Greg zurückkam, ob sie aufwachte und was der Arsch plante oder schon getan hatte. Eine kalte Stille überkam mich, und ich konnte nur noch an Petula Clark denken. Sie hatte noch mehr Hits gehabt, damals, zu ihrer Glanzzeit, und ich versuchte, mich an einige zu erinnern, nur wollten mir keine einfallen. Schließlich kam ich auf *Don't Sleep on the Subway, Baby*, und ich fühlte mich etwas besser – und dann wurde mir klar, dass mich wegen Petula Clark ein schlechtes Gewissen plagte, weil ich nicht gewusst hatte, dass sie krank gewesen war, und ich hoffte, dass es ihr heute besser ging. Lange saß ich so da, dachte an Petula Clark und hörte Zelda beim Schnarchen zu, die ihren Rausch oder was auch immer ausschlief und nichts von der Gefahr ahnte, in der sie so leicht hätte schweben können. Vorläufig aber war sie in Sicherheit. Denn solange ich blieb, würde ihr nichts passieren – nur *konnte* ich nicht bleiben, jedenfalls nicht für immer. Ich zögerte es möglichst lange hinaus, entschied letztlich aber, dass es in Ordnung war, wenn ich ging. Greg mochte irgendwo da draußen lauern, unter einem Baum oder in einem düsteren Hauseingang, mochte darauf warten, dass ich ging, aber dagegen konnte ich nichts tun. Ich konnte ihn nicht ewig von ihr fernhalten. Ich schenkte mir aber noch einmal nach und ging Gregs Platten durch, um mich noch etwas länger zu beschäftigen. Petula Clark habe ich nicht gefunden, dafür aber *Tapestry*, und ehe ich ging, las ich mir stumm die Titel der Songs durch wie jemand, der sich einen Bannzauber einprägt.

Valium und Schlaflieder

April 2008. Mein ältester Sohn weckt mich, um mir zu sagen, dass es schneit. Ich war die halbe Nacht wach und habe höchstens zwei Stunden geschlafen, doch während ich immerhin so weit an die Oberfläche komme, dass ich den Jungen im gräulichen Licht dieses sehr frühen Morgens sehen kann, fällt mir ein, dass ich von Gina geträumt habe – das heißt, eigentlich nicht von Gina, sondern von einer der Partys, die sie in ihrem kleinen Haus veranstaltete und die auch keine richtigen Partys waren, eher so etwas wie traurige Orgien, die Teilnehmer verfettet und verzweifelt, in einer Ecke flackerte stets stumm ein schlechter Porno, Kinderspielzeug lag halb verborgen in der Lücke zwischen Sofa und Wand. Ich bin überrascht – an Gina habe ich nicht mehr gedacht, seit ich sie zuletzt gesehen habe, und selbst damals habe ich kaum einen Gedanken an sie verschwendet –, aber der Traum ist so lebendig, selbst jetzt noch, als ich ihn abstreife, dass ich fürchte, mein Sohn könnte sehen, was ich sehe oder vielmehr, was sich um mich herum auflöst, während ich die Augen öffne. Er kann noch nicht lange wach sein, ich merke es seinem Gesicht an, diese leicht zerzauste Verschlafenheit.

»Es schneit, Dad«, sagt er. Ich nicke und will wieder einschlafen. Er gibt nicht nach. »Kann ich rausgehen und einen Schneemann bauen?«

Ich richte mich halb auf. »Nicht im Schlafanzug.«

Er lacht. »Nein, ich ziehe mich vorher an.«

Ich schaue zum Fenster: zugezogene Vorhänge, noch kaum berührt vom ersten Grau. »Wie spät ist es?«, frage ich.

»Aufstehzeit«, erwidert er.

Ich schüttle den Kopf. »Heute ist Sonntag«, sage ich. Jetzt weiß ich, worum es in dem Traum ging. Es war ein Samstagabendtraum, und Samstagabend ist Partyzeit, selbst wenn keine Party stattfindet. Ein entmutigender Gedanke – wie ein Virus, von dem sich der Körper nie ganz erholt, etwas, das auf immer bleibt, nur darauf wartet, wieder aufflammen zu können, wie Herpes. Dieses Samstagabendweh, halb Wunder, halb Leiden.

»Ich bin auch ganz leise«, sagt er, und wieder einmal fällt mir auf, dass er als Erster im Haus wach ist. Dieses Kind ist eine Blaupause meiner selbst, das gleiche Gesicht, die gleichen Augen, die gleiche Fantasie, die gleiche Schlaflosigkeit.

Ich nicke. »Warte, ich steh auf«, sage ich. »Gleich, sofort ...«

... schon schlafe ich wieder, und diesmal bin ich in einer Stadt, die wie Prag aussieht, Prag mit einem Hauch Amsterdam, eine Stadt voller Straßenbahnen, schmaler Brücken und breiter Schluchten zwischen Hausfassaden und Fluss, Amsterdam, Prag, auch eine Spur Brügge, aber eigentlich weder noch, sondern die Stadt, die stets in meinen Träumen auftaucht: eine Ecke von diesem Platz, eine Straße von woanders, auf einem Balkon singt ein Vogel, der Duft nach Kaffee, Schnee, Dunst, eine laternenhelle Brücke im ersten Morgengrau und eine Schar von Leuten, die einen dunklen Fluss überqueren, unterwegs – wohin? Eine Allee geschwärzter Bäume, ein raureifer Park, irgendein Museum, vielleicht auch ein Regierungsgebäude, in dessen Eingang mein Sohn mit Schirmmütze und wattierter Jacke steht, das Gesicht noch verschlafen, die Stimme drängend.

»Dad«, sagt er. »Dad!«

Ich sehe ihn an, wieder wach und träume doch noch, beides zugleich und nichts richtig. Er erwidert meinen Blick, das gleiche Gesicht, die gleichen Augen, und ich habe Angst um ihn, ganz plötzlich, Angst, meine Geschichte könnte seine Zukunft sein, Angst, dass das, was ich zurückließ, auf ihn wartet irgendwo entlang des Wegs, jenseits einer schmalen Brücke, in einer verqualmten Vorstadt am Ende der Straßenbahnlinie: die gleiche Ruhelosigkeit, die gleiche Schlaflosigkeit. Die gleiche Fantasie.

* * *

Nach dem letzten Abend in Gregs Haus beschloss ich, mich eine Weile bedeckt zu halten. Während der Arbeit ging ich nicht mehr zum Teewagen, da ich fürchtete, im Vorbeigehen etwas aufzuschnappen, das ich nicht hören wollte. Zumindest nicht so, auf diese Weise. Ich überlegte, bei Greg vorbeizuschauen oder mich mit ihm in einer Bar zu verabreden, um ihm geduldig und nachdrücklich zu erklären, dass ich, sollte ihr je etwas zustoßen – Zelda, Lois oder wie immer sie auch hieß –, ihn entweder anzeigen oder ihm jeden Knochen im Leib brechen würde. Ich tat es nicht. Es war nur ein Wunschtraum, mehr nicht. Schließlich hatte ich nicht den geringsten Beweis – Greg musste nur behaupten, ich hätte ihn missverstanden, er hätte mit mir doch nur über einen Film geredet. Alfred Hitchcocks Klassiker aus dem Jahre 1951, *Der Fremde im Zug* mit Farley Granger und Robert Walker. Sie kennen ihn bestimmt, Officer, den kennt doch jeder. *Entschuldigen Sie, aber sind Sie nicht Guy Haines?* Wir haben uns einige Male darüber unterhalten, würde Greg sagen, und hatten beide wohl ein bisschen zu viel getrunken, aber es ist ja auch nur ein Film. Welcher Mensch, der auch nur halbwegs bei Verstand ist, wollte sich denn vorstellen, dass er, selbst wenn er seine Frau loswerden wollte (was natürlich gar nicht zutraf), dumm genug wäre, ausgerechnet jemanden wie mich anzusprechen, um einen Auftragsmord zu vereinbaren? Schließlich war ich ja nicht mal halbwegs bei Verstand, nicht wahr? Man brauche sich doch bloß meine Krankenakte anzusehen.

Also sagte ich nichts. Ich hörte auf, in die Pubs an der Epsom Road zu gehen, und auch wenn ich noch wochenlang die Zeitungen durchsah, versuchte ich doch, nicht mehr an Greg und seine Mühlsteinfrau zu denken oder an den Kühlschrank, den er über alles liebte. Anfangs hatte ich vor, daheimzubleiben: früh zur Arbeit zu fahren und pünktlich um vier Schluss zu machen, damit ich durch die Stadt nach Hause radeln konnte, ehe die Pubs aufmachten, um dann einen alten Film anzuschauen oder ein Buch zu lesen und jeder Versuchung aus dem Weg zu gehen. Nur gab es auch Pubs an meinem Ende der Stadt, schäbige, hässliche Kneipen voll mit Kleinganoven und Armeetypen, unter denen es am Ende des Abends oft genug zu sinnlosen Schlägereien kam – dennoch waren es Pubs. Nichts, was ich nicht aus meiner Jugend in Corby kannte. Dachte ich zumindest.

Wochen vergingen, dann Monate. Jahreszeit folgte auf Jahreszeit, und das waren auch die einzigen Veränderungen, die mir auffielen: Hier verfärbte sich ein Blatt, dort stob trockener Schnee. Im Park Winterblüten, Krokusse, Forsythien. Ich radelte zur Arbeit und zurück, schloss mich mit alten Filmen ein, und es gab Zeiten, da schien ich fast in jenem Surbiton angekommen zu sein, an das ich gedacht hatte, damals, als ich Zuflucht in dieser recht trostlosen Vorstadt suchte, die noch nicht so ganz Vorstadt war. Hin und wieder sah meine Mitbewohnerin nach mir, und ich muss einen guten Eindruck gemacht haben. Der aber täuschte. Ich lebte in Wartestellung und wusste es auch. Ich wartete auf irgendetwas – einen Vorwand, einen Grund, einen Fluch. Was, war egal. Es kam nur darauf an, dass das, was in meinem Hinterkopf rumorte, eine Möglichkeit fand, die oberflächliche Logik zu unterlaufen, die mich in der Außenwelt hielt, nüchtern, grenzwertig normal. Und die ganze Zeit über sagte ich mir, diesmal würde ich es schaffen. Ich würde nüchtern bleiben. Es würde besser werden. Jeden Tag ein bisschen, morgen war der erste Tag vom Rest meines …

Ich habe es versucht. Ich habe wirklich mein Bestes gegeben und fast ein Jahr lang durchgehalten, obwohl ich die meiste Zeit allein in meiner Wohnung lebte und anfallsweise an Apophänie litt; irgendwann aber endete ich – nach langem Kampf – dann doch in einem der Pubs auf meiner Seite der Stadt, einem besonders üblen, verrufenen Loch, das ich, da mir kein anschaulicherer Name einfällt, *The Pig and Bucket* nennen will, Schwein und Eimer, womit denn auch der in gewisser Weise schweinischen Stammgäste gedacht sei. Mit denen wollte ich natürlich nichts zu tun haben; ich wollte einfach nur irgendwohin, wo ich mich eine Weile betrinken konnte, ehe ich mich den Stimmen in den Wänden und meinen ganz eigenen Fantasiegebilden von abnormer Bedeutsamkeit stellte. Nach acht Bier und einigen Gläsern Rum klangen diese Stimmen sogar recht freundlich, vor allem im Vergleich mit denen der Jungs aus dem Pig and Bucket, für die Fantasiegebilde offensichtlich kein Thema waren.

Dennoch war dies ein hässlicher Ort, eine Bar mit niedriger Decke, nach hintenraus ein Ausbau, der als Tanzsaal durchgehen konnte, seitlich ein säuerlich müffelnder Billardraum, in dem Exsoldaten und Schmalspurgauner Whisky-Cola zu ihrem Bier soffen, um dann auf dem Parkplatz mit schlechten Drogen und minderwertigen Elektroartikeln zu dealen. Eigentlich gab es keinen Grund, mich dort aufzuhalten, doch fand ich mich unwillkürlich davon angezogen; ehrlich gesagt fühlte ich mich dort zu jener Zeit eher zu Hause als irgendwo sonst, eher jedenfalls als in der Wohnung, im Büro und auch als in den Hotelkneipen an der Epsom Road mit ihrem Mittagsmenü und den gesalzenen Erdnüssen in weißen, irgendwie schwedisch aussehenden Porzellanschalen auf dem Tresen. Ich gab mich kaum mit den Soldaten und Kleinkriminellen ab; meine Saufkumpane kamen vom Landwirtschaftscollege oder aus dem Industriegebiet an der A3, auch wenn im Pub meist einer wie der andere war. Der einzige Unterschied zwischen den Stammgästen bestand weniger in der Frage, wie weit der Einzelne zu gehen bereit war, als darin, wie schnell er dort ankommen wollte. Ein, zwei schafften es in Sekunden.

Wenigstens gehörte ich nicht zu *der* Clique. Ich rangierte höchstens unter »ferner liefen«, war ein Beobachter, ein Tourist. Besonders gern ging ich an einem Samstagabend ins Pig and Bucket; dann erinnerte mich der Pub an etwas, das ich nicht ganz fassen konnte – an irgendwas, das ich nicht mehr wollte, obwohl ich ohne auch nicht zurechtkam. Dort herrschte eine Ruhe, ein Gleichgewicht, das immer unverändert blieb. Die Stammkunden waren vorwiegend Männer um die zwanzig: von Natur Aasgeier, meist in Grüppchen zu sechs, sieben Mann, die am Tresen mit schlanken Gläsern – immer schlanke, nie bauchige – in den frisch geschrubbten Pranken standen, lachten und bis zur Sperrstunde mit der Kellnerin schäkerten, um sich dann draußen zu sammeln und untereinander zu stänkern oder Passanten anzupöbeln, die meisten nur halb betrunken, denn der Abend war ja noch jung. Dies war die gefährlichste Zeit: Keiner der Jungs machte für sich allein viel her, aber in der Gang, alle aufgedreht und bereit für ein bisschen Rabatz, konnten sie durchaus die Kontrolle verlieren. Und dann wurde es mitunter richtig hässlich – wie damals, als die Meute aus dem Pig strömte und einen Unbeteiligten vor eines der vorüberfahrenden Fahrzeuge stieß, woraufhin der einige Male durch die Luft gewirbelt wurde, ehe er liegen blieb, reglos und schlaff wie die sprichwörtliche Lumpenpuppe. Eine Sekunde lang wirkte alles erstarrt, die Nacht kehrte in ihrer schwärzesten Gestalt zurück, kalt, still, zeitlos, bis irgendwer lachte und die Meute sich auflöste und zu zweit, zu dritt in den Seitenstraßen verschwand, Schritte, die sich im Dunkeln verloren. Blut geleckt, wieder gut gelaunt, auf zu mehr Rabatz.

Meist war damit ein Nachtclub namens Cinderella's im Stadtzentrum gemeint. Ein- oder zweimal bin ich hingegangen, da sonst nichts anstand. Im Licht der Discokugel beobachtete ich, wie die Jungs versuchten, sich smart und sensibel zu geben, was nie ganz klappte. Selbst fern der Meute blieben sie Aasgeier, und auch wenn sie sich in dem übten, was hier als Charme durchging, blieben sie Jungs, die glaubten, Designershirt, aufgemotzter Wagen und eine flüchtige Bekanntschaft mit der Leserbriefseite des *Forum* machten sie für Frauen interessant. Ein ziemlich trauriger Anblick, den ich gewöhnlich zu vermeiden suchte. Hin und wieder aber, wenn ich mal besonders masochistisch drauf war, setzte ich mich dort an den Tresen, tat, als sei ein später Drink das Eintrittsgeld wert, und genoss die Show.

Die Show. Eher Naturdoku als Kabarett, fürchte ich, trotzdem was fürs Auge. Die Frauen rangierten von püppchenhaft bis unauffällig, doch waren sie alle auf ihre Weise interessant, und selbst jene, die sexy mit vulgär verwechselten, lohnten den Anblick. Mit den Männern aber war es eine andere Geschichte. Sie

waren sich so ähnlich, waren so schauderhaft, als hätte ein bös-
williges Genie sie von einem diabolischen Original geklont; zehn
Jahre in billiges Rasierwasser eingeweichte Bauarbeitsgehilfen,
die in Halbschuhen und tailliertem Hemd auf den Abend losge-
lassen wurden. Sie hießen Mick, James oder Darren und waren
immer frisch geduscht, immer präsentabel. Sie wussten sich ein
bisschen zu unterhalten, konnten lächeln, und wenn sie glaubten, sich berechtigte Hoffnungen machen zu dürfen, beglichen
sie die Rechnung und zahlten das Taxi, doch trennte sie immer
nur ein Schritt vom Vergewaltiger, und die Attacke, die sie am
Ende eines guten Abends gegen jene verübten, die sie zu sich
nach Hause locken konnten, war das Einzige, was sie ohne ihre
Gang zustande brachten. Die restliche Zeit war jeder der Jungs
unter seinesgleichen und auf der Jagd nach Spaß, nach Plündern
und Brandschatzen, Wildern und Zerstören.

Im Cinderella's lernte ich übrigens auch Gina kennen. Damals soff ich seit ein paar Monaten wieder und hatte aufgehört,
mir in dieser Hinsicht was vorzumachen. Ein Sixties-Abend war
angesagt, wenn ich mich recht erinnere, vielleicht auch einer
mit Golden Oldies – irgendwas in der Art. Ich hatte eigentlich
nicht herkommen wollen, nur hatte sich die Wohnung an jenem Abend besonders bedrückend angefühlt. Außerdem, wer
kann schon einem Sixties-Abend widerstehen? The Troggs. The
Hollies. Tamla Motown. Besser, als mit einem Haufen bleicher
Ecstasy-Typen abzuhängen und sich vierzig Minuten am Stück
dieselbe Soundschleife reinzuziehen. Besser, als in eine dieser
Schickimickikneipen an der Hauptstraße zu gehen, wo die Tür-
steher eher nett als ruppig sind und die Drinks siebenfünfzig das
Glas kosten. Besser, als allein daheimzubleiben und den Stimmen im Stuck zu lauschen.

Ich sah Gina hereinkommen, und sie lächelte mich an, also lächelte ich zurück. Nicht, dass ich auf Gesellschaft aus gewesen wäre, ich tat einfach nur höflich, außerdem war sie nicht mein Typ. Ich fand sie auf Frauenzeitschriftenart attraktiv, wie eine der Schauspielerinnen in den Vorabendserien im Fernsehen, nur ein bisschen zu reif, noch nicht ganz verblüht, aber auf dem besten Wege dahin. Und ein bisschen zu üppig. Damals hätte ich kaum von mir behaupten können, in Herzensangelegenheiten allzu wählerisch zu sein, aber üppig war für mich noch nie in Frage gekommen. Üppig war nichts für mich, da war ich mir ziemlich sicher.

Ich ging zum Tresen. Sobald ich aufgestockt hatte – in solchen Läden kauft man sich immer mindestens vier Drinks, erspart einem eine Weile das Anstehen –, zog ich mich in ein stilles Eckchen zurück und stellte die Gläser der Reihe nach auf einen der Hochtische, wie man sie in solchen Etablissements an Säulen oder Wänden findet. Keine Stühle, nur ein Platz, um die Handtasche oder das Glas abzustellen. Oder, in meinem Fall, die vier Gläser. Das mit den Stühlen machte mir nichts aus. Ich stand lieber. Es ist keine so gute Idee, es sich in diesen Late-Night-Clubs zu gemütlich zu machen, da man dann vielleicht in mehrfacher Hinsicht in der Falle sitzt. Ist so auch schwieriger, schnell zu verschwinden, falls schnelles Verschwinden mal angesagt ist.

Andererseits – auch stehen und sich möglichst unauffällig verhalten garantiert kein stilles Sich-Abfüllen. Der Typ, der an jenem Abend die Sache ins Rollen brachte, war mir fremd – und falls nicht, konnte ich mich wenigstens nicht erinnern, ihn je zu Gesicht bekommen zu haben –, er wirkte auch nicht besonders bedrohlich, zumindest nicht zu Beginn. Er trug einen grünlichen, leicht schimmernden Anzug, dazu ein silbriges Hemd mit offenem Kragen – keinen Schlips –, außerdem war er ziemlich betrunken, lallte aber noch nicht. Hätte man mich gefragt, hätte ich ihn auf fünfundzwanzig geschätzt, der jüngere Bruder von jemand Wichtigerem, etwas schlecht gelaunt, bereit, Krawall anzuzetteln, aber eigentlich unfähig, ihn auch durchzustehen, und mit einer Frau namens Cheryl zusammen. Er selbst war bestimmt ein Kevin, womöglich auch ein Keith – es stand ihm ins Gesicht geschrieben. Und er *kannte* mich. Wir waren uns offenbar schon mal über den Weg gelaufen, und ich hatte ihn irgendwie gegen mich aufgebracht. *Das* stand ihm gleichfalls ins Gesicht geschrieben.

Komisch war nur, dass ich kein Wort von dem verstand, was er sagte. Er redete mit normaler Stimme, aber die Musik war zu laut, weshalb ich nur seltsam gutturale Töne wahrnahm. Immerhin war nicht zu übersehen, dass ihn mein Anblick ärgerte, doch falls er den Grund dafür erklärte – zweifellos kleidete er seine Einwände gegen meine Anwesenheit in eloquenteste Prosa –, fielen seine Worte auf taube Ohren. Ich schüttelte den Kopf. »Ich höre nichts«, rief ich.

Sein Gesicht erstrahlte wie ein Fragezeichen, aber weder holte er aus, noch griff er nach mir, weshalb ich mir ziemlich sicher war, dass es bei Worten bleiben würde. Worte, die *What Becomes of the Broken-Hearted* nicht zu mir durchdringen ließen. Da ich nicht unhöflich erscheinen wollte, bot ich ihm meinerseits ein fragendes Gesicht dar und wartete ab, was als Nächstes geschah. Ich ging davon aus, dass dabei irgendein lautes Geräusch im Spiel sein würde.

War es nicht. Er versuchte weiterhin, mir etwas mitzuteilen; ich sah, wie seine Lippen sich bewegten, konnte aber immer noch nichts verstehen. Wenn überhaupt, dann schien er sogar leiser als vorher zu sprechen, und was ich hörte, war nur ein heiseres Krächzen, als hätte er Halsschmerzen oder erholte sich immer noch vom überaus verständlichen Versuch seiner Mutter, ihn gleich nach der Geburt zu erdrosseln. Und dann brach abrupt die Musik ab, mitten im Song.

»… du blöder Wichser.« Mehr bekam ich nicht mit, ein Satzfetzen wie aus einem *Derek and Clive*-Auftritt. Und der Typ stand immer noch da und starrte mich an, leider auch zehn, fünfzehn Leute in unmittelbarer Nähe, darunter eine hässliche Meute Billigrasierwassertypen, die sich alle zugleich umdrehten wie ein Team Synchron-Humpenhalter in einer sonderbaren Militärparade. Das machte die Sache doch ein wenig ernster, denn wenn es darum ging, Partei zu ergreifen, würden sie eher zum grünen Schimmeranzug halten – ein paar von denen kannten Schimmeranzug bestimmt mit Namen – als zu diesem Kerl in seinem Meine-Güte-was-trägt-der-da-Hemd. Dies war nun der Zeitpunkt, da es hilfreich gewesen wäre, wenn die Kavallerie heranpreschte – und im selben Moment kam sie auch schon.

»Graham!«, rief sie im perfekten Schuldirektorinnenton. »Was soll der Lärm?«

Aus der Nähe war sie hübscher, für eine Kavallerie jedenfalls außerordentlich hübsch. Ihr roter Lippenstift glänzte, wie ich noch keinen gesehen hatte, und das Kleid war eine Nummer zu klein, aber sie hatte wunderbar sonnenstudiogebräunte Haut und überall auf den Schultern winzige Sommersprossen. Das Haar war voll und dunkel, und ihr Parfüm – das selbst von dort, wo ich stand, zu riechen war – kannte ich nicht, aber es handelte sich definitiv nicht um L'Air du Temps von Nina Ricci. Die Frau war natürlich Gina – auch wenn ich sie bislang nur als die lächelnde Frau vom Eingang kannte –, und sie kam in Begleitung einer großen, vollbusigen, offensichtlich Martial-Arts-bewanderten Blondine in einem absurd roten Kleid und vermutlich ohne Slip.

Graham gab sich Mühe, mich, den blöden Wichser, nicht aus den Augen zu lassen. Es schien ihn ein wenig zu verblüffen, dass ich ihm nicht antwortete, aber unter solchen Umständen gibt es nur sehr wenige brauchbare Erwiderungen, falls man nicht vorhat, vulgär zurückzufluchen, was mir nicht sonderlich ratsam schien. Außerdem war der Blonden die Humpenhalter-Fraktion offensichtlich nicht entgangen, weshalb sie näher trat, um die Lage notfalls zu entspannen. »Du solltest auf deine Wortwahl achten, Graham«, sagte sie.

Im selben Moment setzte die Musik wieder ein, weshalb ich nicht verstand, was Graham erwiderte, doch die beiden Frauen interessierte sowieso nicht, was er zu sagen hatte. Die Humpenhalter wandten sich ab, die Luft war raus, ich sagte immer noch nichts, und die Frauen schienen nicht von der Stelle weichen zu wollen, sodass Graham sich ein bisschen widerwillig, doch eindeutig besiegt, in seinen grünen Schimmeranzug zurückzog und mir nur noch etwas zuzischte, das ich als *Bis später dann, Kumpel* lippenlas, ehe er in der Menge verschwand.

Gina drehte sich zu mir um und beugte sich vor. »Alles in Ordnung?« Merkwürdigerweise verstand ich sie klar und deutlich. Ich nickte – und sie lächelte. »Wir wollten gerade los«, sagte sie. »Sollen wir uns ein Taxi teilen?«

Wieder nickte ich. »Das wäre nett.«

* * *

Im Taxi machten wir uns miteinander bekannt. *Hi, John, nett, dich kennenzulernen*; die Kavallerie hieß Gina, und die Blondine war Maggie, *Hi, Maggie* – allerdings hatte ich kaum Gelegenheit, mich mit Maggie zu unterhalten, da ihr Haus am nächsten lag und wir sie als Erste absetzten; dann waren es nur noch zwei, und die zwei beschlossen, bloß noch eine Adresse anzufahren und einen Absacker zu trinken. Was mir überaus sinnvoll erschien, Graham und die Humpenhalter-Gang aber sicher in größte Verwirrung gestürzt hätte. An jenem Abend erfuhr ich, dass Gina glücklich geschieden war, sich mit ihrem Ex aber noch großartig verstand, dass sie drei Kinder hatte, die übers Wochenende bei der Oma blieben, und dass sie für eine Wohnungsbaugenossenschaft in der Hauptstraße als Kundenbetreuerin arbeitete. Ich hatte gar nicht vorgehabt, so vertraut mit ihr zu werden, aber Gina war die unkomplizierteste Person, die ich seit Langem kennengelernt hatte, und sie war, wie sie mir gestand, ein sehr sinnlicher Mensch. Also blieb ich über Nacht, bis zum Frühstück und bis ihr Ex – ein angenehmer, dunkelhaariger Mann, der in einem Sportzentrum arbeitete – die Kinder nach Hause brachte. Er hieß Rich. Ich hatte nicht damit gerechnet, Rich kennenzulernen, doch da ich vollständig angezogen war, als er kam, machte Gina uns miteinander bekannt, und er erzählte mir, er habe am Wochenende gearbeitet, Karateunterricht in einem anderen Sportzentrum, nicht in dem, in dem er seinen Job hatte, irgendwo in einer Stadt, von der ich noch nie gehört hatte. Und ich lernte seine Kinder kennen. Rich und Gina hatten zwei Jungen, neun und sieben Jahre alt – ich will sie Jack und Tom nennen – sowie ein dreijähriges Mädchen namens Petra, hübscher noch als die Mutter, goldig und zuckersüß oder wie die Klischees auch immer lauten mögen, die diesmal aber der Wahrheit entsprachen. Petra tat das eine, was nur Kinder tun können und dem niemand, der selbst keine Kinder hat, widerstehen kann. Sie *erwählte* mich. Sie wartete, bis ihr Dad gesagt hatte, dass es ihn freue, mich kennenzulernen, dass er aber gleich wieder losmüsse, und dann erwählte sie mich, und ich blieb, um mit ihr zu spielen, während Gina kochte. Als ich schließlich schweren Herzens ging, hatte Petra mich adoptiert, und ich war verliebt, wenn auch nicht unbedingt in Gina, dann doch in ihr unmittelbares Umfeld. Das Haus, der nette Ex, der beschlossen hatte, mir *nicht* beide Arme zu brechen, die Küche voll mit klebrig knisterndem Essbarem, das ich seit Jahren nicht mehr gesehen und eigentlich längst vergessen hatte, dann das ordentlich aufgeräumte, doch so sinnliche Schlafzimmer und vor allem die Kinder. Ich hatte mich in ihre Kinder verliebt. Noch nie in meinem Leben hat mich etwas derart überrascht.

* * *

Die nächsten Monate kamen jenem normalen Leben ziemlich nahe, nach dem ich mich gesehnt hatte. Ich ging zur Arbeit, kam nach Hause, trank in Maßen und blieb übers Wochenende bei Gina. Samstagnachmittags spielte ich eine Weile mit den Kindern, ehe Gina sie zu ihrer Großmutter brachte oder Rich sie abholte. Manchmal kam Maggie zum Babysitten, und das liebten die Kids, denn Maggie kam immer mit einer riesigen Tüte voller Süßigkeiten, Eiskrem und salzigen Chips. Was Knabberzeug anging, hatte Maggie eine interessante und recht komplexe Theorie, die letztlich darauf hinauslief, dass Chips gesund waren, solange es sich um die einfachen handelte und nicht um die Sorte mit Käse- und Zwiebel- oder Speckgeschmack oder überhaupt mit irgendwelchen Geschmacksverstärkern. »Bleib beim Einfachen«, sagte sie, »und du kannst nichts falsch machen.« Gleiches galt für Cracker oder Erdnüsse. Ihre eigene robuste Gesundheit führte Maggie darauf zurück, dass sie nur Einfaches aß, nichts in ihre Getränke mischte und niemals Rotwein trank. »Rotwein ist voll mit Tanninen«, erklärte sie. »Genau wie Tee. Was glaubst du, warum die Briten so ein verdammt kränkliches Volk sind? Tee, deshalb. Auf dem Kontinent trinkt man keinen Tee, sondern Kaffee, und die Menschen dort sind viel gesünder.«

Die Kinder liebten Maggie. Und das Seltsame war, sie liebten auch mich. Obwohl ich wusste, dass sie mir nur für eine Weile geliehen waren, wollte ich sie glücklich sehen – und verlor sie deshalb. Ich wollte sie glücklich sehen, wollte, dass sie blieben, wie sie waren, lachten und fernsahen, Kinderkämpfe ausfochten und Fußball im Garten spielten. Normale Kinder: glücklich, zufrieden, sicher.

Der Anfang vom Ende kam an einem Samstagabend, einige Monate nach Beginn dessen, was Gina zweifellos »unsere Beziehung« genannt hätte. Statt wie gewöhnlich in den Pub zu gehen, wollte ich sie zu etwas Besonderem einladen und hatte deshalb einen Tisch in einem edlen, gerade erst eröffneten Restaurant gebucht. Gina war ganz aufgeregt: Ich hatte mir schon gedacht, dass ihr so etwas gefallen würde. Sie tat immer, als sei sie ein einfacher Mensch – bodenständig, ohne Allüren, stets pragmatisch –, im Grunde aber träumte sie davon, sich schick anzuziehen und in Lokale zu gehen, in denen man überlegen musste, wann welches Besteck zu benutzen war, und in denen der Kellner kam, um einem zu sagen, was die Abendkarte heute biete, Trüffel etwa oder in Aspik eingelegte Wachtelnieren. Das gefiel mir an ihr. Es gefiel mir, wenn sie glücklich war, und da sie glücklich war, sah sie an jenem Abend so besonders schön aus, schlicht und dezent, mit nur leichtem Make-up und einem einfachen cremefarbenen Kleid, das ich nie zuvor an ihr gesehen hatte. Bestimmt hatte sie es eigens für diesen Abend gekauft, und es stand ihr so gut, dass ich, als sie die Treppe herunterkam und für mich und die Kids eine kleine Pirouette drehte, es plötzlich kaum mehr erwarten konnte, dass unser besonderer Abend vorbei war und wir wieder nach Hause kamen.

Wir wollten gerade gehen, als das Telefon klingelte. Gina eilte zum Apparat. Die Kids wollten sich einen Trickfilm ansehen, hatten dem Fernseher aber längst den Rücken gekehrt, obwohl der Ton weiterhin voll aufgedreht war. Ich schaltete auf stumm, und Gina lächelte mich an, während sie den Hörer abnahm: lieblicher Mund, der gewohnte, oft ein wenig bemühte Frohsinn besänftigt durch hilflos zärtliche Gefühle für mich und für den Abend. Wenn ich behaupte, sie sei im Grunde ein einfacher Mensch, meine ich das weder unfreundlich noch herabsetzend. Sie war jemand, der wusste, was sie wollte, und sie richtete ihr Leben danach aus. Gutes behielt sie, von Schlechtem trennte sie sich, ohne zu zögern. Manchmal beneidete ich sie sogar darum.

»Oh, hi.« Sie lächelte noch einen Moment, dann verdüsterte sich ihr Gesicht. »Oh nein«, sagte sie und hörte weiter zu. »Oh nein. Oh nein, Maggie. Das tut mir so leid …« Sie hörte wieder zu. Lange. Dann legte sie den Hörer auf und ging ins Wohnzimmer.

»Wo sind die Kinder?«, fragte sie offensichtlich aufgebracht.

»Oben«, erwiderte ich. »Was …?«

»Maggie hatte einen Unfall.«

»Schlimm?«

»Sie liegt im Krankenhaus. Ein Bein und einige Rippen sind gebrochen und – ich weiß nicht. Sie hat sich den Kopf gestoßen …«

»Was ist passiert?«

»Sie ist die Treppe runtergestürzt.« Gina setzte sich in den

Sessel vorm stummen Fernseher, hinter ihr rannten ein Hund und ein Pinguin lautlos über den Bildschirm. »Nein«, fuhr sie fort. »Das ist eine Lüge; sie ist nicht *gestürzt*. Sie wurde gestoßen.« Sie stand wieder auf. »Ich wusste, dass es so weit kommen würde. Verdammte Scheiße, ich hab's gewusst.« Sie schaute mich an. »Entschuldige die Wortwahl.«

Als Gina sich so weit gefasst hatte, dass sie erklären konnte, was passiert war, berichtete sie, Maggie habe sich vor etwa einem halben Jahr eine Weile mit einem Typen namens Peter getroffen. Anfangs schien er ganz in Ordnung zu sein, fand Maggie jedenfalls, aber Gina hatte ihm nie getraut, und als Maggie sich von ihm trennte, wurde er seltsam und fing an, ihr gruselige Briefe zu schicken und sie nachts anzurufen, um ihr zu sagen, was er mit ihr machen würde, eines Abends, wenn sie allein sei. Denn er beobachte sie, sagte er, und er wisse, wann sie allein sei, und irgendwann würde er kommen und sie leiden lassen, lange, sehr lange. Außerdem schickte er ihr Pornohefte, richtig widerliches Zeug mit Tieren und Folterszenen. So was eben. Maggie war zur Polizei gegangen, und dort hatte man ihr gesagt, sie könne ein Kontaktverbot erwirken, mehr könne man allerdings nicht tun, da noch kein Verbrechen begangen wurde.

»Was ist mit den Heften? Sie hätte doch sicher …«

Gina schüttelte den Kopf. »Sie hat sie weggeworfen. Außerdem: Glaubst du wirklich, eine *Frau* könnte mit einem Stapel Pornos auf ein Polizeirevier gehen und sagen ›Guckt mal, was mir mein Ex-Lover schickt‹?«

»Und jetzt?«

»Und jetzt was?«

»Irgendwas müssen sie jetzt doch unternehmen.«

Sie lachte, ein leises, bitteres Lachen, das mich überraschte –

und ich fragte mich, ob ihr irgendwann etwas Ähnliches passiert war. »Maggies Wort steht gegen seins«, erklärte sie. »Keine Zeugen. Außerdem hat sie ihn nicht gesehen. Sie ging die Treppe runter, und irgendwer hat sie gestoßen.« Gina setzte sich zu mir. »Wir gehen sie morgen besuchen, okay?«

Ich nickte. »Wir können auch jetzt hingehen, wenn du willst«, erwiderte ich.

Sie schüttelte den Kopf. »Lassen wir sie heute in Frieden«, sagte sie, »und gönnen ihr etwas Ruhe.« Gina lächelte traurig und nahm mich dann kurz in den Arm, als wollte sie mir zu verstehen geben, dass sie wisse, ich gehörte nicht zu der Sorte Mann, die jemanden die Treppe runterschubste. Sobald sie mich losließ, war sie wieder, als wäre nichts geschehen. »Egal, wir gehen jetzt jedenfalls aus«, sagte sie.

»Aber wir können doch nicht ...«

»Ach, ist schon in Ordnung. Maggie würde das auch wollen.«

»Nein«, sagte ich. »Ich meine, was ist mit den Kindern?«

»Ach so.« Sie lachte. »Kein Problem. Denen gebe ich einfach ein bisschen Medizin, dann geht's ihnen gut.«

Es gehört zu den großen Mysterien des Lebens, dass nahezu alle Frauen, die ich kannte, einen geheimen Vorrat an Betäubungsmitteln beiseitegeschafft hatten. Ich traf mal eine Frau, die sich bei ihrem Arzt über heftige Kopf- und Nackenschmerzen beklagte, und er verschrieb ihr Diazepam. Eine alte Dame, die mir einige Wochen ein Zimmer in ihrem Haus vermietete, hatte im Bad einen Spiegelschrank voll mit lauter über die Jahre gesammelten, guten Sachen, darunter auch mehrere Fläschchen Seconal. Hätte ich so viele Seccies in meinem Zimmer gehabt, wäre ich bis in alle Ewigkeit high gewesen. Ich habe mehrmals versucht, Symptome vorzutäuschen, um auch so etwas verschrieben zu bekommen, wurde aber jedes Mal mit harmlosen Place-bos nach Hause geschickt – und die alte Dame konnte sich nicht mal mehr daran erinnern, wofür das Zeug in ihrem Schränkchen überhaupt gut war.

»Wissen Sie«, hatte ich zu ihr gesagt, »Sie sollten diese Pillen wirklich loswerden. Die sind gefährlich.«

Sie hatte mir ein breites, unschuldiges, großäugiges Lächeln geschenkt. »*Wirklich?*«

»Aber ja.«

»Dann werfen wir sie wohl besser gleich in den Müll.«

Ich hatte genickt und nach kurzem Zögern hinzugefügt: »Noch besser wäre es, wir bringen sie zurück in die Apotheke, damit sie ordnungsgemäß entsorgt werden können. Wenn Sie möchten, kann ich das übernehmen. Ich muss morgen sowieso in die Stadt. Das spart Ihnen die Mühe.«

Ich hatte Gina noch nie eine Tablette nehmen sehen, aber jetzt stand sie da, Valium in der Hand, vor ihr die aufgereihten Kinder. Sie warteten auf ihre Medizin, und es schien ihnen nichts auszumachen. Sie kannten das offensichtlich, kannten auch die Wirkung. Und ich schaute zu, entsetzt, Heuchler, der ich war.

»Gina?«

Sie lächelte. Ein strahlendes Lächeln. Die nette Kranken-schwester sorgt dafür, dass es allen gut geht. »Ja-a?«

»Bist du dir sicher, dass das in Ordnung ist?«

»Absolut«, erwiderte sie, steckte Tom die Pille in den Mund und reichte ihm ein Glas frisch gepressten Orangensaft. »Trink.«

»Gina?«

Sie wirkte jetzt ein wenig angespannt, hörte aber nicht auf zu lächeln. Jack trat einen Schritt vor, um seine Dosis in Empfang zu nehmen. »Sie mögen das«, sagte Gina. »Nicht, Jack?«

Jack nickte und nahm sein Glas Orangensaft. »Schön runter-spülen«, sagte sie.

»Aber darum geht's doch gar nicht, oder?«

Gina lachte, aber ihre Anspannung wuchs. »Ich weiß, was ich tue«, erwiderte sie. »Außerdem tun's doch alle. Tina gibt ihren samstagabends immer ein Glas Wodka-Orange.«

»Soll das ein Witz sein?« Mein Entsetzen war nicht gespielt – und das schien Gina erst recht zu amüsieren.

»Warte, bis du Vater wirst«, sagte sie.

»Ich glaub nicht.«

Gina musterte mein Gesicht. Sie gab sich keine Mühe, ihr Vorgehen zu verheimlichen, also hatte sie sicher nicht erwartet, dass ich so darauf reagieren würde. Bestimmt hatte sie vor anderen Männern ähnlich gehandelt und damit keine Reaktion ausgelöst. Als sie jetzt sah, dass ich mir ehrlich Sorgen um ihre Kinder machte – Sorgen, die sie sich nicht machte, was nur be-wies, wie anmaßend ich war –, überlegte sie kurz, ob sie beleidigt reagieren sollte. Ich merkte ihr an, dass sie mich abkanzeln woll-te, weil ich so verdammt selbstgerecht tat, dann aber änderte sie ihre Meinung. Schließlich war es Samstagabend, wir hat-ten einen Tisch im Casa-was-weiß-ich reserviert, und sie woll-te uns den Abend nicht verderben. »Es schadet ihnen nicht«, sagte sie in versöhnlichem Ton. »Ehrlich nicht. Und außerdem: Was ist denn für sie besser? Ein tiefer, langer Schlaf und eine liebe Mum, die Gelegenheit hatte, sich ein wenig zu erholen und etwas Dampf abzulassen? Oder ein Wochenende vor der Glotze, und sie stopfen sich voll mit Chips und Schokolade in Gesellschaft einer unleidlichen alten Kuh, die sie nicht ausste-hen kann, weil sie hundemüde, gelangweilt und frustriert ist?« Sie setzte ihr bestes Sexy-Kellnerin-Lächeln auf, stups-stupsblinzel-blinzel, um sich dann aufs Schönste in ein Sinnbild der Unschuld zu verwandeln. »Und du willst doch nicht, dass ich frustriert bin, oder?«

Ich hatte auch keine Lust, uns den Abend zu verderben, also sagte ich nichts. Petra wartete darauf, dass sie an die Reihe kam.

»Willst du deine Medizin, Liebes?«, fragte Gina und beugte sich auf Augenhöhe zu ihrer Tochter hinab.

»Ja, bitte«, sagte Petra.

Gina gab ihr eine Tablette und dann den Plastikbecher mit Orangensaft. »Schön runterspülen.«

Petra nahm die Medizin, dann einen großen Schluck aus dem Becher. Orangensaft rann ihr übers Kinn. »Lecker«, stieß sie atemlos hervor.

Gina blickte strahlend zu mir auf. »Siehst du?«, sagte sie. »Kann gar nicht genug davon kriegen.«

Ich wusste nicht, was ich sagen sollte. Ich war zwar nicht einverstanden, hatte aber auch nichts getan, um Gina davon abzuhalten, und jetzt war es zu spät. Den Kindern schien es gut zu gehen, und ich wagte mir nicht vorzustellen, was passieren könnte, wenn wir sie allein über Nacht wach im Haus ließen und sie mit Strom, Gas und Tranchiermessern herumspielen konnten. Versunken in bewusstlosem Schlaf, würden sie unfähig sein, sich Schaden zuzufügen. Aber kam der Schaden nicht von allein? Schließlich ging es hier nicht wie in den alten Vampirfilmen zu, in denen jemand ein Fenster für Dracula öffnen musste. Im wahren Leben schlüpften die Vampire unter der Tür durch, ohne dass man etwas davon mitbekam. Nein, entscheidend war, dass es nicht darauf ankam, was ich sagte oder dachte, solange ich nicht bereit war, etwas zu tun – und ich wusste nicht, wie ich Petra dies ersparen sollte, es sei denn, ich ginge zu den Behörden, die sie vermutlich in Pflege nehmen und mitsamt ihren Brüdern in einem kalten, trostlosen, von Sadisten und Pädophilen geleiteten Heim unterbringen würden. Für mich war offensichtlich, dass diese Kinder ihre Mutter liebten, und solange Gina hatte, was sie *ein Minimum an Leben* nannte, so lange war sie ihnen alles in allem eine ziemlich gute Mutter.

Also tat ich nichts. Kaum war die Medizin verteilt, rannten die Kinder zurück zum Fernseher, und Gina wandte sich wieder zu mir um, ein vorsichtiges Lächeln im Gesicht – hinter dem sich allerdings eine Warnung verbarg, die ich nicht übersehen konnte.

»Okay?«, sagte sie. »Lass ihnen noch ein bisschen Zeit, dann können wir los.« Und nun gab sie auch den warnenden Blick auf und strahlte mich an. »Es sei denn, du willst hierbleiben und ihnen ein Schlaflied vorsingen.«

*   *   *

Ich hatte kein Recht, natürlich nicht. Das hätte sie mir gesagt, hätte ich sie bedrängt, und das mit gutem Grund. Es stand mir nicht zu, ihr zu sagen, wie sie ihre Kinder erziehen sollte. Und selbst wenn richtig war, was ich sagte, wäre ich dennoch im Unrecht gewesen, schließlich war ich die vielen Male nicht da gewesen, als etwas schieflief. *Sie* schon. Sie hatte dafür gesorgt, dass ihre Kinder zu essen und etwas anzuziehen hatten; sie hatte ihnen Gute-Nacht-Küsse gegeben, sie zur Welt gebracht und aufgezogen, hatte eine Scheidung hinter sich und sie schadlos überstanden, hatte nach der Trennung den Frieden mit Rich bewahrt, und das war nicht leicht, nein, das war sogar *verdammt schwer* gewesen, hatte er sie doch verlassen, und sie hatte trotzdem alles zusammengehalten. Sie war es gewesen, die ihre Kids jeden Abend zu Bett gebracht hatte, um sich dann mit einer Flasche Wein vor den Fernseher zu setzen und zu heulen, während die Kleinen warm und wohlbehalten in ihren Betten schliefen – Petra war erst sieben Monate alt gewesen, als Rich sie verließ – und Petras Dad mit seiner neuen Freundin durch die Stadt zog. Dann, als sie sich ausgeweint hatte, zwang sie sich für ein paar Stunden ins Bett, damit sie am nächsten Morgen genug Energie besaß, um wieder aufstehen und von vorn anfangen zu können. Allmählich wurde es besser: Diese Phase ging vorbei, und Gina begann, wieder auszugehen, Spaß zu haben und Freunde zu treffen, doch selbst bei denen musste sie sich stark zeigen, denn Rich mochte ja nett sein, aber eigentlich war er nur ein Sonntagspapa, nichts als Süßigkeiten und Ausflüge. Und dann war da noch Maggie, die sich ständig in merkwürdige Situationen manövrierte – die Sache mit Peter war nur die letzte in einer langen Reihe –, und es war Gina, an die sie sich wandte, wenn sie jemanden brauchte, der ihr sagte, dass alles wieder gut werden würde. Dafür sind Freunde da. Sie bringen dich zum Lachen, und sie weinen mit dir, und sie besorgen dir Lesestoff und etwas Schokolade, wenn irgendein Arsch dich die Treppe runterschubst oder dich in deiner eigenen Küche zu Boden schlägt und dich tritt, bis du innere Blutungen hast.

*   *   *

Am nächsten Tag brachten wir Maggie einen Berg Zeitschriften, und sie war froh über unseren Besuch, doch sahen wir ihren Augen an, dass sie Angst hatte. Kaum waren wir gegangen, nahm Gina meinen Arm und schmiegte sich an mich. Die Kids – die ihre medikamentöse Nacht unbeschadet überstanden hatten – liefen voraus und suchten den Laden, an den sie sich vom letzten

Mal erinnerten, und ich fragte mich, worum es wohl beim letzten Mal gegangen war.

»Danke fürs Mitkommen«, sagte Gina.

Ich war traurig. Sie sagte nicht, was sie eigentlich sagen wollte, sagte etwas anderes, sondierte das Terrain. Der Abend im Restaurant war eher bedrückend gewesen; für den Rückweg hatten wir uns ein Taxi genommen und die ganze Nacht entschlossen herumgetollt, doch war es kein bisschen sinnlich gewesen, wohl auch, weil ich immerzu an die Kinder denken musste und nach ihnen sehen wollte, als wäre ich ihr Vater, als wäre ich verantwortlich. »Ich wollte mitkommen«, antwortete ich. »Ich mag Maggie.«

»Ich weiß.«

»Weißt du was?«, sagte ich. »Lass uns ins Café gehen und eine Tasse Tee trinken. Die Kinder können ein Eis haben. Ich lade euch ein.«

Sie seufzte. Ich wich aus, das wussten wir beide. »Schön«, sagte sie.

*   *   *

Ich weiß nicht, warum ich mich so deutlich an all das erinnere. Es liegen andere, bessere Erzählungen aus jener Zeit vergraben in meinem Kopf, reiche Flöze Silber und Anthrazit, Gold- und Glimmeradern, die freizulegen weit lohnender wäre, nur komme ich nicht durch, finde keinen Weg zu diesen tiefen schimmernden Schichten. Ich würde viel lieber an einem Sonntagmorgen aus einem anderen Traum aufwachen; und ich würde lieber eine andere Geschichte erzählen, denn diese ist kitschig und mir auch ein bisschen peinlich. Doch wenn ich zurückschaue, ist es alles, was ich finden kann. Hier und da erhasche ich zwar einen Blick auf ein anderes Leben, höre seltsame Redewendungen und Melodien aus den sicher schönen Abenden einer verlorenen Zeit, bloß weiß ich die Erzählung nicht recht auszumachen, zu der diese Bruchstücke gehören. Falls mein Verstand wie ein Kino funktioniert, kann ich aus jener Zeit nur Vorschauen und Standbilder zeigen, kurze Ausschnitte von flüchtigen, rätselhaften Ereignissen, die irgendwann jemandem geschehen sein mögen, der mir heute so fern und mythisch vorkommt, dass ich Mühe habe, mich darin zu erkennen. Überhaupt habe ich mein *Ich* nie für ein besonders glaubhaftes Phänomen gehalten – mir kam es stets wie ein Bruch im Gewebe der Dinge vor, ein hässlicher, klaffender Riss, den ich ein Leben lang mit Lügen, Halbwahrheiten und meiner eigenen Variante von Spezialeffekten zuzukleistern suchte –, weshalb man die Erinnerungen an meine Affäre mit Gina nicht für bare Münze nehmen sollte. In Wahrheit standen wir uns nämlich nie besonders nah – ich war ihr nicht einmal treu –, und dass ich mich mit der sich rasch zur Farce verschlechternden Situation abfand, ist weniger ein Beleg für meine längst offenkundige masochistische Persönlichkeit als ein Symptom meiner nahezu krankhaften Apathie. Ich hatte aufgegeben. Der Masochist mag Schmerz oder Demütigung suchen, doch ist diese Suche immer aktiv: Der Schmerz kommt stets in einem Kontext vor, die Demütigung ist Teil einer Erzählung. Die Geschichte ist wichtig. Das Ritual. Die Tatsache der Wiederholung sowie die bewusste Entscheidung dafür. Darin gleicht der Masochismus der romantischen Liebe in all ihren üblichen Spielarten: Genauso wie wir uns in die Liebe verlieben, leiden wir um des Leidens willen, und das Objekt unserer Verehrung ist schlicht eine Figur, so wie wir nur Figuren in einer Geschichte sind, die wir uns vielleicht aussuchen, die wieder und wieder zu erzählen wir jedoch nicht umhinkönnen. In Ginas Haus aber gab es für mich keine Geschichten. Dort erwartete mich nur die mittlerweile recht ausgelaugte Idee des Normalen. Zu anderen Gelegenheiten, auf einer Party im Wald etwa oder verloren in einem jener Momente, die Robert Lowell »irgendwas mit einem Mädchen im Sommer« nannte, kam ich fast zu Verstand – nur fand ich nicht, dass der Verstand mich irgendwo anders hin als zurück in jenes Leben führte, dem ich zu entkommen versuchte, weshalb ich die Momente vorüberziehen ließ wie prachtvolle Tiere, die zurück ins Dämmerlicht glitten, derweil ich meinen Weg zurück in Ginas Haus fand, in dem es nichts weiter gab als Wodka und Valium und das ein oder andere, halbherzig gestammelte Schlaflied.

* * *

Manchmal glaube ich, du liebst die Kinder mehr als mich.

Zum ersten Mal hatte sie von *Liebe* gesprochen. Bislang hatte sie Worte wie *sexy* benutzt, *sinnlich*, *lieb* und *gernhaben*, nie zuvor aber Liebe erwähnt, und kaum war es passiert, spürte sie, wie unangemessen das war. Wir spürten es beide. Und wir wussten, sie hatte recht. Wenn eine Beziehung einzig auf Sex basiert, ist das völlig in Ordnung, nur zerfällt sie meist, sobald man begreift, dass es nicht um mehr geht. Die Illusion von etwas anderem muss dazukommen, auch wenn beide Partner wissen, dass es nur eine Illusion ist. Wenn wir uns Mühe gaben, konnten wir die Illusion gelegentlich wiederbeleben. An manchen Wochenenden konnte ich Gina sogar dazu bewegen, nicht auszugehen, indem ich ein paar Flaschen besonders guten Wein mitbrachte und Süßigkeiten für die Kinder, sodass wir einfach im Haus blieben und Vater-Mutter-Kind spielten. Halten würde es trotzdem nicht, das wussten wir. Eines Abends ging ich etwas später als üblich zu ihr, die Kinder lagen schon im Bett – und auch wenn ich nichts sagte, fragte ich mich doch den ganzen Abend, ob sie heute ihre Medizin bekommen hatten, fragte mich, ob ich am frühen Morgen in drückender Stille wach werden, nach nebenan gehen und Petra tot im Bett finden würde, die Jungen komatös, das erste Licht der Dämmerung auf ihren kalten Gesichtern. Irgendwann kam es dann so weit, dass ich den Gedanken, bei ihr zu sein, nicht länger ertrug und stattdessen allein in einen der Pubs in Worplesdon ging, um den Jungs vom Merrist Wood College beim Billardspielen zuzusehen. Trotz zunehmender Unverlässlichkeit meiner Erinnerung glaube ich, dass es von da an nicht mehr lang dauerte, bis Gina anfing, Pläne zu machen, in denen ich keine Rolle mehr spielte und sie angeblich auf ein Bier mit den »Mädels« ausging, während ich froh war, nicht mitkommen zu müssen. Manchmal passte ich unterdessen sogar auf die Kinder auf. Eines Abends schaute Rich vorbei und traf mich allein mit seinen Kindern an. Mich wundert nicht, dass er überrascht war, als ich ihm die Tür öffnete. Die Kinder schliefen oben, was vermutlich besser so war, trotzdem fand ich es irgendwie peinlich.

»Oh, hi«, sagte er. »Ich wollte zu Gina.«

»Sie ist gerade eben los.«

»Wirklich?«

»Müsste jeden Moment wiederkommen.«

Er glaubte mir nicht. »Okay«, sagte er. »Oo-kaay. Ähm. Hat sie gesagt, wo sie hinwill?«

»Bin mir nicht sicher«, erwiderte ich. »Zu Maggie, glaub ich.«

Er nickte und sah dabei wie ein sehr weiser, gütiger Lehrer aus, der sich fragte, wie er einem treuherzigen, im Grunde aber hoffnungslosen Zwölfjährigen helfen kann. »Hör mal, John«, sagte er dann, »es geht mich ja nichts an, aber wenn ich an deiner Stelle wäre, würde ich mich fragen, in welcher Lage ich bin und was mir das bringt.«

Er wartete darauf, dass ich etwas erwiderte, aber ich verstand nicht recht, worauf er hinauswollte. »Okay«, sagte ich, »besten Dank auch für den Rat.« Es hatte nicht so ironisch klingen sollen, wie es offenbar ankam.

Er lächelte bekümmert. »Na ja, jetzt sieh dich doch an«, sagte er. »An einem Samstagabend passt du auf die Kinder deiner Freundin auf, die sich irgendwo in der Stadt herumtreibt ...«

»Sie ist bloß rüber zu Maggie.«

»In der Stadt, wahrscheinlich mit einem Typen, mit dem Maggie sie verkuppelt hat«, fuhr er geduldig in seinem Dies-sag-ich-nur-zu-deinem-Besten-Ton fort. »Und du weißt ja, was für ein gutes Händchen Maggie bei der Auswahl von Männern hat.«

Das fand ich ein bisschen unter der Gürtellinie, widersprach aber nicht. Ehrlich gesagt fühlte ich mich seltsam bußfertig. Schließlich hätte er allen Anlass gehabt, sich laut zu fragen, ob es denn ratsam war, seine Kinder meiner Obhut anzuvertrauen, und für diese Sorgen hätte er berechtigte Gründe anführen können, hätte er mich besser gekannt. Aber das tat er nicht. Er versuchte nur, mir einen Gefallen zu tun.

»Immerhin«, fuhr er fort, »kenne ich Gina schon eine Weile und weiß, wie sie sein kann.« Er bedachte mich mit einem Mann-zu-Mann-Blick, der Ted Danson alle Ehre gemacht hätte, und tätschelte meinen Arm. »Denk einfach mal drüber nach«, sagte er. »Okay?«

* * *

Ungeplanter Schmerz macht keinen Spaß. Unsere Beziehung schleppte sich noch eine Weile hin, bot aber keinen schönen Anblick mehr. Mit einem Mal hatte sich das Leben in einen Etta-James-Song verwandelt – mit mir mittendrin, obwohl ich tat, als wüsste ich nichts davon. Etwa um diese Zeit fingen auch Ginas Partys an, ihre kleinen Zusammenkünfte gleichgesinnter Freunde. Offiziell waren wir noch zusammen, doch sollte es nicht mehr lang dauern, bis ich mich zum Trinken in Küche oder Garten verdrückte, während Gina eng umschlungen mit irgendeinem Neandertaler tanzte. Irgendwann kam dann auch der Augenblick, in dem ich zurück ins Haus ging und sie nicht antraf, auf dem Boden ein anderes Paar, der Mann oben, auf- und abwippend, keuchend; vor dem Fernseher, der einen Sexfilm zeigte, eine einsame Frau, an die ich mich nicht erinnern konnte. Die Art, wie sie auf dem Boden vor der Glotze hockte, erinnerte mich an Petra: das Gesicht keine Armlänge vom Bildschirm entfernt, weshalb man kaum glauben mochte, dass sie etwas anderes als ein verwischtes Farbenfeld sah. Der Gedanke an Petra brachte mich auf die Idee, nach oben zu gehen und nachzusehen, ob jemand Fremdes in ihrem Zimmer war, und als ich die Tür öffnete, waren es Gina und der Neandertaler, die Sex auf dem Teppich hatten. Sie haben mich nicht bemerkt, und ich wollte sie nicht wissen lassen, dass ich sie sah. Was hätte es für einen Sinn gehabt? Ich schätze, Gina war zu dem Schluss gekommen, dass ich eigentlich gar nicht mehr da war, weshalb sie wohl aus lauter Selbstachtung entschieden hatte, sie empfinde für mich keinen Hass, sondern Mitleid. Und selbst nach der Sache mit dem Neandertaler habe ich Gina noch besucht, um die Kinder zu sehen. Ich weiß, das hätte ich nicht tun sollen, aber ich konnte nicht anders. Sie fehlten mir, vor allem Petra. Die Jungen hatten sich mehr und mehr von mir abgewandt, da sie spürten, wie die Gefühle ihrer Mutter für mich erkalteten. Petra aber hatte in ihrer Zuneigung nie geschwankt, hatte sich immer gefreut, mich zu sehen. Selbst ich merkte irgendwann jedoch, dass sie die Einzige war, die sich freute, und es dauerte nicht lange, da spielten Gina und ich pflichtschuldigst auch die letzte schäbige Szene in unserem Stück.

Es war ein Freitagabend, noch früh, aber Gina hatte sich schon herausgeputzt, als sie an die Tür kam; der Lippenstift blutrot, das Mascara triefdick. Sie trug ihr cremefarbenes Kleid, das mir so gut gefiel. »Was machst du denn hier?«, fragte sie scheinbar amüsiert, als sie mich sah.

»Ich dachte …« Ich blickte an ihr vorbei ins Haus. Wenn ich an der Tür war, kam sonst immer Petra angerannt. »Wo sind die Kinder?«

Sie lachte. »Übers Wochenende bei ihrem Dad«, sagte sie.

»Oh.« Offenbar hatte ich da was missverstanden, hatte sogar eine Tüte mit Leckereien für Petra und die Jungen mitgebracht. »Ich dachte …«

»Gibt für dich also keinen Grund, noch länger hierzubleiben«, sagte sie, während der amüsierte Blick verschwand.

»Offenbar nicht.«

Sie erlaubte sich einen kurzen, leidgeprüften Blick, dann verzog sich ihr Mund zu einem Lächeln, der perfekte Ausdruck eines grimmigen Triumphes, eines Pyrrhussieges über einen erbärmlichen Gegner, mit dem sie sich besser gar nicht erst abgegeben hätte. »Ich habe jedenfalls«, fuhr sie fort, »keine Zeit. Bin in Eile.«

»Ach ja?«

»Ja.«

»Ein Date?«

»Meine Güte«, sagte sie. »Wer hätte gedacht, dass du so unersättlich bist.«

Das traf mich. »Unersättlich?«, sagte ich. »Ich bin nicht …«

»Ach, damit mein ich jedenfalls nicht *mich*«, sagte sie. »Denk nicht mal im Traum dran.« Sie wartete, bis der Groschen fiel.

»Ich mag die Kinder eben«, erwiderte ich.

»Ist mir nicht entgangen«, sagte sie. »Aber wenn du Kinder so gernhast, schaff dir selbst welche an.«

Ich musterte sie. Ich hatte keine Ahnung, was sie in dem Moment empfand. Verachtung, sicherlich. Auch Mitleid. Nur kein Mitgefühl. Für sie gehörte ich einer anderen Spezies an, und sie bereute, mich je in ihr Haus gelassen zu haben, denn eben danach war ich so unersättlich gewesen. Nach einem Zuhause. Sie war bloß die Dreingabe, was sie eine Zeit lang geärgert haben dürfte, dann aber hatte sie aufgegeben, weil ich nicht mal merkte, wie sehr sie sich ärgerte. Ich nickte. »Tut mir leid«, sagte ich.

Sie erstarrte. »Vergiss es«, sagte sie. Es war keine Absolution, und ich hätte gehen und sie sich selbst überlassen sollen, aber ich konnte mich nicht trennen. »Sag Petra von mir auf Wiedersehen«, bat ich.

Sie verzog keine Miene. »Verpiss dich!« Mit einem letzten Blick schloss sie die Tür.

Es war ein unschöner Moment, trotzdem blieb ich noch und fragte mich, was eigentlich genau passiert war und ob ich irgendwas falsch verstanden hatte. Als ich mich dann abwandte, stand ich einem Mann in grünem Schimmeranzug gegenüber, der mir irgendwie bekannt vorkam. Der Anzug, nicht der Mann. Der Typ war groß, dick und leicht verschwitzt; sein ganzer Leib schien auszudrücken, dass er nicht den geringsten Selbstzweifel kannte.

»Alles in Ordnung, Kumpel?« Der fragende Blick passte nicht zu seinen urzeitlichen Gesichtszügen.

»Alles bestens«, sagte ich. »Nur das falsche Haus.«

Er nickte, drängte sich an mir vorbei und klopfte laut an Ginas Tür.

Wie ich Helen verlor

Damals, in den Siebzigern, als meine Mutter noch lebte, verschaffte sie mir einen Job in der Obst- und Nussverarbeitungsfabrik, in der sie selbst auch angestellt war. Es war ein guter Job, sauber und leicht, verglichen mit der Arbeit im Stahlwerk im Sommer zuvor, und wie die meisten Jobs im Lebensmittelsektor bot er so manche Vergünstigung. Meine Lieblingsnüsse waren Mandeln, von denen ich immer wieder unerlaubt eine Charge durch den Brennofen schickte, meist für meinen persönlichen Verbrauch; und es störte mich auch nicht gerade, als ich in den ersten Tagen von einer der älteren Frauen hörte, Mandeln stärkten die sexuelle Potenz. Trotz meiner eher amüsierten und ungläubigen Reaktion stopfte ich mir wochenlang immer wieder eine Handvoll in den Mund, bis ich merkte, dass ich fast über Nacht vier Kilo zugenommen hatte, weshalb ich mich von einem auf den anderen Tag auf kalten Entzug setzte. Mir war nicht klar gewesen, dass Mandeln Entzugserscheinungen auslösen können, aber damals, Mitte August, durchlebte ich eine wirklich schwierige Woche, in der ich immer wieder von weißlichen gefurchten Mandelzungen träumte, die in einem schimmernden Schlick aus Öl und Salz vom Band tropften.

Es gab noch andere Vergünstigungen. So war es leicht, große Tüten gesalzener Erdnüsse nach draußen zur Verladerampe zu schmuggeln, um sie später mitzunehmen und zu verkaufen oder auf Partys herumzureichen; außerdem war die Belegschaft nett, die überwiegend aus Frauen mittleren Alters oder älter bestand. Am besten aber fand ich, dass nur ein eingeschränktes Schichtsystem galt, also keine Nachtarbeit, sondern bloß die Schichten von sechs bis zwei und von zwei bis zehn, dazwischen eine Stunde Pause zum Essen und – für die Handvoll Männer, die die großen Maschinen bedienten oder instand hielten – spannende Tischfußballturniere in der kargen rosarotweißen, zur Straße gelegenen Kantine. Alle Männer spielten Tischfußball, das diktierte der Gruppenzwang ebenso wie die Lektüre der *Sun*. Ich konnte beidem nicht viel abgewinnen – für echten Fußball hatte ich ebenfalls nichts übrig –, wurde aber bald so geschickt im Tischfußball, dass ich mich in einem Doppel nicht länger blamierte. Schließlich war ich Student, zumindest offiziell, und konnte mir einen Mangel an männlichen Tugenden nicht leisten. Was meine sexuelle Befähigung anging, stand das Urteil noch aus, beim Toreschießen aber konnte ich mit den Besten mithalten und verblüffte gelegentlich sogar mit einem von der eigenen Torlinie abgesetzten, knallharten Siegestreffer.

Die Frauen spielten kein Tischfußball; für sie war die Hauptattraktion der Kantine ein neu installierter Spielautomat. Freitags rissen einige Arbeiterinnen ihre schlanke Lohntüte auf und fütterten den Automaten während der halbstündigen Pause ohne Unterlass, gewannen manchmal, standen aber meist nur da, den Blick wie gebannt auf die Anzeige gerichtet, und versuchten, den nächsten Gewinn vorherzusagen. Meist kam es dazu während der Spätschicht, in der es ruhiger zuging und niemand großes Aufhebens darum machte, wenn die Pausenzeit leicht überzogen wurde, sei es, um ein paar Münzen zurückzugewinnen oder einfach nur, um die letzte Handvoll Kleingeld in die Maschine zu leeren und der Sache somit ein Ende zu bereiten. Die Frauen an den Automaten waren meist älter als die übrige Belegschaft; manchmal hielten sich auch ihre Töchter im Raum auf und sahen aus den Augenwinkeln verlegen zu, während sie mit den Freundinnen flachsten, wie viel Geld ihr Muttchen doch sparen würde, wenn es einfach zu Hause bliebe. Allerdings mischte sich niemand ein, auch dann nicht, wenn eine der Frühschichtspielerinnen blieb und ein Großteil ihres Wochenlohns im scheppernden Klimpern und Surren der Maschine verschwand. In der Kantine wussten alle, wie es war, wenn man unbedingt einen Erfolg brauchte, so oder so, und allein der Anblick von jemandem, der mit solch tiefer Überzeugung spielte, selbst wenn sie noch so unbegründet war, hielt die Möglichkeit eines Gewinns am Leben, machte sie zu einer sanften, dunklen Präsenz wie ein stillschweigendes Übereinkommen oder eine gemeinschaftliche Erinnerung.

Da in jeder Schicht nur wenige Männer arbeiteten, musste ich, um einen Vierer vollzumachen, oft Tischfußball spielen. Die übrige Zeit aber sah ich den Frauen am Spielautomaten zu. Es faszinierte mich, wie sie es immer wieder aufs Neue versuchten, obwohl sie schon so viel verloren hatten, wie sie zur Kasse trotteten, um Geld zu wechseln, die Münzen dann in den Schlitz rammten und mit grimmigem Gesicht, doch eigenartig gelassen ausharrten, solange die Rädchen sich drehten. In meiner ersten Woche sah ich, wie eine magere, grauhaarige Frau namens Wee Ellen den Jackpot knackte, und eine Zeit lang freute sich die ganze Belegschaft für sie. In der nächsten Pause aber ging sie wieder an den Automaten und verspielte den Gewinn, verlor so beharrlich und mit solch atemberaubendem Gleichmut, dass man meinen konnte, Geld hätte mit dem, was hier passierte, nichts zu tun. Sie vollzog eine rituelle, magische Handlung: Wee

Ellen konnte Hände voll Münzen wie aus dem Nichts heraufbeschwören und ebenso leicht wieder verschwinden lassen. Es hat, dachte ich, irgendetwas mit Zeit zu tun: Solange ihr Geld vorhielt, sprangen alle für die Frau am Automaten ein, und ihr selbst wurde einige intensive, doch für sie womöglich immerwährende Minuten lang das Privileg gewährt, frei vom Diktat der Uhr in einem temporären Zwischenreich zu leben, während die Kolleginnen weiterpackten oder Donuts aßen. Spektakulär zu verlieren war der ultimative Triumph. Meist war es freitags so weit, nachdem der Lohn ausgezahlt worden war: Das ganze Wochenende würde man über die Verliererin reden und ihr noch mehrere Tage lang seltsam distanziert sowie mit einer keineswegs nur freundlich gemeinten Hochachtung begegnen. Keine der Frauen aber gewann je im großen Stil und behielt, was gewonnen wurde, und falls doch, hätte man sie beneidet, ein bisschen verachtet und aufs Bitterste ignoriert. Im großen Stil zu *verlieren* aber hieß, zur Heiligen erkoren zu werden, zumindest für eine Weile.

Obwohl ich ein Außenseiter war, habe ich diese Heiligkeit sofort gespürt und meinte auch, sie zu verstehen. Ich habe den Frauen gern zugesehen, wie sie kamen und gingen, den Automaten fütterten oder bei einer Spielerin stehen blieben und schweigend zusahen, wie sie sich in die dunkle Verlustzone vorarbeitete. Wee Ellen, Betty G., Margaret, Agnes und Betty Turner. Sie bildeten den harten Kern: Verheiratete Frauen in den Fünfzigern, die nicht viel zu verlieren hatten. Ich sah ihnen gern zu, und auch wenn ich nicht der Einzige war, wollte ich doch glauben, niemand sonst verstünde ihre Spiele so gut wie ich. Den übrigen Kantinenbenutzern war der Zutritt zur geheimen Welt der Frauen eigentlich verwehrt, trotzdem bildete ich mir ein, ich wüsste genau, was sie taten, und könnte allein durch Beobachtung ihre magischen Beziehung zur Zeit teilen. Ich glaubte auch, darin der Einzige zu sein, ein pfiffiger Beobachter des Lebens, doch irrte ich mich. Als eines warmen Nachmittags während der Spätschicht alle Türen und Fenster weit aufstanden, um auch noch den letzten Windhauch vom Rasen hereinzulassen, fiel mir jemand auf, der wie ich den Frauen am Automaten zuschaute – nicht mit dem sonst üblichen, halb amüsierten, halb angespannten Gesichtsausdruck, sondern versunken in derselben ehrfurchtsvollen Faszination, die auch ich empfand, dasselbe Gefühl von Privileg. Sie saß am Fenster am anderen Ende der Kantine, in den Händen eine salzweiße Teetasse, Ellbogen auf den Tisch gestützt, und um das runde, sehr helle Gesicht brach sich der Widerschein vom Asphalt der Straße, weshalb sie wie von innen erleuchtet aussah. Von dem Moment an, da ich aufschaute und sie bemerkte, wusste sie um meine Anwesenheit, auch wenn sie sich lange nichts anmerken ließ. Es war ein Test, glaube ich: Hätte ich die Augen niedergeschlagen, hätte ich getan, als hätte ich sie nicht bemerkt, hätte sie es auf sich beruhen lassen; doch als ich mich nicht abwandte, hob sie nach einem Moment das Kinn leicht an, warf mir ein leises, verschwörerisches Lächeln zu und hielt meinen Blick gerade lang genug fest, ehe sie den Kopf wieder drehte, um Betty G. zuzusehen, die ihre letzten zwei Münzen in den Automaten warf. Ich wusste nicht, wer diese junge Frau war, und ich fand sie auch nicht besonders attraktiv, zumindest nicht im üblichen Sinn, doch hatte sie etwas an sich, das mich zu ihr hinzog. Im Laufe der nächsten Wochen wurde sie die einzige Alternative zur absoluten Langeweile der Arbeit, das Objekt meiner ersten wahren, länger anhaltenden Verliebtheit. Später fand ich heraus, dass sie Helen Watson hieß und dass sie, obwohl sie in der Fabrik allgemein für eine Studentin gehalten wurde, das Studium bereits zu Beginn des Jahres aufgegeben hatte und sich seither fragte, was sie nun anfangen sollte. Sie hat sich nie zu einer Entscheidung durchgerungen, was sie aber nicht daran hinderte, im Laufe des Sommers zu folgendem Schluss zu kommen: Wofür auch immer sie sich entschied, es würde nie sein, was sie wollte.

* * *

Dies ist eine Geschichte, die ich mir selbst erzähle, nur warum, weiß ich nicht. In dieser Geschichte passiert nichts, jedenfalls nicht viel: *Mann trifft Frau*, irgendwie schon, aber darauf kommt es eigentlich nicht an; *Mann trifft Frau, Frau stirbt*, sicher, aber nicht so, dass es eine gute Geschichte ergäbe, zumindest keine mit Anfang, Mitte und Ende, wie sie jede gute Geschichte braucht – womit ich natürlich eine der Geschichten meine, die laut erzählt werden können, ein öffentliches Ereignis, mehr als nur ein Traum. *Mann trifft Frau, Frau stirbt*: Nur hat die sterbende Frau nichts mit dem Mann zu tun, und wäre Frau nicht gestorben, hätte Mann sie so leichthin vergessen, wie er all die anderen Frauen vergaß, die er *en passant* traf und näher kennenlernte, um die er für die nächsten dreißig Jahre aber keine Geschichten spann.

Ich habe Helen erst am Ende jener Woche wiedergesehen, am Freitagmorgen. Ich glitt die Leiter an der Gebäudeseite herab, Hände und Gesicht sowie die Vorderseite meines weißen Overalls mit Schalen, Staub und jener klebrigen Masse aus zähem, penetrant stinkenden Fett bedeckt – eine schwindelerregende Mixtur aus Erdnuss und Schmieröl –, die bei uns allgemein nur »Erdnussbutter« genannt wurde. Ich hatte auf der Leiter gestanden, die halsbrecherisch am Gebäude hinaufführte, hatte den Ventilator gesäubert, mich eng an die Wand gedrückt, einen Arm blindlings in die Tiefen der Apparatur geschoben und die zähe, salzige Fettschicht sowie eingedickte Schalen von den riesigen Metallrotoren geschabt. Es war eine der unangenehmsten Wartungsarbeiten, fast so übel wie das Säubern der Glasierbehälter – gut eine Stunde lang unterm Dach tote Stare aus den Tiefen der schleimigen, reglosen Brühe Glasieröl fischen und auf dem Abfall hinter der Laderampe entsorgen. Mir gefielen beide Jobs nicht, im Prinzip jedenfalls, doch musste ich zugeben, dass es mir eine gleichsam grimmige Befriedigung verschaffte, die schlaffhalsigen Bündel aufgeweichter Knochen und Federn mit ihren starren Augen aus den Glasierbehältern zu fischen, die Federn von Öl und verblichenem Rot verklebt. Den Ventilator zu säubern war allerdings viel riskanter, und vermutlich war es reine Erleichterung, die mich das Ende meiner Arbeit mit einem Feuerwehrrutsch die Leiter hinab feiern ließ, ein freier Fall, mehrere Millisekunden lang, ehe ich dann auf dem Boden auftraf, allerdings nicht immer so elegant, wie ich es mir gewünscht hätte. Und das war es, was Helen an jenem Freitagmorgen sah: ein weißer, plötzlich von oben herabrutschender Fleck, dann einen jungen Mann in klobigen Arbeitsschuhen, der wie Ikarus vom Himmel stürzte und dessen Füße mit wuchtigem Schlag auf den Asphalt aufprallten, ehe er ihr entgegentaumelte, Hände und Overall verschmiert mit Hülsen und Fett, ein dümmliches Grinsen im ähnlich verunstalteten Gesicht. Sie war ins Freie gekommen, um sich zwischen den offiziellen Rauchpausen eine Zigarette anzuzünden; Frauen, die heimlich rauchen wollten, verschwanden meist durch die Schwingtür am anderen Ende des Packsaals, während eine Arbeiterin für sie Wache stand.

Sie musste sich meilenweit fort gefühlt haben und hatte sicher geglaubt, sie hätte ein ruhiges Plätzchen gefunden, an dem sie zehn kostbare Minuten niemand stören würde, weshalb sie, als ich nur wenige Schritte entfernt auf den Asphalt plumpste, aufrichtig erschrocken war. Ich hatte sie auch nicht gesehen oder doch erst im letzten Moment, fand es aber eigenartig normal, dass sie da war, und bildete mir einen Moment lang ein, sie hätte diese Begegnung herbeigeführt. Der Gedanke gefiel mir, und ich lächelte. »'tschuldigung«, sagte ich. »Hab Sie nicht gesehen.«

Sie lächelte zurück. Obwohl sie außerhalb des Frauenbereichs war, wirkte sie ganz entspannt, selbstsicher und tat weder schüchtern noch abgebrüht wie manch andere unverheiratete Frau, wenn man sie außerhalb ihrer Abteilung traf; sie flirtete aber auch nicht. »Was zur Hölle haben Sie da oben gemacht?«, fragte sie sichtlich amüsiert.

»Den Ventilator gesäubert.«

»Ach so, *Sie* sind das.« Sie musterte mich von oben bis unten. »Na ja, immerhin sind Sie noch ganz.«

Die Bemerkung überraschte mich so, dass ich lachen musste. Sie spielte auf einen Vorfall an, der sich vor einigen Wochen zugetragen hatte, als der Ventilator plötzlich angesprungen war, nur Sekunden, nachdem ich meinen Arm aus den Rotorblättern gezogen hatte. Das durfte eigentlich nicht passieren: Laut Gesundheits- und Sicherheitsvorschriften gab es nur einen einzigen Schlüssel, mit dem sich der Ventilator an- und abstellen ließ, und während ich draußen auf der Leiter stand, steckte dieser Schlüssel sicher in der Tasche meines Overalls. Gesundheits- und Sicherheitsvorschriften aber bedeuteten dem übereifrigen Vorarbeiter meiner Schicht wenig: Da er die Bosse mit seinen Produktionszahlen beeindrucken wollte, fiel ihm unangenehm auf, dass der Ventilator oft länger als nötig ausgestellt blieb, weil sich der mit der Wartung betraute Arbeiter im Hof noch eine ungenehmigte Zigarettenpause gönnte. Ich rauchte damals nicht, hatte aber trotzdem schon öfter eine Pause eingelegt und es mir auf der Leiter bequem gemacht, über das Ödland hinter der Verladerampe geschaut und den Anblick des Grüns genossen, das entlang der Gräben hinter dem Fabrikgelände wuchs, den freien Flug der Möwen oder Krähen über feuchte Wiesen voller Weiden und Schilf, das hohe Blau des Sommerhimmels. Nichts lässt einen die Natur noch in ihren schlichtesten Formen so sehr genießen wie Fabrikarbeit.

Ohne dass ich davon wusste, hatte der Übereifrige Vorarbeiter – mit den Jahren habe ich seinen Namen vergessen, doch lebt er weiter als Typus, vergleichbar dem Verlorenen Sohn oder dem Untreuen Diener – sich insgeheim einen Nachschlüssel machen lassen, sodass er, als er den Ventilator zu einem Zeitpunkt abgeschaltet fand, an dem er seiner Meinung nach laufen sollte, den inoffiziellen Schlüssel zückte und die Maschine wieder anstellte. Es hätte ihn die Stelle kosten sollen, tat es aber nicht – vor allem wohl, weil seine Mutter, so das Gerücht, eine Affäre mit dem Fabrikdirektor hatte. Was mich betraf, erlebte ich einen seltsam beglückenden Schock, als sich der Ventilator plötzlich mit großem Getöse wie ein Flugzeugpropeller zu drehen begann, nur eine Sekunde, nachdem ich meinen dünnen weißen Arm aus dem Gewirr der Scherblätter herausgezogen hatte; und ich brauchte eine Weile, bis ich begriff, was geschehen war. Einen Moment lang war ich wütend, aber mit Wut kommt man in einer Fabrik nicht weit, in der handfeste Scherze zu den gebräuchlichsten Waffen gegen die erdrückende Langeweile gehören. Als ich erfuhr, was der Übereifrige Vorarbeiter getan hatte, war die Wut längst kalter, harter Entschlossenheit und dem festen Vorsatz gewichen, mich an ihm rächen zu wollen. Damals war ich ein großer Befürworter der heilenden Kraft der Rache, und kaum war ich zurück an meinem Arbeitsplatz, plante ich meine Vergeltung, die ich dann einige Tage später ausübte und bei der eine Sortex-Maschine, ein loses Kabel und ein Druckluftschlauch eine gewisse Rolle spielten.

Als ich jetzt daran zurückdachte – weniger an mein unverschämtes Glück als an das aschfarbene Gesicht und den verwirrten Ausdruck in den Augen des Übereifrigen Vorarbeiters, als er benommen im Staub und Schatten hinter der Sortex Nr. 3 gelegen hatte –, musste ich einfach grinsen. »Jepp«, sagte ich. »Der bin ich.« Ich suhlte mich noch in der Vorstellung, *ich hätte sterben können* – ein köstlicher Gedanke für jeden, der jemals manuelle Arbeit verrichten musste –, hätte der Übereifrige Vorarbeiter, seither allgemein nur noch »der Idiot« genannt, den Schlüssel auch nur einen Moment früher eingesetzt. Die Rotorblätter hätten mir fraglos den Arm ausgerissen und ihn in Stücke zerhackt, aber das wäre nur der Anfang gewesen, denn die schiere Wucht der Maschine hätte, was von mir übrig war, von der Gebäudewand fortgeschleudert und mich wie eine Lumpenpuppe durch die Luft gewirbelt. Die Vorstellung bekam ich danach tagelang nicht aus dem Kopf, doch war es eine Vorstellung, die mich zufrieden machte und stark, nicht unverletzbar, aber doch seltsam gleichgültig. Mit einem unbeschwerten Lächeln im Gesicht, das Bände über meine leichtsinnige Lebenseinstellung sprach, scherzte ich darüber nun mit dieser gescheiten, selbstbewussten jungen Frau – und das fühlte sich gut an. Unter den gegebenen Umständen – ein Übereifriger Vorarbeiter, der misstrauisch am stillstehenden Ventilator lauerte; eine heimliche Zigarettenpause, die schon zu lange dauerte – konnten wir nicht länger bleiben, doch war diese zufällige Begegnung der Beginn von etwas, der zweite Schritt nach dem ersten kurzen Blickwechsel in der Kantine wenige Tage zuvor, und der wiederum führte – zu was?

Keine Affäre, nein, auch keine Liebesgeschichte. Nicht einmal eine Freundschaft, zumindest nicht von meiner Seite. Eigentlich war es überhaupt nichts, nur eine zufällige Begegnung von zwei Menschen, die gegen ihren Willen und ihr besseres Wissen an einem Ort festgehalten wurden, an den sie beide nicht gehörten. Hätten sie es nur gewusst, hätten sie verstanden, dass niemand an einen solchen Ort gehört, nur konnten sie niemand anderes sehen, hatten Augen bloß für sich: jung, durchschnittlich intelligent, hoffnungsfroh und gelangweilt. Wären wir nicht so gelangweilt gewesen, hätten wir uns vielleicht nie getroffen; wäre sie nicht durch den Tod verwandelt worden, hätte ich sie längst vergessen. So aber ist sie mir seit dreißig Jahren im Gedächtnis, und dafür gibt es keine weitere Erklärung als die Tatsache, dass sie fünf Wochen nach dieser Begegnung heimging und ohne jede Vorwarnung starb, während Vater und Mutter unten vor dem Fernseher saßen, der Ton leise gestellt, weil sie ihrer Tochter, die an diesem Tag bei der Heimkehr von der Arbeit über Rückenschmerzen geklagt hatte, einen ruhigen, langen Schlaf gönnen wollten.

* * *

Jede Geschichte sollte einen Anfang, eine Mitte und ein Ende haben, und es ist egal, wie sie angeordnet sind, solange es sie überhaupt gibt. Zu dem, was eine Erinnerung von einer Geschichte unterscheidet, gehört, dass Erstere durchaus einen Anfang und ein Ende haben mag, die Mitte aber bleibt gern verschwommen oder sogar gänzlich unauffindbar. Anfang und Ende stellen höhere Ansprüche an unsere Aufmerksamkeit, und dies selbst unter den belanglosesten Umständen – Schichtwechsel in einer Lebensmittelfabrik etwa. Jede erste Begegnung kann Anlass für eine Liebesgeschichte sein, die ein Leben lang dauert, eine dünne, unterschwellige Schicht von Gerüchen und Tönen, die noch Jahre später selbst durch den schwächsten Anreiz wieder heraufbeschworen werden können – auch wenn diese Begegnung zu nichts führte, wie damals bei uns. Indes kann jedes beliebige Ende, insbesondere wenn der Tod dabei eine Rolle spielt, ohne Weiteres von unserer Fantasie in jenen entscheidenden Moment umgewandelt werden, jenen Zeitpunkt, auf den anhaltende Verbitterung, Tragödie oder liebevolle Selbstachtung ihren einschneidenden Beginn zurückführen. Die Mitte dieser Erinnerung ist so ziemlich wie jede andere: eine Reihe von Schnappschüssen, halb erinnerten Unterhaltungen in der Mittagspause oder beim Tee, flüchtige Blicke, ein nur angedeutetes Lächeln, Vermutungen, Hoffnungen und Zweifel. Manchmal waren die Unterhaltungen sehr privat – soweit unter diesen Umständen überhaupt möglich –, auch wenn sie oft hastig stattfanden, mit Unterbrechungen und Einwürfen seitens der Kollegen. Manchmal fand der ganze Austausch auch nur durch Zuträger statt, ein Strang Bedeutung, der einen ansonsten banalen Strom von Klatsch und Tratsch durchzog, ein Gespräch in einem Gespräch, eine Diskussion in einer Diskussion, private Anspielungen und Scherze, die über die Oberfläche des öffentlichen Diskurses hüpften wie Steine über Wasser, von den anderen kaum bemerkt. Oder einer von uns wurde in der Kantine von Bob aufgehalten, unserem einfältigen Betriebsphilosophen, und der andere eilte zur Rettung herbei, mischte sich in eine Debatte über die Existenz Gottes oder die Zukunft der Labourpartei mit einer smarten Bemerkung ein oder einem absurden Exkurs. Helen war darin besonders gut, vielleicht, weil sie sich als Querkopf verstand, als jemand, der infrage stellte, was andere für selbstverständlich hielten. Irgendwann – doch ob Monate oder Jahre zuvor, das sollte ich nie herausfinden – hatte sie beschlossen, das Gegebene zu ignorieren, um die vernachlässigten Wunder und Schönheiten aufzuspüren. Sie wollte einen Weg hin zu jenen Dingen finden, die andere Menschen nicht zu schätzen wussten, zu Musik und Büchern, zu Gewohnheiten und Augenblicken, die sie kaum bemerkten. Ich vermutete oft, dass dies eine Disziplin war, die sie trainierte, wie andere Menschen Yoga üben oder Turniertanz. Mit Entsetzen registrierte sie, wie die Menschen um sie herum – Menschen, die mehr Grund als die meisten hatten, die Funktionsweisen der sozialen Maschinerie infrage zu stellen – gefangen schienen von dem, was ihnen gesagt worden war. Damals kam sie mir sehr clever vor, heute aber bin ich doppelt so alt wie sie zu jener Zeit, und mich überrascht, dass ich nicht bemerkt habe, wie naiv sie war und wie verstört von einem Leben, das sie gerade im Stich gelassen hatte, weshalb sie bei Menschen strandete, die sie auf ihre Weise gewiss sogar gernhatte, auch wenn sie sich eingestand, dass wir alle, ich eingeschlossen, für sie so sehr Fremde waren, wie sie uns fremd blieb.

* * *

Wir *waren* Fremde, heute ist mir das klar. Trotzdem wurden wir im Laufe der nächsten Wochen Freunde. Man warf uns gleichsam zwangsläufig in denselben Topf; und es gab Zeiten, da waren wir in der Kantine allein, zwei gegen den Rest der Welt. Das aber war nicht genug – nicht für einen jungen Mann, der die

Teenagerjahre gerade hinter sich hatte, in einer Stadt, in der junge Männer kaum mit Frauen redeten, geschweige denn sich mit ihnen anfreundeten. Ich fand sie nicht mal sonderlich attraktiv, zumindest nicht auf eine sexuelle Art und Weise. In jenen Tagen jedoch war für junge Männer meiner Schicht und Herkunft alles sexuell – was hieß, dass ich früher oder später mehr zu versuchen hatte als nur zu reden. Etwas anderes – *mehr* – musste geschehen. So verlangte es das Gesetz, das in jener Gegend jede Begegnung zwischen Menschen unseres Alters bestimmte. Etwas musste geschehen, und wenn es nicht von allein geschah, musste der Mann nachhelfen. Ein Teil von mir begriff, dass irgendwas an diesem Gesetz nicht stimmte, weshalb ich so lange wie möglich wartete, ein anderer Teil von mir aber war immer noch davon überzeugt, dass ich den nächsten Schritt machen sollte. Eines Freitags, kurz vor Schichtende, saßen wir in der Kantine an unserem Lieblingstisch beim Fenster und redeten über Mexiko. Sie hatte eine Vorliebe für Mexiko, hegte einen halb ausgegorenen Plan, bei dem es darum ging, wenn ich mich recht erinnere, nach Oaxaca zu reisen und für eine Weile in der Wüste zu verschwinden. Sie erzählte davon, von der Wüste und dem Tag der Toten, während ich auf den richtigen Augenblick wartete, um ihr zu sagen, was ich zu sagen hatte, und sie musste etwas gespürt haben – meine Anspannung, das nahende Wochenende, irgendein undeutlicher Anklang von Bedürftigkeit oder Verlangen –, denn plötzlich hielt sie inne und musterte mich mit seltsamem, fast verblüfftem Blick.

»Du bist zu jung für mich«, erklärte sie.

»Wie bitte?«

»Du wolltest mich gerade um ein Date bitten«, sagte sie. »Und ich will, dass du weißt, dass du zu jung für mich bist. Außerdem ist eine Beziehung das Letzte auf der Welt, was ich jetzt gebrauchen könnte.« Sie wandte den Blick ab, und ich wusste, sie würde nun jeden Moment aufstehen und nach draußen gehen, um zu rauchen. Damals konnte man noch drinnen rauchen, nur tat sie das nicht gern. Sie stand lieber draußen an der Verladerampe oder im grauen, staubigen Betonwinkel unter der Dunstabzugshaube.

»Ich bin ein Jahr jünger«, erwiderte ich. »Mehr nicht.«

Sie sah auf und bedachte mich mit einem feinen, angespannten Lächeln. »Ich rede hier nicht von Jahren.«

Ich wusste nicht, was ich darauf sagen sollte. Vermutlich fühlte ich mich verletzt, aber das würde ich nicht zugeben, nicht einmal vor mir selbst. »Okay«, murmelte ich schließlich. »Alles klar.«

Müde schüttelte sie den Kopf, und ich ahnte, dass sie diese Art Gespräch in den letzten Monaten schon mehrmals geführt hatte. »Ich mag dich«, sagte sie. »Ich unterhalte mich gern mit dir.« Sie musterte mein Gesicht mit kühler, leicht neugieriger Distanz. »Vertreibt die Zeit.«

»Besten Dank auch.«

Sie lachte. »Du weißt, was ich meine.«

»Ach ja?«

Wieder schüttelte sie den Kopf. »Siehst du?«

»Was denn?«

Sie stellte Tasse und Untertasse auf ihren Teller und stand auf. Einen Moment lang dachte ich, wie unscheinbar sie doch aussah, so gar nicht die Sorte Frau, mit der ich ausgehen wollte; dann aber, nach einer leichten Drehung, wirkte sie wieder ganz anders, und eine fremde Schönheit erhellte ihr Gesicht. Sie lächelte. »Zu jung«, sagte sie, trug ihr Geschirr zum Tisch an der

Durchreiche, stellte es ab und verschwand. Ich wusste, wohin sie ging, und hätte ihr folgen können, tat es aber nicht. In einem dämmrigen Winkel meines Hirns verstand ich sie, und mir fiel aufs Neue ein, dass ich ja eigentlich gar nicht mit ihr ausgehen wollte, dass ich nur nicht gewusst hatte, was ich sonst hätte tun sollen. So gehörte es sich eben – und in dieser Gegend wären die meisten Frauen ihres Alters beleidigt gewesen, hätte ich es nicht versucht.

* * *

Erst am Montag habe ich sie wiedergesehen. Als ich in die Kantine kam, saß sie neben Erika, der Halbdeutschen von der Qualitätskontrolle. Bei meinem Anblick lächelte sie, nur war ich mir nicht sicher, ob ihr Lächeln wirklich mir galt oder nur eine Reaktion auf etwas war, das Erika gesagt hatte. Nicht, dass es mir in dem Moment besonders wichtig gewesen wäre. Ich hatte einen Kater und brauchte unbedingt ein deftiges Frühstück und eine Tasse süßen Tee mit Milch. Was Helen am Wochenende machte, wusste ich nicht, aber es war sicher besser als meine Abende in der Strathclyde-Bar, in der ich mit alten Schulfreunden soff und mich bemühte, gelegentlich durch den Saal fliegenden Gläsern auszuweichen. Da meine eigenen Abende so trostlos verliefen, nahm ich natürlich an, dass Helen über ein kompliziertes, exotisches Sozialleben verfügte, und stellte sie mir unwillkürlich in Kleidern vor, die sie nicht zur Arbeit trug, Kleider, Schuhe, vielleicht sogar einen Hut. Dann malte ich mir aus, wie sie lange Spaziergänge auf dem Land mit ihrem heimlichen Liebhaber unternahm, einem älteren Mann womöglich, verheiratet mit einer Frau, die ihn nicht verstand. Manchmal hasste ich sie deswegen, aber ich hasste sie nicht lange, denn zwei Tage später, an einem warmen, doch gänzlich normalen Sommertag, verließ sie die Fabrik am Ende der Frühschicht, ohne jemandem von uns zu sagen, wie sie sich fühlte, ging heim und legte sich ins Bett. Sie kam gegen vier Uhr nachmittags zu Hause an – also war einige Zeit zwischen Ausstempeln und Ankunft verstrichen –, sagte ihrer Mutter, sie hätte sich offenbar was eingefangen und ging mit einer Tasse Tee in der einen und einem Buch in der anderen Hand nach oben, um sich mal richtig auszuschlafen. Zweimal sahen die Eltern an jenem Abend nach ihr, wollten sie aber nicht stören. Als Helen am Morgen nicht zur gewohnten Zeit aufstand, wollte ihr Dad sie wecken und sah, dass sie tot war, der Tee unberührt auf dem Nachtschränkchen, ihr Buch – ich habe mir oft gewünscht, ich wüsste, was sie am letzten Abend ihres Lebens gelesen hat – aufgeschlagen und umgedreht neben ihr auf dem Bett, als hätte sie nur kurz innegehalten, um über etwas gerade Gelesenes nachzudenken, und hinge dem immer noch nach, weit fort, an einem Ort, an dem sie in ihren Gedanken nie wieder gestört werden konnte.

Unterdessen ging das Leben draußen in der Welt weiter. Im Rückblick finde ich die Vorstellung seltsam, dass mich dieses fortdauernde Leben einschloss, mich, der ich gelangweilt, selbstvergessen, Tage durchlebte, in denen es Helen nicht mehr gab. Erst zwei Tage später hörten wir in der Fabrik die Neuigkeit – am Freitag genaugenommen, dem Tag, an dem die Frauen in Trauben um den Spielautomaten standen, um ihren Lohn zu verjubeln. Ich hatte am Donnerstag nach Helen Ausschau gehalten, mir aber keine Sorgen gemacht, als ich sie nicht sah. Gegen Ende des Arbeitstages – ich hatte eine Doppelschicht, blieb also bis zehn – sagte jemand, meine »Freundin« wäre nicht zur Arbeit erschienen, aber auch da machte ich mir keine Sorgen.

Natürlich kam ich gar nicht auf den Gedanken, sie könnte tot sein. Als ich es schließlich erfuhr, fühlte ich mich auf eigenartige Weise hintergangen, nicht bloß, weil es mir schwerfiel zu glauben, dass jemand, der von Tag zu Tag so lebendig gewesen war, nach Hause gehen und in völliger Stille sterben konnte, während die Eltern den Abwasch machten oder fernsahen; sondern auch, weil sie starb, obwohl ich noch mit dem tändelte, was ich für einen Flirt hielt, der aus allem, was tatsächlich zwischen uns gewesen war – die vielen Gespräche und kleineren, doch bedeutsamen Andeutungen des Mögens und Nichtmögens, der Zweifel und Ahnungen –, ein Vorspiel zu etwas machte, das es nie geben sollte.

Erst nach einer Weile sah ich ein, dass ihr Tod gewissermaßen ein Geschenk war, ein bitteres Geschenk zwar, aber dennoch. Durch ihren Tod wurde alles einfacher: Unsere Freundschaft war reiner, klarer, romantischer und voller Möglichkeiten, unser Liebesspiel nicht gänzlich ausgeschlossen. Als ich an jenem Abend nach Ende der Spätschicht zur Strathclyde ging, blieb ich in der Corporation Street stehen, weil in einem Baum ein Vogel sang, vielleicht verzaubert vom bernsteinfarbenen Licht der Straßenlaternen, vielleicht auch vom sanft gelben Schimmer aus dem Plattenladen am anderen Ende des Platzes. Für mich war es jedes Mal eine Erleichterung, die Hitze der Fabrik hinter mir lassen und in die abendliche Kühle hinaustreten zu können. An diesem Abend aber empfand ich mehr als nur die vertraute Erleichterung, wieder eine Schicht geschafft zu haben, mehr gar als das Vergnügen, draußen im Dunkeln zu sein, unterwegs zu Freunden, Alkohol und Musik. Es gab keinen Grund, warum sich dieser Abend von all den übrigen Abenden unterscheiden sollte, dennoch fühlte er sich wie eine Verheißung an: die Luft, der Baum, der Vogel, die Lichtflecken hier und da rund um den Marktplatz, all das war deutlicher als sonst *präsent*, fast wie ein Schwur oder wie ein Versprechen, das Augenblick für Augenblick gegen enorme Widerstände gehalten wurde. Außer den gewöhnlichen, faktischen Details habe ich über diesen Moment eigentlich nichts weiter zu berichten, höchstens, dass es gegen sieben Uhr eine Weile geregnet hatte, jetzt aber aufklarte und nur noch eine undeutliche Feuchte in der Luft hing, eine grüne, süße Feuchte, wie von einer schwach silbrigen Spur Musik durchzogen; ich könnte auch sagen, dass da etwas am anderen Ende des Platzes war, um einen Hauseingang eine Ansammlung von Schatten, die ich nicht recht ausmachen konnte, aber als unbestimmte Güte in der Nacht wahrnahm. So seltsam es auch klingen mag, lässt sich meine Stimmung, auch wenn sie teils düster, teils bewusst tragisch war, in diesem einen, leicht epiphanischen Moment am besten mit der gewöhnlichen und schmerzlich trivialen Wendung beschreiben: Ich war *froh, am Leben zu sein.*

* * *

Die meiste Zeit sind die Toten um uns und oft gegenwärtiger, als wir ihnen zubilligen möchten. Nachts stehe ich auf, streiche durchs Haus und lausche ihren Stimmen, sehe sie, wie sie einst waren, und die alte religiöse Vorstellung, das Leben sei ein Geschenk, scheint mir dann akzeptabler als meist im hellen Tageslicht. So oft wie es nur geht, bleibe ich allein, doch fühle ich mich nie völlig allein, solange die Toten da sind, die Toten in ihren Uniformen, Schürzen oder Sonntagskleidern. Die meisten kenne ich gut, nur warum Helen so oft in ihrer Mitte auftaucht, ist mir ein Rätsel: Unsere Leben streiften sich vor langer Zeit, und für den jungen Mann, der ich war, den Erwachsenen, der ich bin, bleibt unsere Bekanntschaft ein Nicht-Ereignis, bloß eine jener Freundschaften, die in Fabriken und Büros geknüpft werden, da es dort so langweilig zugeht, dass jede Ablenkung ein Segen ist. Wir waren nie ein Paar, nicht einmal enge Freunde; wir haben uns nie berührt – und doch gesellt sie sich in der Erinnerung zu meinen geschätztesten Geistern, und ich kann mir keine Zeit vorstellen, in der ich sie vergessen haben könnte. Sie kommt ungebeten wie meine Mutter, mein kleiner Bruder oder mein fast schon mythischer Großvater, noch heute riesig und freundlich im schwarzen Mantel, die gewaltigen, geschickten Hände auch heute noch mit den Augen eines Kindes gesehen. Verglichen mit ihnen, bedeutet Helen mir nichts, trotzdem kommt sie, und sie ist nicht allein, sie wird von anderen begleitet, die es laut der Logik einer geregelteren Welt gar nicht geben dürfte. Und wie diese anderen ist sie eigentlich auch kein Teil meines Lebens. Sie ist eine Geschichte, mehr nicht. Vielleicht aber erzählen wir uns eben deshalb Geschichten: um herauszufinden, warum wir manches besser erinnern als anderes, warum manche Vorfälle in unserer Erinnerung weiterleben, warum manche Gesichter und Stimmen jahrzehntelang fortdauern, um im Dunkeln vor einem Schlaflosen wiederaufzuerstehen, der in dem Wissen aufwacht, auf seinem Weg manches verloren zu haben, auch wenn er keine Ahnung hat, was das sein könnte. Und dies wiederum bedeutet natürlich, dass es in der Geschichte, die ich erzähle, gar nicht um die Tote geht; es geht nicht um *sie*, es geht um *mich*. Es geht nicht um ihr Leben oder ihren Tod; sondern um das, was ich verlor, und auf welche Weise es – was immer das Verlorene auch sein mag – ihr irgendwie ähnlich sein könnte.

*   *   *

Eine Woche nach ihrem Tod standen die Frauen wieder am Automaten: Wee Ellen, Margaret, Agnes und die beiden Bettys. Ich sehe sie vor meinem geistigen Auge so deutlich, als wären sie anwesend; und auch wenn sie nicht ungerufen kommen, empfinde ich doch eine Wärme, eine Zärtlichkeit für diese Phantome, wie ich sie für meine dauerhaft ansässigen Geister nicht aufzubringen vermag. Ich glaube, damals war ich gekränkt, weil sie einfach weitermachten, als Helen nach Hause ging und starb. Mich ärgerten der Lärm des Spielautomaten, ihre Stimmen und die gegenseitigen Sticheleien, manche ahnungsvoll leise, andere laut und grimmig, das Geplänkel, mit dem die notorischen Verlierer ihren Verlust ertrugen. Nachdem wir davon erfahren hatten, ließ ihr Wissen um die eigene Sterblichkeit sie einige Tage lang wie gedämpft wirken, allerdings kehrten sie, zumindest nach außen hin, rasch zurück zur alten Routine, denn *das Leben muss ja weitergehen*. Ich denke, in ihren einsamen Momenten dachte jede von ihnen noch Wochen und Monate an Helen, bloß gab es, wenn sie zusammen waren, nichts weiter dazu zu sagen, zumindest nicht mehr als die üblichen Floskeln: *War doch seltsam, wer hätte das gedacht, das arme Mädchen, das ganze Leben noch vor sich, die armen Eltern.* Der Rest war Taktgefühl, wie ich heute weiß, auch wenn ich es damals für Gleichgültigkeit hielt: Sie wollten sie in keine Schublade stecken, wollten sie in Ruhe lassen. Ein Taktgefühl, das ich mir manchmal für mich gewünscht hätte, denn wann immer ich zurückblicke und eine junge Frau sehe, schön durch Erinnerung und Bedauern, wie sie in einer Ecke an der Verladerampe raucht oder auf dem Rasen sitzt und mit dem Kopf im Nacken zum Himmel aufsieht, weiß ich, wenn ich traure, dann um irgendetwas, aber nicht um sie. Habe ich nie getan. Wenn ich wüsste, um was ich traure, könnte ich vielleicht los-

lassen, so wie Betty G. und Wee Ellen sie losließen und weiter-
lebten, mit ihrem Lohn den Spielautomaten fütterten und den
sich drehenden, grellbunten Rädern zusahen, ohne Hoffnung
oder Bedauern zu zeigen und ohne sich ernsthaft Gedanken darum zu machen, was sie mit ihrem Gewinn oder ihrem Verlust
anfangen würden, wenn es denn so weit war, denn letztlich war
doch alles gleich, nur manches gleicher als anderes.

Sorglos

Gina dagegen war niemand, von dem ich annehmen könnte, ich hätte sie verloren, und es kostete mich keine weitere Mühe, sie mir aus dem Kopf zu schlagen, auch wenn ihre Kinder nicht ganz so leicht zu vergessen waren. *Diesen* Verlust spürte ich vielleicht sogar noch eine Weile, trotzdem versuchte ich, nicht allzu oft an sie zu denken – und die Ablenkungen waren zahlreich wie stets, wenn auch kaum sonderlich abwechslungsreich. Eine Party in Worplesdon unterscheidet sich nicht großartig von der nächsten, und hält man sich mit Nettigkeiten nicht allzu sehr auf, gehen auch alle One-Night-Stands und Barhockerfreundschaften in derselben nahtlosen Erzählung auf. Meine Mitbewohnerin blieb weiter fort, vorübergehend irgendwohin versetzt, und es gab keine Anzeichen dafür, dass sie bald zurückkehren würde; die Arbeit war wie eh und je, abgestandene Witze und Programmierroutine; die Tage schleppten sich dahin, und nachts war ich schlaflos oder betrunken. Es war weniger ein normales als ein betäubtes Leben, nur dann und wann von einem hektischen Geflüster in den Wänden unterbrochen oder von einer Düsternis, die über den Boden kroch, während ich dasaß, lauschte und auf das wartete, was als Nächstes kam, fasziniert von der unsichtbaren Fauna um mich herum. Denke ich zurück, erstaunt mich, dass ich auf diese Weise über ein Jahr durchgehalten habe. Natürlich gab es auch gute Tage. Manchmal ging ich meiner Arbeit mit einer fast gleichgültigen Fröhlichkeit nach, die mich beinahe selbst überzeugt hätte, meist aber war ich gar nicht wirklich anwesend. Ich war ein Geist in meinem eigenen Reich, ein Phantom, las Bücher, sah Filme, betrank mich, hatte wahllos kurzlebige Affären. Jahrzehntelang hätte ich so weitermachen können, wäre ich an einem Freitagmorgen nicht in den Zug nach London gestiegen und zufällig einem anderen Geist begegnet – einem Geist aus einem verlorenen Reich und somit seit Monaten zum ersten Mal einem *echten* Menschen.

Es war zwar nicht Helen, die ich am Vormittag im Pendlerzug traf, doch *war* es jemand aus meiner Vergangenheit und jemand, zu dem sie mich quasi geführt hatte. Denn so flüchtig unser Kontakt auch gewesen sein mochte, hatte mich Helen doch mit einer Version der romantischen Liebe bekannt gemacht, von der ich stets angenommen hatte, es gebe sie irgendwo in meinem Hinterkopf, irgendwo in den Hinterköpfen vieler Menschen, von Anfang an. Die Originalfassung stammte aus meiner Kinderzeit, in der ich mit dem Mädchen von nebenan naive Todes- und Sexgeschichten improvisiert hatte. Helen zu verlieren war der nächste bedeutungsvolle Schritt gewesen, weshalb es nach ihrem Tod auch nicht lange dauerte, bis ich nach Mitspielern suchte, die sich ihres Tuns ebenso schüchtern bewusst waren, wie ich es geworden war. Manchmal berührten wir uns bei diesen Spielen, manchmal nicht. Manchmal setzten sie auch eine Vorstellung vom Tod voraus – natürlich nicht vom realen Tod, nur eine Inszenierung, ein Ritual. Einmal, als ich meine Eltern besuchte, nicht lange nach Helens Tod, spielte ich aufs Neue ein Spiel, das ich mir als Kind ausgedacht hatte, legte mich auf den Boden, deckte mich mit einem weißen Laken zu und stellte mir vor, ich sei eine Leiche. Ich hatte geglaubt, allein im Haus zu sein, doch gerade in dem Moment kam eine Freundin meiner Schwester vorbei, und da wir damals die Hintertür stets unverschlossen ließen, war sie hereingekommen und fand mich am Boden, tödlich still unter einem frischen sauberen Laken. Ich schätze, die meisten Menschen hätten sich in diesem Moment hastig zurückgezogen, diese junge Frau aber – ich will sie Janice nennen – entschied, es könne ganz interessant sein, gleichfalls unter dieses Laken zu schlüpfen und sich neben mich zu legen – und für einen köstlichen Moment lang waren wir Partner im gespielten Tod, warme Leichen im selben weißen Grab. Wir taten beide nichts, lagen einfach nur eine Weile da, fast ohne uns zu berühren, und absolut still. Es war eine außerordentlich lustvolle Erfahrung.

Natürlich waren es in jenen frühen Tagen noch unschuldige Spiele, da es eher auf die Idee ankam – eine Ahnung, eine Atmosphäre – als auf irgendein Tun. Ich würde lügen, wollte ich behaupten, es wäre oft zu diesen Spielen gekommen. Damals, in jenen sorgenfreien Tagen, als jeder mit jedwedem schlief, den er oder sie mochte, war mein *vie sensuelle* so normal wie das der meisten anderen Leute, wenn auch ein wenig hektisch. Nur selten jedoch traf ich jemanden, der so wunderbar war, dass ich es kaum zu ertragen vermochte. Wie Adele. Adele und ich hätten uns vor vielen Jahren fast ein Leid angetan, und ich hatte sie nie vergessen, aber wohl kaum damit gerechnet, sie an einem verregneten Freitagmorgen in Woking wiederzutreffen.

Als ich ihr zum ersten Mal begegnete, suchte ich nach einer Bleibe. Ich lebte damals seit wenigen Monaten in Cambridge und wohnte in einem besetzten Pflegeheim abseits der Granchester Road, was mir zu Anfang sehr gefallen hat. Es gab weder Wasser noch Strom, aber mein Bett stand im alten Speisesaal, den ich als langgestreckten, holzverkleideten Raum mit hohen

Fenstern in Erinnerung habe, ein Raum, der bestens zu meiner Schlaflosigkeit passte. Niemand sonst schlief dort – die übrigen Hausbesetzer, etwa zehn an der Zahl, hatten es sich oben in den kleineren, nicht gar so zugigen Zimmern bequem gemacht; ich aber war immer noch Kind genug, um es für ein Abenteuer zu halten, wenn ich allein in einem großen, widerhallenden Saal schlief. In klaren Nächten sah ich den Vollmond durch die hohen Bogenfenster segeln; und wenn es regnete, vergrub ich mich und hörte dem Geräusch zu, das die Tropfen auf den vielen Fensterscheiben machten, ein Geräusch, das, so hatte ich gelesen, in einigen Ländern im Osten als heilig galt, denn wenn man ihm lang genug zuhörte, mochte man ein Schlupfloch im gewöhnlichen Lauf der Dinge finden, ein mysteriöses Geräusch, das direkt ins Herz des Seins führte.

Ich war gern Hausbesetzer. Und ich gab nie wie die anderen vor, es sei nur, bis ich was Besseres fand. Mir machte es wirklich nichts aus, auf Zeit zu wohnen, da ich wusste, der nächste Ort, an den es mich verschlug, würde ebenso wenig von Dauer sein. Außerdem hatte ich das Gefühl, als Hausbesetzer mein Eckchen gefunden zu haben, und wäre dort sicher gern auf immer geblieben.

Nur hatte ich ein Problem; ein Problem in Gestalt einer riesigen, langhaarigen, rötlich-braunen Katze, die sich das Pflegeheim zu ihrer Wohnstatt und meinen Speisesaal zu ihrem Lieblingszimmer erkoren hatte. Ich weiß nicht, ob die Katze einem der früheren Bewohner gehörte oder ob sie einfach nur hereingestreut kam, doch war sie offenkundig davon überzeugt, ein Anrecht auf ihren Platz zu haben. Die meisten meiner Mitbewohner ignorierten das Tier, ein paar stellten ihm Wasser hin und Futter, das es aber nie anzurühren schien, doch niemand streichelte oder liebkoste die Katze, niemand fand einen Namen für das Tier, kraulte seinen Hals, hob es auf und nahm es in den Arm oder für den Abend auf den Schoß, genoss seine ursprüngliche Wärme. Alle wussten beim Anblick der Katze, dass sie nicht zu dieser Sorte gehörte. Dabei war sie nicht mal übellaunig und kratzte auch nicht, sie existierte schlicht in einer anderen Welt, in anderen Kreisen, denen *wir* nicht angehörten.

Die Katze störte mich nicht, zumindest nicht tagsüber. Ich musste sie nicht füttern und beachtete sie auch nicht weiter, wenn sie durchs Haus geisterte, wobei sie die menschlichen Bewohner des Heims mehr oder weniger ignorierte, aber großes Interesse für jede andere Lebensform bewies, etwa für einen hereingewehten Schmetterling oder das leiseste Rumoren einer Maus hinter der Holztäfelung. Nachts allerdings streifte das Tier umher. Ein- oder zweimal wachte ich auf, weil es sich eifrig in einem fernen Winkel des Saals zu schaffen machte, was mich beunruhigte, vor allem wohl, weil ich nicht wusste, was es dort trieb. Erst mehrere Wochen nach meinem Einzug ins besetzte Haus jedoch kam es in den frühen Morgenstunden einer mondhellen Nacht zur Krise. Ich schlief und träumte, anfangs, dass ich mit meiner Mutter über eine sommerwarme Wiese ging – ein Traum, der mir wie eine Erinnerung vorkam, dabei gab es keine derartige Wiese in der Nähe der Bergarbeiterstadt, in der ich aufgewachsen bin –, dann aber, ganz plötzlich, sank ich durch dunkles Wasser, konnte nicht atmen, und ich wusste, wenn ich nicht bald aufwachte, würde ich sterben. Es war ein grässlicher Moment, weit schlimmer als jeder Albtraum, eine blinde Panik, die über bloße Todesangst hinaus an einen Ort vordringt, an dem eine Stimme im Hinterkopf sagt: *Also schön, dann soll es wohl sein, so aber nicht*, denn der Tod selbst macht keine Angst, nur das Sterben. Das wahre Entsetzen gilt einem unschicklichen, demütigenden oder gar hässlichen letzten Augenblick: Tod von der Hand eines Unwürdigen, Tod durch den Mob, Tod dank einer der vielen Bananenschalen, ein Tod, dem man zufällig entgegenstolperte. Der Tod als Abrechnung, bei dem einem ein toter Hund ins Dunkel nachgeworfen wird wie dem ermordeten Konsul in *Unter dem Vulkan*. Lange rang ich nach Atem. Als ich keuchend die Oberfläche der eingebildeten Flut durchbrach, stürzte ich um mich schlagend zurück ins Hier und Jetzt und sah mich Aug in Aug der Katze gegenüber – die es sich vermutlich auf meiner Brust bequem gemacht hatte, sich jetzt aber aufrichtete und mit all der Verachtung davonbuckelte, die ich verdiente. Mir hinterließ sie nichts weiter als eine verblassende Duftmarke und das flüchtige Bild feliner Verachtung – hätte Lewis Caroll Katzen nur genauer beobachtet, trüge die Grinsekatze kein Grinsen, sondern Spott und Hohn im Gesicht. Allein aber die Tatsache, dass das, was gerade geschehen war, geschehen *konnte* und jederzeit wieder geschehen mochte, war mir genug, weshalb ich in der Nacht kein Auge mehr zumachte. Am nächsten Morgen packte ich meine wenigen Habseligkeiten und verließ, ohne mich von jemandem zu verabschieden, auf Nimmerwiedersehen das besetzte Haus.

* * *

Sucht man eine Bleibe, verlässt man sich besser auf Hörensagen und das eigene Glück statt auf die Kleinanzeigen in den *Cambridge Evening News*. Solche Anzeigen werden von Vermietern aufgegeben, die Kautionen wollen, Monatsmieten im Voraus und Garantien, wohingegen ein flüchtiger Bekannter, sagen wir im Eagle, vom alten Wohnwagen im Hinterhof eines Pubs erzählt,

spottbillig, oder von einem Zimmer in einem Wohngemein-
schaftshaus am Ende der East Road, für das man zwar ein bisschen mehr Miete zahlt, doch vertickt der Typ, der da wohnt, das
beste Hasch, das man im Leben je geraucht hat. Meine Finanzen
erlaubten es mir damals nicht, etwas anderes als den Wohnwagen
in Betracht zu ziehen, nur würde der erst Ende der Woche frei
werden, und für die Zwischenzeit blieb mir die Wahl zwischen
dem schmuddeligen Wohnzimmerboden eines Freundes oder
einer Kombination aus Partys, frühmorgendlichen Spaziergängen und der einen oder anderen Stunde Schlaf am Nachmittag
an den Ufern des Flusses oder auf den Granchester Meadows.
Da es Sommer war, entschied ich mich für Letzteres. Zu dieser
Jahreszeit fand immer irgendwo eine Party statt. Die erste dauerte die ganze Nacht, danach zog ich mich im Bad eines Freundes um und machte mich am nächsten Abend wieder auf den
Weg, um mehr vom selben zu erleben.

An jenem Abend begegnete ich Adele. Ich war mit einer jungen Frau unterwegs, an deren Namen ich mich heute nicht mehr
erinnere, obwohl ich sie noch vor mir sehe: ein rundliches Gesicht, das Kinn etwas zu spitz, die Augen von exakt derselben
Farbe wie das flüssige Fondant in Schweizer Schokoladenku-
chen. Wir waren nicht zusammen, und ich weiß nicht mehr genau, wie wir uns kennengelernt hatten oder warum sie plötzlich
beschloss, mich zu diesem Haus abseits der Mill Road mitzunehmen, unweit vom Live and Let Live, einem altmodischen
Vorstadtpub mit Keramikköpfen von jedem nur erdenklichen
Aussehen entlang der Fassade – mein Lieblingskopf war der
eines reizenden Beduinen mit fehlendem Zahn. Wir waren noch
nicht lange dort, als sie mit einem öden, ziemlich weibischen
Typen abzog, also ließ ich mich in den Garten treiben, wo ich

zu den Sternen aufschauen und mich angemessen weltfern fühlen konnte. Ich muss ein ziemlich blödes Bild abgegeben haben,
was Adele nicht daran hinderte, mich von dem Baum herab anzusprechen, in dem sie hockte, fast als gäbe sie in der Aufführung
eines Amateurtheaters die Julia in der Balkonszene.

Rauf oder runter? – das hat sie gefragt, zumindest habe ich das
verstanden, und die Frage verwirrte mich derart, dass ich einen
Moment reglos stehen blieb. Endlich sagte ich mir, sie könne
sich kaum nach meiner geistigen Verfassung erkundigt haben,
und kletterte flink wie Errol Flynn – was sie vermutlich weniger
beeindruckte als mich selbst – auf einen Ast, der jenem gegen-
überlag, auf dem sie hockte.

»Also rauf«, sagte sie, was ungewöhnlich barsch klang, doch
schien sie mit meiner Entscheidung nicht unzufrieden zu sein.

»Selber hallo«, sagte ich.

Sie erwiderte nichts, musterte aber mein Gesicht im Halbdunkel des Lichts aus den Fenstern unter uns – was bedeutete,
ich konnte meinerseits unbesorgt ihr Gesicht studieren, frei nach
dem Motto, was dem einen recht, ist dem anderen billig. Ich
fürchte, in Anbetracht des Halbdunkels sowie des dichten som-
merlichen Laubs klingt es übertrieben, wenn ich sie den schönsten Menschen nenne, dem ich je begegnet bin, doch das war sie.
Selbst in diesem Zwielicht war sie so schön, dass ihr Anblick
schmerzte. Ein geradezu schwindelerregender Schmerz. Adele
beschreiben zu wollen, hieße, keinerlei angemessenen Eindruck
von ihrer Schönheit zu geben, handelte es sich doch um keine
bloß hauttiefe Schönheit – das ist wahre Schönheit nie, eher das
Gegenteil –, nur sollte ich es wohl zumindest versuchen.

Sie war dunkel. Damit meine ich nicht nur, dass sie dunkles Haar und dunkle Augen hatte, auch wenn das stimmte. Ihre

Haut war blass, die Lippen leuchteten knallrot, und die Augen waren von einem satten Tintenblau. Nie zuvor habe ich jemanden mit so dunkelblauen Augen gesehen. Trotz dieses Dunkels aber – einem erhellten Dunkel, sie selbst im Mittelpunkt – glich sie nicht einmal entfernt einem der bleichen, mysteriösen Mädchen aus einem alten Hammer-Film: nichts Vampirhaftes, Romantisches oder Krankhaftes; sie war keine Ligeia, keine Violetta. Eigentlich war sie überhaupt wie nichts und niemand sonst. Schließe ich die Augen, sehe ich sie wieder vor mir, merke aber, dass es mir trotzdem nicht gelingen will, sie zu beschreiben. Es fehlen einfach die Bezugspunkte.

Nachdem wir an jenem Abend etwa eine halbe Stunde im Baum gesessen und Unsinn geredet, geflirtet und uns gegenseitig abgetastet hatten, kehrten wir der Party den Rücken und liefen das kurze Stück zu ihr nach Hause. Ein seltsamer Ort: Sie teilte sich das Haus mit drei anderen Frauen, doch als wir ankamen, war es ruhig und still; bei unserem Gang durchs untere Stockwerk kam es mir weniger wie ein Wohnhaus als wie ein Heimatmuseum vor, eines der Art, wie man sie in englischen Marktflecken findet, gespickt mit schlechten, doch akzeptabel alten Gemälden und an den Wänden Schaukästen mit aufgespießten Schmetterlingen; jeder Tisch und jeder Schrank voll mit ausgestopften Tieren, stillstehenden Uhren und viktorianischem Nippes. Am Fuße der Treppe tickte eine riesige Standuhr, ein gemächliches, spannungsgeladenes Geräusch, das sich durch das ganze Treppenhaus und die darüber liegende Empore ausbreitete.

»Mein Gott«, sagte ich, »wo sind wir hier?«

»Psst!« Sie griff nach meiner Hand und führte mich durchs Dunkel nach oben. Ich konnte kaum etwas sehen und meinte, mich durch ein Labyrinth zu bewegen, statt einfach nur über eine Treppe nach oben zu gehen. Ein sonderbares Gefühl von *Präsenzen* breitete sich aus, Präsenzen, die uns unsichtbar belauerten und die Adele nur umgehen konnte, weil sie ihr so vertraut waren. Der langsame Anstieg schien ewig zu dauern, doch kümmerte mich das wenig, denn ich war wie benommen vor Glück, als wir uns durch dieses Museumshaus bewegten, ich Hand in Hand mit einer völlig Fremden, glücklich wie ein Kind, glücklich, wie sie es im Jenseits sein mögen. Endlich öffnete Adele eine Tür und machte Licht, doch ehe sie mich in ihr Zimmer ließ und die Tür hinter uns schloss, schaute ich noch einmal zurück und sah, dass das Labyrinth, durch das wir uns gerade so behutsam vorgearbeitet hatten, aus einer Reihe großer Imari-Vasen bestand, auf der Treppe verteilt, eine Vase alle zwei, drei Stufen, eine funkelnde Parade absurd zerbrechlichen Porzellans, aufgestellt in einer Weise, die es fast unmöglich machte, die Treppe zu passieren – und im selben Moment wurde mir klar, wie sehr Adele es liebte, so im Dunkeln zu ihrem Zimmer hinaufzugehen, durch das Labyrinth ungesehener Gefäße, vor sich diese leuchtenden Farben, dahinter der tiefe, umschlossene Raum, sie selbst mittendrin, mit langsamen Bewegungen, vorsichtig, lebendig.

Es ist nicht immer möglich, die genaue Abfolge von Ereignissen oder ihre Logik herauszuarbeiten, doch endet alles aus einem Grund. Hat F. Scott Fitzgerald nicht einmal gesagt, der Unterschied zwischen einem Gefühlsmenschen und einem Romantiker sei der, dass der Gefühlsmensch fürchte, Dinge währten nicht ewig, während der Romantiker fürchte, sie könnten es tun? Irgendwas in der Art? An jenem ersten Abend hörten wir ein Käuzchen schreien, mitten in der Stadt, und als wir irgendwann einschliefen, nach dem Morgengrauen, doch ehe die anderen Hausbewohner aufwachten, hatte ich den Eindruck gewonnen, die Welt sei perfekt. Ich zumindest war glücklich. So wahrhaft glücklich wie ein Pionier der Luftfahrt, der vor Freude die Luft anhält, wenn sich die klapprige Maschine in den Äther aufschwingt. Es war, als wäre das Jenseits in die Stadt gekommen – und da hätte ich wissen sollen, dass dies nicht von Dauer sein konnte.

* * *

Wenn das Kind Vater des Mannes ist, war mein kindlicher Vater ein Junge, der die Furcht schon früh kennenlernte. Was, denke ich, kaum überrascht, bedenkt man, dass ich aufwuchs im ständigen Hin und Her zwischen dem angeblich schlichten Bedürfnis des Kindes nach Bestätigung – also dem Bedürfnis, zu lieben und geliebt zu werden – sowie der wachsenden Furcht vor Zurückweisung, die mich Schritt für Schritt durch all meine Schuljahre begleitete, bis sie in etwas gipfelte, das ich mir heute nur noch als eine Art emotionalen Stromausfall vorzustellen vermag. Der Tropfen in das volle Fass war natürlich etwas Triviales. Es geschah am Abend des Schulkonzerts, und ich stand überall im Mittelpunkt, sagte Gedichte auf, deklamierte Monologe aus *Wuthering Heights* und *Hamlet* und spielte in Sketchen und Auszügen aus *Ernst sein ist alles* mit. Dass meine Eltern nicht kommen würden, wusste ich, schließlich waren sie auch zu keinem der früheren Theaterabende gekommen, zu keiner Preisverleihung, ja, nicht einmal zu den Sportfesten – trotz meiner Verachtung für den Sportlehrer und dieser ganzen Umkleideraumethik war es mir gelungen, mich in die Sportmannschaften zu drängen und mit meiner grobknochigen Statur den Vierhundertmeterlauf zu absolvieren, nur gewonnen habe ich nie so richtig, brachte es höchstens einige Male auf einen ehrenwerten zweiten Platz. Ich wusste, mein Vater dachte nicht im Traum daran, heute Abend zu kommen, und meine Mutter war viel zu beschäftigt. Ich behauptete zwar immer, dass es mir nichts ausmachte, doch wie ich da vor dem ausverkauften Saal stand und meinen großen Auftritt hatte – den *Ich komme gleich Euch nach. Geht nur voran!*-Monolog verwurstete –, blickte ich über das Meer frisch geschrubbter und gepuderter Gesichter und sah niemanden, der meinetwegen da war. Sie waren hier, um den kleinen Stewart zu sehen, Andrew oder Jimmy, und natürlich passte es ihnen nicht, dass ich da oben stand, das Scheinwerferlicht für mich allein beanspruchte und *ihren* Blagen keine Chance gab, sich darin zu sonnen. Womit sie natürlich recht hatten. Es war ja schön und gut, wenn ich behauptete, es mache mir nichts aus, doch hatte ich auch keine Mühe gescheut, mir die besten Rollen unter den Nagel zu reißen, und selbst wenn ich mich herabließ, in der Schultheateraufführung den Mercutio statt den Romeo zu spielen (sowieso die bessere Rolle, da ich die Rede der Queen Mab halten und mit jener schamlosen Hand spielen durfte, die dem Mittag an den Zapfen greift), ja, selbst wenn ich mich im Wilde-Stück mit dem Butler zufriedengab, stahl ich doch heimtückisch und nach besten Kräften den kleinen Lieblingen die Show. Und wozu? Da war niemand, der mich sah, zumindest niemand, an dem mir etwas lag. Was ich auch anstellte, ich bekam nicht, was ich wollte, und wie jedes traurige, neunmalkluge, einsame Kind wollte ich nichts weiter, als geliebt zu werden.

Trivial, natürlich, doch im Großen und Ganzen seltsam maßgeblich, gar prägend. Als ich später von ebendieser Schule flog, war ich zwar klug genug zu wissen, dass ich auf die meisten entscheidenden Dinge im Leben keinen Einfluss besaß, nicht aber klug genug, mich daran zu hindern, das bisschen Macht, das ich besaß, auch noch aufzugeben. Ich kann nicht sagen, ob dieser gewöhnliche, hausbackene, psychologische Schaden meine natürliche Neigung zur Apophänie verstärkte, doch weiß ich heute, dass jenes Kind, das mir ein Vater war, mit einem ganzen Zirkus von Todesengeln und Wildnisvisionen im Kopf aufwuchs und enorme Anstrengungen für den geistigen Kampf aufbrachte, sie zu besänftigen. Auch wenn es pervers klingen mag, derlei heute zu behaupten, lag das einzige Anzeichen für geistige Gesundheit, der einzige Hinweis auf eine Vernunft – und sei es noch so heikel um sie bestellt – darin, dass der Junge besänftigen und nicht dominieren oder gar ausmerzen wollte. Es ist dem Jungen zugutezuhalten, dass er nie für Exorzismus zu haben war – damals jedenfalls nicht –, wusste er doch in irgendeinem Winkel seines Hirns, dass bei jedem erfolgreich durchgeführten Exorzismus die Engel mit den Dämonen getötet werden.

Dieses fragile Gleichgewicht auf Dauer zu erhalten, ist ohne Beigabe von ein wenig Romantik fast unmöglich – und ich finde, Fitzgerald hatte recht: Das entscheidende Merkmal des Romantikers ist die Furcht, etwas – irgendetwas – währe ewig. Wenn ich nun an jene erste, idyllische Begegnung zurückdenke, könnte ich behaupten, sie wäre nur die typische Eitel-Sonnenschein-Phase gewesen – etwas, worin ich, ergänzt um ein bisschen sexuelle Vieldeutigkeit, im Laufe der Jahre recht gut geworden war, doch entspräche das nicht der ganzen Wahrheit. Die nämlich lautet eher wie folgt: Ich stolperte durchs Leben mit einem Kopf voller Stimmen und gab mir größte Mühe, normal zu wirken, konnte aber nicht verhindern, gelegentlich ins psychotische Ende des Spektrums abzudriften, diese ultraviolette Zone, in der Liebe und Tod nicht so klar wie gewöhnlich voneinander getrennt sind, jenen Bereich von Edgar Allan Poe und *Das Schreckenshaus des Dr. Rasanoff*, in dem nur eines gewiss ist: Die, die man liebt, verletzt man immer. Deshalb jedenfalls fürchtete ich Adele von jenem ersten Morgen an, fürchtete ihre Vollkommenheit, ihre Schönheit und das, was wir gemeinsam vielleicht anstellen würden. In verwässerter Form hatte ich diese Furcht bereits zweimal erlebt, durch Adele aber lernte ich sie unverdünnt kennen, und es war kaum zu übersehen, wie sehr etwas tief in ihr – auch wenn es ihr noch so gut gelang, äußerlich normal wie jedwede andere Frau zu wirken – meine eigenen romantischen Fantasien so präzise spiegelte, dass wir diese, sollte sich die entsprechende Gelegenheit bieten, vielleicht bis zu ihrem bitteren Ende ausleben würden. Rückblickend könnte ich heute behaupten, das hätte ich nur in sie hineininterpretiert, sie sei bloß eine unbeteiligte Zufallsbekanntschaft gewesen, die sich unabsichtlich zu weit in die Welt eines gestörten, auf einer Party kennengelernten Fremden vorgewagt hatte. Doch selbst wenn das wahr wäre – und unsere späteren Eskapaden legen nahe, dass dem nicht so war –, hätte es keinen Unterschied gemacht. In solcherlei Angelegenheiten wird das Ergebnis nicht von dem beeinflusst, was Fantasie ist und was nicht. Es gibt einen kurzen Wortwechsel in *Wer hat Angst vor Virginia Woolf?*, der etwa folgendermaßen lautet:

Martha: Wahrheit und Illusion, George. Kennst du eigentlich den Unterschied?
George: Nein, aber wir müssen weitermachen, als ob wir ihn kennen würden.

Also *das* nenne ich eine Definition von normal. Eine erstaunliche Gabe zur Selbsttäuschung. Das gewöhnliche *Als ob*, das die Tage miteinander verknüpft. Wir müssen so tun als ob, sagte Stendhal. Wenn uns das nicht mehr gelingt, sind wir verloren. Und wer sich nicht selbst täuschen kann, der laufe davon.

Am Ende bin ich davongelaufen, wenn auch nicht schnell genug. Die Details dessen, was zu meiner Flucht führte, sind schwerlich interessant und alles andere als klar umrissen. Nichts von dem, was ich in jenen Tagen tat, hielt lange vor; und besessen vom Mysterium der Furcht rückte, was als Liebesgeschichte begann, rasch zu jenem Ort vor, an dem zwei Menschen herauszufinden versuchen, wie weit sie gehen können – während all der Zeit aber verwirrte mich mein Tun, was auch für sie galt, obwohl ich die treibende Kraft war. Ich war stets derjenige, der weiterdrängte, immer derjenige, der aufs nächste Spielfeld vorrückte, und am Ende war ich es auch, der sich von jener düsteren Zärtlichkeit überwältigen ließ, die zwischen uns aufgekommen war, der Erste, der fortlief, der Erste, der widerrief – und der Erste, der sich fragte, wann es nach unserem letzten betrunkenen und leicht übelkeiterregenden Nachmittag im Haus der Vasen und stillstehenden Uhren eigentlich schiefgelaufen war.

* * *

Im Zug nach Waterloo mit Schlips und adrettem Jackett – das lasche Beamtenleben erlaubte es mir, nicht während der Rushhour, sondern am späten Vormittag zu fahren, wenn der übliche Pendleransturm bereits nachgelassen hatte – machte ich es mir gerade mit einem guten Buch bequem, als ein Geist durch den Gang meines Abteils schritt. Anfangs konnte ich es nicht glauben. Sie schien sich auf den ersten Blick kaum verändert zu haben – das Haar ein wenig kürzer, die Augen nicht mehr ganz so dunkel, und sie trug einen marineblauen Hosenanzug, als wäre sie unterwegs zu einem Businessmeeting –, trotzdem glaubte ich, mich irren zu müssen. Ich nehme an, ihr ging es ähnlich, und noch im letzten Moment vor dem eigentlichen Wiedererkennen – vielmehr vor der Sekunde, in der ich mich damit abfand, dass das, was ich sah, weder Illusion noch Sinnestäuschung war – hätte ich sie vorübergehen lassen können. Vielleicht hätte ich das tun sollen, sie aber entschied sich dafür stehen zu bleiben, sich hinzusetzen und uns dann, als wären wir nichts weiter als alte Bekannte, die sich zufällig auf dem Weg zur Arbeit begegneten, durch jene Art Konversation zu steuern, wie sie unter derlei Umständen vermutlich typisch war. Bis London redeten wir ohne Unterlass: Sie arbeite für eine Unternehmensberatung, sagte sie, hielt sich mit Einzelheiten aber sehr bedeckt, und nein, sie wohne nicht in Woking, sondern in Hampshire, in einem Dorf unweit von Alton. Sie war verheiratet, hatte keine Kinder, und was war mit mir? Sie schien es amüsant zu finden, sich mich in einem Büro vorzustellen, machte aber nicht zu viel Aufhebens darum. Eigentlich schien ihr nichts sonderlich wichtig zu sein, sah man einmal von der Tatsache ab, dass ich in Guildford wohnte, wo sie samstagnachmittags manchmal einkaufen ging; und nach und nach entspannte ich mich, überließ mich dem Glauben, diese Begegnung könne als eines jener schmerzlichen, letztlich aber leicht zu vergessenden Missgeschicke in die Annalen eingehen, die das Schicksal hin und wieder provozierte, um uns an das zu erinnern, was hätte gewesen sein können. Natürlich musste ich all meine Selbstbeherrschung aufbieten, sie auf der Fahrt in die Stadt nicht nach ihrem Mann zu fragen, doch außer ihrem kurzen Hinweis auf seine Existenz wurde er nicht weiter erwähnt – auch wenn *er* vielleicht jenen schlichten Tatbestand verkörperte, der es uns erlaubte, mit leichtem Gepäck zu reisen, gefährliche Erinnerungen zu umschiffen, uns als Menschen darzustellen, die wir nicht wirklich waren, und uns an der Waterloo Station ohne offenkundiges Bedauern zu trennen, um unserer Wege zu gehen, sie zu ihrem nächsten Kunden, ich zu einem dieser endlosen Infrastrukturmeetings. Wir vereinbarten nicht, uns wiederzusehen, obwohl wir nur wenige Haltestellen auseinander wohnten, und auch wenn am Ende eine spürbare Spannung zwischen uns herrschte, trennten wir uns so einvernehmlich wie vernünftige Leute. Doch selbst gut einen Monat nach dem Moment, als sie sich im Fortgehen umdrehte und sich das allerflüchtigste Lächeln gestattete, tapste ich noch wie in einem Nebel aus Schmerz und Kummer und sagte mir, dass sie genau dies geworden war: vernünftig, verheiratet, normal.

* * *

Auch unser nächstes Treffen geschah zufällig, sofern man dies glauben mag. Es kam dazu an einem Samstagnachmittag, an dem ich durch Guildford schlenderte, vorgeblich auf der Suche nach einem neuen Toaster. Wie es sich so traf, fühlte ich mich an jenem Tag gut, wenn auch ohne sonderlichen Grund. Alles war im Lot, und das war immer gut. Ich hatte keine bösen Träume oder Visionen, hörte keine Stimmen in der Nacht, wenn ich wach im Dunkeln lag und zu schlafen oder herauszufinden versuchte, wie sich alles, was ich sah, durch sieben teilen ließ. Ich langweilte mich nicht einmal. Ich ging einkaufen, und auch wenn dies noch so trist klingt, überrascht es doch, wie an einem guten Tag selbst die unbedeutendste Routine zu einem Vergnügen werden kann. Die Japaner nennen es *wabi-sabi*: ein Zustand alltäglicher Gnade, in dem gewöhnliche Dinge und Ereignisse zu Sakramenten werden. D.T. Suzuki schrieb: »Wabi heißt, zufrieden zu sein mit dem Platz für zwei, drei Tatami-Matten, mit einer kleinen Hütte ähnlich der von Thoreau, sowie mit dem auf nahem Feld geernteten Gemüse, vielleicht noch dem Laut sanft plätschernden Frühlingsregens.« Eine Weile strebte ich nun schon halbherzig danach, hatte aber, vielleicht eben wegen dieser Halbherzigkeit, immer noch große Probleme. Dennoch redete ich mir ein, *wabi-sabi* könne eine Lösung sein für jenes wiederkehrende Problem, das ich mit von John Berryman geliehenen Worten mein *Das Leben, meine Freunde, ist langweilig*-Problem nannte – was sich darin äußerte, dass ich, selbst wenn ich von Zeit zu Zeit eine tiefe Verbundenheit spürte, gar ein profundes Gefühl der Anwesenheit, mich nach wenigen Minuten, einer Stunde oder einem Nachmittag erneut der Tatsache gegenübersah, irgendwann zurück ins Büro zu müssen. Ich fürchte, diese banale Wahrheit enthielt den Ursprung meiner ausgeklügelten Jenseitsfantasie: Letzten Endes nämlich war das Jenseits ein Zustand, in dem man nicht zurück ins Büro musste. Wie Berrymans Mutter ihrem Jungen sagte: Wer behaupte, das Leben sei langweilig, der gestehe, über keine inneren Ressourcen zu verfügen – und ich wollte einen Weg finden, mich mit genügend inneren Ressourcen zu versehen, um mit einem normalen Leben im Surbiton der realen Welt fertigzuwerden, einem Surbiton, das so ganz anders war als das meiner Vorstellung. Und das *wabi-sabi* von Toastern schien mir für diese Gemengelage ein guter Ausgangspunkt zu sein.

Es war ein kühler Tag, in der Luft eine Andeutung von Regen. Adele trug einen langen marineblauen Wintermantel mit blauem Kapotthut und blausilbrigem Seidenschal. Ich sah sie, ehe sie mich sah, und hätte in einen Hauseingang schlüpfen können, um unsere Begegnung zu vermeiden, tat es aber nicht. Sie ging langsam, einen abwesenden Ausdruck im Gesicht, und ich wusste, ich war nicht wegen eines Toasters in die Stadt gekommen, so wenig wie ich seit drei Wochen jeden Samstag in die Stadt gegangen war, um guten Kaffee zu besorgen, ein Paar Winterschuhe oder eine kleine Tüte mit Appetithäppchen aus dem Guildforder Käseladen. Ich hatte nach *ihr* gesucht – und einen Moment lang fragte ich mich, ob sie ihrerseits nach mir suchte, wie sie da allein die North Street entlangspazierte, irgendwie fern der vorbeihastenden Einkäufer, deren Gesichter mir so nah schienen, dass sie vor meinen Augen verschwammen. Sie *war* fern, abwesend, vollkommen – und ich konnte nur stehen bleiben und warten, bis sie mich erreichte. Einen flüchtigen Moment lang fragte ich mich, wo ihr Mann war – dann sah sie mich, und ich merkte, wie sehr sie sich freute, mich zu sehen. Damals hatten wir nur kurz Zeit für eine Tasse Kaffee, doch griffen wir an diesem Tag jene beunruhigende Geschichte wieder auf, die Jahre zuvor unterbrochen worden war. Es war genau dieselbe Geschichte; der einzige Unterschied bestand darin, dass wir diesmal beide wussten, worauf wir uns einließen; und was grob und ungeschlacht gewesen war, sollte nun in etwas Zärtlicheres, etwas Wissendes, Forschendes, Neugieriges und, solange es andauerte, weit Eleganteres verwandelt werden, als wir uns beide dies hatten vorstellen können.

Der Heimwerker und Handwerker oder:
Handbuch eines Vorstädters zur Selbstmedikation

Es gibt ein Bild von Edward Hopper, das mir besonders gut gefällt: *Early Sunday Morning*, 1930. Es zeigt eine Reihe kleiner Backsteinläden in einer gewöhnlichen Straße, die Art Straße, wie man sie bis vor nicht allzu langer Zeit überall in Amerika fand: kleine Geschäfte im Erdgeschoss, darüber winzige Wohnungen, davor ein Friseurpfosten und auf dem Bürgersteig ein Hydrant, der im frühen Morgenlicht einen langen Schatten wirft. Es ist zwar unmöglich, die Schriftzüge in den Schaufenstern zu erkennen, doch male ich mir gern aus, dass das Geschäft mit der Markise gleich neben dem Friseur ein Diner ist, einer von der Sorte, in dem die Kellnerin ihre Gäste »Schätzchen« nennt, wenn sie vorbeikommt, um Kaffee nachzuschenken und den neusten Klatsch zu erzählen. Nebenan verbirgt die braune, leicht unheimliche Fassade einen Buchladen, einen schmalen Raum für all die schönen, alten Gartenhandbücher und Geschichten des Brandywine Valleys, die niemand mehr will, Bücher mit gebrochenen Rücken, die Seitenränder staubig. An Wochentagen kümmert sich ein ältlicher Herr um das Geschäft, und jeden Morgen bringt ihm seine Enkelin eine braune Tüte voller Bagels und Frischkäse, nur heute bleibt der Laden leer, so wie auch der Friseur und das Diner. Leer wie die Straße, diese besondere, metaphysische Leere eines Sonntagmorgens, die Straßen ruhig und still, die Schatten lang und fahl, der alte

Buchhändler und seine Nachbarn im ersten Stock schlafend in ihren Zimmern hinter billigen Vorhängen und Jalousien.

Die Sonntage am Worplesdon-Ende von Guildford unterschieden sich nicht gar so deutlich vom Alltag, doch kam es vor, dass ich zum Zeitungshändler ging, zwei Straßen weit, und dann, wenn zufällig wirklich niemand unterwegs war, Hoppers Bild vor mir sah: die Ladenreihe, die langen Schatten, den einsamen Bürgersteig, die Sonntagmorgenleere. Was ich sah, war ästhetisch vielleicht nicht so befriedigend: Der rote Ziegelstein fehlte, die unheimliche braune Fassade, der Friseurpfosten vor dem graubeigen Salon, doch blieb genug, um dieses eigenartige Gefühl von Licht und Räumlichkeit heraufzubeschwören. Ich nehme an, genau dafür wird Kunst gemacht: Wir produzieren Bilder, Lieder und Geschichten, um diese kleinen Wunder vor unserem geistigen Auge zu erschaffen, um uns daran zu erinnern, dass alles verwandelt werden kann. Zumindest nahm ich dies an jenem besonderen Sonntagmorgen an, wenige Wochen, ehe ich Adele wiedertraf – ein Morgen, an dem mir das Bedürfnis nach Verwandlung stärker als üblich zusetzte, da meine wunderbaren Pläne gescheitert waren und mein angeblich normales Leben einem mit frühsonntäglichem Bedauern unterlegten Katalog armseliger Abenteuer glich. Ich hatte einen Kater, war müde, litt unter meinem schlechten Gewissen und jenem Durst, der nicht nur die Kehle quält, sondern sich wie ein Fieber in jede Faser des Körpers ausbreitet. Schlimmer noch war, dass ich einem Sammelsurium übler Erinnerungen an den Abend zuvor nachhing, die mich beinahe ebenso plagten wie die Erinnerung an den Blackout, der irgendwann zwischen der letzten Party – auf der ich Wodka direkt aus der Flasche trank und einen scheinbar ewig währenden Joint vor einem Wohnwagen am Rande eines schlammigen Ackers rauchte – und dem kalten Wohnungsflur eingesetzt hatte, in dem ich beim ersten Tageslicht gänzlich bekleidet aufgewacht war.

Schon ehe ich Adele in jenem Zug nach Waterloo traf, hatte ich also eingesehen, dass ich in Schwierigkeiten steckte, auch wenn ich mir einredete, für einen Apophäniker bereits einen langen Weg zurückgelegt zu haben: Ich hatte eine feste Stelle, wohnte in einem recht hübschen Haus und hatte sogar ein wenig Geld gespart – nur war ich von meinen Ausschweifungen am Samstagabend gelangweilt, von den vermeintlichen Freunden, die ich mir für meine Eskapaden auswählte, von den Gregs und Ginas dieser Welt. Vor allem aber war ich von der fortwährenden Last *meiner Selbst* gelangweilt und so verzweifelt wie wütend, weil ich nicht erreichen konnte, was ich mir vorgenommen hatte, als ich ins südliche England gezogen war. Seit einer gefühlten Ewigkeit wohnte ich jetzt schon in der Vorstadt und hatte immer noch keine Ahnung, wie man ein normales Leben führte. An einem Sonntagmorgen sollte ich doch wieder ins Bett gehen mit einem Tablett voll Toast und frisch gebrühtem Kaffee, auf dem Nachtschränkchen ein gutes Buch, Sonnenlicht, das in goldenen Strahlen ins Zimmer fiel und sich in den Kniffen und Falten der Bettwäsche sammelte, im Radio Händel oder Vivaldi. Stattdessen lungerte ich vor den Läden herum, versuchte, Edward Hopper im Schaufenster des Friseurs zu finden, die Kehle trocken wie ein Reibeisen, der Verstand von den grässlichen Vorstellungen dessen aufgewühlt, was ich zwischen Acker und Flurteppich getrieben haben mochte. Ich begann einzusehen – lange, nachdem ich es hätte einsehen sollen –, dass es Zeit für eine weitere Veränderung wurde. Nicht bloß für eine Veränderung, sondern für eine Verwandlung, für neues Klima, ein neues

Leben, eine radikale Operation. So jedenfalls kam es mir an jenem Morgen in meinem fiebrigen Zustand vor: ein Seelentransfer war vonnöten, ein Aufbruch, ein Augenblick aus dem Buch der Erleuchtungen. Eine frühsonntägliche Vision nach der Schwärze des Samstagabends, und obwohl ich wusste, dass ich ihr nicht trauen konnte – da man nichts von dem, was ein Büßer an einem Sonntagmorgen vorbringt, gänzlich trauen darf –, hatte ich doch sonst nichts, woran ich mich halten konnte.

Kurz gesagt, es war wieder einmal der Moment für gute Vorsätze gekommen – und als ich mich wenige Wochen später ein zweites Mal in Adele verliebte, schien es mir umso drängender, *etwas zu tun*. Ich brauchte Veränderung. Ich musste eine Art Ordnung finden. Vielleicht wieder zurück zu diesen Treffen gehen.

Hi, ich heiße John und …

Nein, das brachte ich nicht über mich. Es hatte früher nicht funktioniert und würde diesmal sicher auch nicht klappen. Jedenfalls nicht für mich – außerdem wollte ich die ehrlichen Menschen in dem braunen Saal, die lang und hart um ihre Nüchternheit gerungen hatten, nicht damit beleidigen, dass ich nur so tat als ob. Letztlich lag es sowieso allein an mir, mich in den Griff zu bekommen. Niemand sonst konnte das für mich tun. Tief in mir drinnen hörte ich, wie mein Vater mir diesen Rat gab, und ich schätze, auf einer Ebene gleichsam kindlicher Ironie muss es mir gefallen haben, gerade dieser Stimme zu folgen, redeten doch all die anderen aus dem Schatten mahnenden Stimmen, die der Nonnen, Priester, freundlichen Lehrer und liebevoll strengen Tanten, nur in den Wind. Es muss derselbe Geist kindlicher Perversion gewesen sein, der die drei Stufen vorgab, die ich als Nächstes bewältigen wollte – für ein Zwölf-Stufen-Programm war ich wohl noch nicht bereit –, denn dabei ging es um dreierlei, das mein Vater nie erreicht hatte. Als Erstes wollte ich vollständig mit dem Trinken aufhören, als Zweites den Führerschein machen, und als Drittes wollte ich mir eine bessere Stelle besorgen und ein Haus kaufen. Ziemlich grundlegendes Zeug – nach Surbiton-Maßstäben eigentlich sogar ein Minimum –, dennoch betrat ich damit Neuland. Später würde ich mir dann vielleicht noch faszinierende Hobbys zulegen und Kreuzfahrten buchen, für den Anfang aber sollten diese drei Stufen genügen. Zum ersten Mal in meinem Leben, so traurig und un-*wabi-sabi* dies auch klingen mag, wollte ich etwas *haben*, wollte etwas anderes als ein umherziehendes Phantom sein, das sich in den Vorstädten verkroch, weil es kein besseres Versteck fand. Ich wollte Geld haben, wollte *Dinge* besitzen.

Schuhe zum Beispiel.

In meinem Teil der Welt bekamen Kinder jeden Sommer ein neues Paar leichter Schuhe – Strandschuhe oder Turnschuhe –, die sie bei jedem Wetter trugen, ob regnerisch oder trocken, heiß oder kalt, Schuhe, mit denen sie durch das hohe Gras um den alten Schlachthof liefen oder die Straßen abwanderten auf der Suche nach Pfandflaschen, damit sie in die Samstagsmatinee gehen und sich Stewart Granger in *Scaramouche* ansehen konnten. Die Schuhe galten als ein Symbol dafür, wer und was wir waren: derbe Lederschuhe im Winter, Turnschuhe im Sommer, Flicken auf der Innenseite der Hosenbeine, weil sie dann weniger sichtbar waren, Hemdkragen auf links gedreht, wenn sie zu abgewetzt aussahen. Lange besaß jeder, den ich kannte, nur ein Paar Sommerschuhe, mehr nicht. Eines Tages aber tauchte ein Junge namens Daniel Mitte August mit brandneuen schwarzweißen Chucks statt mit den weißen Turnschuhen auf, die er in den Monaten zuvor getragen hatte. Nur Wochen später kaufte sich sein Dad ein Auto – einen Austin Cambridge –, und da wussten wir, dass Daniels Familie *bessergestellt* war. Nicht unbedingt reich – reiche Leute wohnten nicht in Fertighäusern –, aber reich genug, um sich die kleinen Extras im Leben leisten, in Urlaub fahren und Sonntagsausflüge mit dem Wagen unternehmen zu können. Ich weiß noch heute, wie diese neuen Chucks aussahen und wie geräumig das Auto wirkte – aber ich habe auch nicht vergessen, wie unangenehm mir diese Anzeichen von Wohlstand waren, diese *Dinge*. Ehrlich gesagt fühlte ich mich im Stich gelassen, fühlte mich verraten, und noch Jahre, nachdem ich von zu Hause fortgegangen war, beschränkte ich meinen Besitz aufs Notwendigste: einige Kleider, ein paar Bücher, einen Rasierer und eine Zahnbürste. Ich habe es immer einfacher gefunden, es bei einem Paar Schuhe zu belassen, mich mit den billigen Plätzen im Kino abzufinden, mit einem Mietzimmer, in dem es nur einen Tisch, einen Stuhl und ein schmales Bett gab, schlicht, kahl, fast leer. Diese Schlichtheit aber schien mir nun heuchlerisch. Das war keine *via negativa*, wie ich mir eingeredet hatte, kein *wabi-sabi*, sondern etwas weit Gewöhnlicheres. Während all meiner schuhlosen Jahre hatte ich nicht als *wabibito* gelebt, als jemand, der aus Alltäglichem, aus einfachen Dingen und Ereignissen das Beste zu machen versteht; ich war bloß das gewesen, was die Japaner einen *makoto no hijin* nennen, also ein armer Mensch. Und ich war nicht arm gewesen, weil ich mich für die Armut entschieden hatte, sondern weil ich nicht halten konnte, was mir gegeben worden war, und dies habe ich dann zur Tugend erklärt. Ich war kein Mönch, kein Clochard, ich war nicht arm, ich war nur pleite.

* * *

Wie sich herausstellte, war es so einfach, eine neue Stelle zu finden, dass ich mich überrascht fragte, warum ich es nicht schon viel früher versucht hatte. Ich war im öffentlichen Dienst gründlich ausgebildet worden, und es bestand eine hohe Nachfrage nach meinen Fähigkeiten. Kaum zwei Monate nach meiner Begegnung mit Adele auf der North Street arbeitete ich für eine Firma in Thames Ditton als Werbezeitverkäufer und verdiente das Dreifache dessen, was mir das Ministerium gezahlt hatte, weshalb ich anfing, nach einem Haus auf der Südseite von Guildford zu suchen, wo man für eine Hypothek in der Höhe, wie ich sie mir mit meinem neuen Gehalt leisten konnte, noch etwas Anständiges finden konnte. Um Weihnachten einigte ich mich schließlich mit meiner meist abwesenden Mitbewohnerin darauf, zu gleichen Teilen eine heruntergekommene, dringend renovierungsbedürftige Haushälfte in Bramley zu kaufen. Allein hätten wir es uns beide nicht leisten können, also trafen wir ein ungewöhnliches, aber beidseits zufriedenstellendes Abkommen: Sie erhielt einen Zufluchtsort, zu dem sie jederzeit zurückkehren konnte, und ich bekam mein Haus. Etwas, das ich herrichten konnte. Ein Versteck. Meist wohnte ich darin allein – Adele war außer mir und meiner Mitbewohnerin der einzige Mensch, der je einen Fuß in dieses Haus setzte –, und ich war in Surbiton angekommen. Zumindest kam es mir so vor.

Endlich brach also die Zeit für Kakao an, für Sonntagsspaziergänge und fürs Heimwerken, Zeit, Laub zu rechen und die Decke zu streichen. Bald hatte ich mit dem Trinken aufgehört, und ich ernährte mich anständig. Ich entwickelte eine Routine und war die meiste Zeit eher zurechnungsfähig, kaufte mir einen neuen Anzug, einen Samsonite-Aktenkoffer, den ich jeden Tag zur Arbeit und zurück nach Hause trug, ein halbes Dutzend Oxford-Hemden, drei Paar Schuhe, die meine Mutter *gute Schuhe* genannt hätte, und baute mir nach und nach den Anschein eines normalen Lebens auf. Ich zog in die Vorstadt, weil ich bewusst leben, mich nur mit den wesentlichen Dingen des Lebens auseinandersetzen und zusehen wollte, ob ich das nicht lernen konnte, was es mich zu lehren hatte, um nicht auf dem Sterbebett einsehen zu müssen, dass ich nicht gelebt hatte. Endlich stand ich also an der Schwelle zum guten Leben: zu Haus und Heim, Heim und Garten, zu Heimwerker und Handwerker.

Und es gab viel zu tun. Zum Haus gehörte ein langgezogener, schmaler Grünstreifen, der zu einem Nebenarm des Basingstoke Canal hinabführte. Man hatte den Garten jahrelang vernachlässigt, weshalb er hoffnungslos zugewuchert war; also kaufte ich mir einen Spaten und fing an zu graben. Im Haus war die Küchendecke dunkel vom Nikotin der vielen Zigaretten, die der frühere Bewohner offenbar pausenlos geraucht hatte, und ich stand tagelang auf einer Trittleiter und schrubbte den Putz mit Sodareiniger ab, während mir Teer ins Haar und übers Gesicht rann. Das Treppenholz zeigte ein hässliches Gemisch aus Farbe und Lack, das hier und da abgeplatzt war. Darunter schimmerte ein warmer goldener Kieferton durch; also besorgte ich mir Drahtwolle und Abbeizer und machte mich an die Arbeit. Ich besaß als Heimwerker nicht die geringste Erfahrung, da mich mein Vater keine jener nützlichen Fertigkeiten gelehrt hatte, die Väter ihren Söhnen beibringen sollten. Folglich musste ich alles von der Pike auf lernen, stellte aber zu meiner Überraschung fest, dass ich ziemlich gut in diesen profanen Dingen war, mit denen sich Menschen in den Vorstädten so beschäftigen: Tapeten abziehen, schmirgeln, gärtnern, heimwerken, Büsche pflanzen, chinesisch kochen oder mit Holz arbeiten. Eine Zeit lang fühlte sich das richtig *wabi-sabi* an oder doch wie der Beginn von etwas Ähnlichem. Diese simplen Tätigkeiten gefielen mir, zumindest gab ich mir Mühe, und sobald ich mich halbwegs eingerichtet hatte, legte ich mir auch ein Hobby zu und begann mit Penjing, die chinesische Art der Baumcontainerkultur, nicht ganz so strikt wie Bonsai, aber ähnlich elegant und beruhigend. Kaum war ich meine Laster los, lebte ich gesund wie nie, joggte jeden Morgen vor der Arbeit acht Kilometer und kam abends nach Hause, um einige Stunden zu lesen, ehe ich ins Bett ging. Der Stellenwechsel brachte es mit sich, dass ich mich den neuen Kollegen als anständigen, womöglich leicht religiösen Nerd zeigen konnte, der aber freundlich und in seinem Job gut war, ein ehrlicher Durchschnittskerl, jemand, dem man durchaus Kunden präsentieren konnte. Mein Boss, ein untersetzter, schnurrbärtiger Typ namens Ray, der mich an einen polnischen Schauspieler erinnerte, gab mir die interessantesten Aufgaben und ließ mich mit Leuten arbeiten, die wirklich Ahnung hatten – weit und breit kein *Mastermind*-Kandidat – und für eine der größeren europäischen Rundfunkgesellschaften eine komplette Systemanalyse durchführten. Es war schon seltsam. Ich will ja nicht gerade behaupten, dass das Büroleben interessant war, aber es hätte deutlich schlimmer kommen können. Mich plagten weiterhin Schlafstörungen, aber ich hörte nur noch selten Frauen oder Kinder aus Wänden oder Rohrleitungen nach Blut und Erlösung schreien.

Ich konnte es kaum glauben. Plötzlich hatte ich herausgefunden, wie man normal lebt, und eine Weile, in der ich vollauf mit Hand- und Heimwerken beschäftigt war oder damit, Neues zu lernen, etwa wie man Marmelade einkocht oder Zitronentorte nach Shaker-Art backt, bedeutete *normal* für mich eine tiefe und hoffentlich anhaltende Zufriedenheit, besonders am Wochenende. Ich achtete zudem darauf, in meinem Alltag kein Surbiton-Klischee auszulassen, weshalb ich am Sonntagmorgen mit Adele nach Selbourne spazierte oder mit ihr über Trödelmärkte stromerte, Antiquitäten in die Hand nahm, ihre Herkunft zu erraten versuchte und mich mit den Standbetreibern auf ein Gespräch einließ. Ich lernte Surreys Gemeindehäuser lieben, in denen immer irgendein verstaubter Nippes auslag, viktorianischer Schmuck etwa oder die bescheidenen Anfänge einer lebenslangen Porzellansammlung. Alles war auf eine feine Weise sinnlich und kündete von *le temps perdu*, selbst kleinste Dinge besaßen ein komplexes Gewebe aus Patina und Brandsprüngen, waren Bruchstücke einer Erzählung, die sich aus Papier oder Holz ablesen ließ. Eine umgedrehte Schale verriet einen Hauch lokaler Anmut, der Anflug von Gold am Rand eines Glases, die verblasste, handschriftliche Notiz in den Marginalien eines alten Buches – all das war so wunderbar *bourgeois* und bodenständig, dass ich lange glaubte, ich bliebe auf immer in der Vorstadt.

* * *

Unterdessen sah ich Adele, sooft ich konnte – und angespornt von dem Gedanken, dass ich sie noch öfter sehen könnte, wenn ich ein Auto besäße, meldete ich mich für Fahrstunden an. Stillschweigend, denn auch wenn es vielleicht albern klingt, schämte ich mich dafür, dass ich noch nicht fahren konnte und den Führerschein nicht wie offenbar all die übrigen männlichen Vorstädtler drei Tage nach meinem siebzehnten Geburtstag gemacht hatte. Dabei wäre seinerzeit wohl kaum Gelegenheit dafür gewesen; außerdem hatten mich motorisierte Fahrzeuge noch nie sonderlich interessiert, auch wenn mein Vater während meiner ganzen Kindheit gern damit geprahlt hatte, er würde mir eines Tages EIN AUTO kaufen. Wenn er einen über den Durst getrunken hatte und guter Laune war, verkündete er oft, er wolle mir zu meinem siebzehnten Geburtstag EIN AUTO kaufen, damit ich hinfahren konnte, wohin ich wollte, denn EIN AUTO bedeute Freiheit. Er selbst hatte kein Auto, behauptete aber, fahren zu können – er habe es in der Armee gelernt, sich aber nie um einen Führerschein gekümmert. Big John Reddington, mein Onkel, war da anderer Ansicht. Er ließ meinen Vater einmal mit seinem Auto fahren, ein Entschluss, den er fast nicht lange genug überlebt hätte, um ihn bereuen zu können. Noch Jahre später erzählte er gern die Geschichte, die er damals sicher weniger amüsant gefunden hatte, als sie knatternd und rumpelnd losfuhren, mit vollem Karacho den Hügel hinterm Haus meiner Großmutter hinab.

»Bist du sicher, dass du weißt, was du tust?«, fragte er, nervös geworden vom hektischen Getue, mit dem mein Vater den Wagen in Gang zu setzen versuchte.

Genervt erwiderte mein Vater: »Jetzt gib mir eine Minute. Ich kenn mich mit diesem Modell nicht so aus.«

»Aye«, sagte Big John, »stimmt schon, du hast wirklich keine Ahnung.«

Das dürfte meinen Vater geärgert haben, aber er hatte den Motor endlich zum Laufen gebracht, bloß war bald nicht mehr zu übersehen, dass ihm auch unklar zu sein schien, wie man den Wagen in die gewünschte Richtung lenkte, und da Big John ein praktisch veranlagter Mensch war, begann er sich zu fragen, ob mein Vater wenigstens wusste, wie man bremste. Wirklich mit der Angst zu tun aber bekam er es, als er sah, wie mein Vater, der stets glaubte, mit einem selbstbewussten Auftreten sei jede

Schlacht schon halb gewonnen, das Gaspedal bis zum Boden durchdrückte und sich dabei weit vorbeugte, den Blick fest auf die Straße geheftet. Im selben Moment fiel Big John nämlich wieder ein, dass mein Vater aus Eitelkeit keine Brille trug, aber katastrophal kurzsichtig war. Trotzdem blieb Onkel John gelassen, gehörte er doch nicht zu denen, die leicht in Panik gerieten. »Nun mal ein bisschen langsamer, Tommy«, sagte er. »Für diese Straße fährst du einen Tick zu schnell.«

Mein alter Herr hatte inzwischen allerdings beschlossen, dass er seine Sache gut machte. Er musste sich zwar noch an dieses Modell gewöhnen, bekam aber allmählich den Bogen raus. »Nun gib Ruhe, John«, sagte er. »Du störst meine Konzentration.« Und die brauchte er dringend, da der Wagen sich einer engen Kurve näherte, und Big John war sich nicht sicher, ob sie es wirklich schaffen würden.

Im selben Moment begann wohl der Ringkampf. Mit einem wachsenden Gefühl von Dringlichkeit gelang es meinem Onkel – der aus gutem Grund *Big* John hieß –, meinen Vater zu überwältigen, das Steuer an sich zu reißen, die Hand an die Handbremse zu legen und den Wagen, kaum war der Fuß meines Vaters vom Gaspedal gerutscht, an den flach ansteigenden Straßenrand zu lenken, sodass das Auto keinen Schaden nahm, den er nicht selbst reparieren konnte, und die beiden Männer fast unversehrt blieben. Kaum hatte sich der Staub gelegt, lehnte Big John sich zurück und blickte sich um. Zum Glück gab es keine Zeugen. Und keine Verletzten. »Mein Gott«, sagte er. »Und ich hab geglaubt, du kannst fahren!«

»Na ja«, erwiderte mein Vater – und ich werde nie vergessen, wie Big Johns Augen aufblitzten, wenn er dies erzählte – »ich geb's zu, ich bin wohl ein bisschen eingerostet.«

Meinem Fahrlehrer gelang das mit den blitzenden Augen nicht ganz so gut, aber in Anbetracht der Umstände hielt er sich nicht schlecht. Er hieß – nennen wir ihn Bill. Der Name passt zu seinem bodenständigen, ruppigen Stil weit besser als der Taufname, den ihm seine Eltern aufgebürdet haben. Ein großgewachsener Mann mit kurz geschorenem Haar und sehr hellen Augen – nicht richtig blau, aber viel zu lebhaft, um sie grau nennen zu können, Augen, die in seinem Gesicht irgendwie fehl am Platz wirkten fast, als wäre er gerade einem Science-Fiction-Film entstiegen. Bill hatte großen Spaß daran, mich spüren zu lassen, wie sehr es ihn amüsierte, einen für die Aufgabe derart hoffnungslos ungeeigneten Kandidaten wie mich bei seinen Fahrversuchen beobachten zu dürfen. Dies mag etwas unpassend für einen Fahrlehrer klingen, doch fand ich es seltsam beruhigend, da mir das ganze Unterfangen nicht minder absurd vorkam und ich, angesichts der amüsierten Ungläubigkeit, mit der wir beide das Wagnis angingen, große Hoffnung hegte, es würde am Ende alles gut ausgehen. Zudem hatte ich noch ein Ass im Ärmel, mit dem er kaum rechnen konnte, wusste ich doch, wenn ich einen meiner psychotischen Anfälle bekam und plötzlich und ohne Vorwarnung von der Straße abfuhr, um den Wagen gegen den nächsten Baum zu lenken, dann tauschte ich diese Welt nicht nur gegen einen besseren Ort, sondern nähme ihn auch noch dahin mit.

Während meiner ersten Fahrstunden aber saß ich meist am Steuer und dachte an diese ganze Maschinerie, daran, wie die Kupplung funktionierte oder der Verbrennungsmotor, wie sich ein plötzlicher Bremsversuch auswirken mochte und die einzelnen Gänge ineinandergriffen. Das Ganze war schließlich ein System, und wir Apophäniker sind gut im Umgang mit Systemen. Gewannen wir erst einmal an Fahrt, ging es mir ziemlich gut, ja, je schneller wir fuhren, desto entspannter fühlte ich mich. Probleme bereitete es mir nur, wenn wir langsam fuhren, und ich spürte, wie mir das System entglitt, wie die Ordnung in meinem Kopf zusammenfiel oder für mich zu fein und subtil wurde, um sie noch begreifen zu können. Meine Theorie – eine, die für mich noch heute gilt – lautet, ab Tempo sechzig bin ich ein ganz ordentlicher Fahrer; wird's langsamer, laufen meine Gedanken aus dem Ruder.

Eine Zeit lang fand sich Bill mit meiner Grübelei ab. Auf einer Nebenstraße zwischen Guildford und Clandon aber bat er mich eines Tages dann, in einer Parkbucht anzuhalten. Sobald die Handbremse sicher angezogen und der Motor ausgeschaltet war, warf er mir einen langen Blick zu, ehe er den Kopf abwandte und durchs Beifahrerfenster hinaus in den Wald schaute. Es hatte kurz zuvor geregnet, war jedoch warm. Dampf stieg von den Blätterhaufen im Rinnstein auf und verlieh der Szenerie ein der Jahreszeit ganz unangemessenes Aussehen. Bill seufzte. »Was machen Sie da?«, fragte er schließlich mit annährend ausdrucksloser Stimme.

»Wie bitte?«

»Was machen Sie da?« Er drehte sich zu mir um, sein Blick zugleich ungläubig und anklagend. Es folgte ein langes Schweigen, in dem ich mich fragte, was ich falsch gemacht hatte, nur fiel mir nichts ein, da ich fand, mich eigentlich gut gehalten zu haben, bis ich von ihm unterbrochen worden war. Ich war in der geschlossenen Ortschaft nicht zu schnell gefahren – wie sonst so oft –, und ich hatte die Blick-in-den-Spiegel-Blick-nach-hinten-Manöver auch dann ausgeführt, wenn sie genau genommen gar nicht nötig gewesen wären.

»Ich weiß nicht«, erwiderte ich. »Habe ich was falsch gemacht?«

Wieder seufzte Bill und schüttelte den Kopf. Seine Miene verriet mir, dass es um weit Schlimmeres ging. »Sie *denken* an irgendwas, stimmt's?«, sagte er schließlich.

Ich zuckte mit den Achseln. »Na ja, klar«, sagte ich. »*Natürlich* denke ich.«

»Und an was?«

Ich erwiderte jetzt seinen Blick. Er wirkte persönlich betroffen, was ich ziemlich ungerechtfertigt fand. »Ich schätze«, antwortete ich, »ich denke an den Motor.«

»Den Motor?«

»Ja.«

»Und was *denken* Sie über den Motor?«

»Ich stelle mir vor, wie er funktioniert«, sagte ich. »Na ja, selbstverständlich nicht nur der Motor. Das ganze System eben, die Gänge, die Bremse …«

Ich verstummte. Wieder wandte er den Blick ab, starrte in den sonnenbeschienenen Wald um uns herum und wünschte sich vermutlich, er wäre dort draußen, ginge zwischen Mittagessen im Pub und Abendessen im Kreis der Familie mit dem Hund in dieser herbstlichen Landschaft spazieren – und ich fühlte mit ihm, das tat ich wirklich. Ich spürte seinen Kummer, auch wenn ich nicht recht begriff, worin eigentlich das Problem lag. ·

Als er mich wieder anschaute, lächelte er jedoch. »Ich habe gehört, Sie schreiben Bücher?«, fragte er.

»Wer hat Ihnen das denn erzählt?«

»Also schreiben Sie keine Bücher?«

Ich schüttelte den Kopf. »Nein, Gedichte, keine richtigen Bücher. Nur Lyrik.«

»Verstehe«, sagte er. Und um mich wissen zu lassen, dass es ihn nicht weiter beunruhigte, wenn ich mein Licht unter den Scheffel stellte, setzte er hinzu: »Und was stimmt mit Lyrik nicht?«

Ich wusste darauf keine Antwort, meinte aber, während ich meinerseits zum feuchten Wald hinüberschaute, langsam zu begreifen, warum Bill mich hatte anhalten lassen. Er hatte geglaubt, ich würde über meinen neusten Thriller nachdenken, vielleicht die Verkaufszahlen hochrechnen oder über eine unverhoffte Wendung im letzten Kapitel brüten, während ich Notbremsungen übte oder mich in den Kreisverkehr am Ende der Epsom Road einfädelte. Eine Zeit, die mir endlos vorkam, sicher ein, zwei Minuten lang, saßen wir stumm da, starrten aus unseren jeweiligen Fenstern und hielten Zwiesprache mit der Natur. Schließlich drehte Bill sich zu mir um. »Wissen Sie, wer mein Lieblingsschriftsteller ist?«

Ich schüttelte den Kopf. »Barbara Cartland?«

Er lächelte. »Nein«, sagte er leise. »Raten Sie noch mal.«

»Jewgeni Samjatin?«

»Nathanael West«, erwiderte er, ehe ich weiterraten konnte. »Ich liebe Nathanael West – den Schriftsteller.« Sein Blick wanderte zu einem imaginären Lesesaal zwischen den Bäumen hinüber. »*Miss Lonelyhearts; Eine glatte Million.*« Er rief sich diese Meisterwerke der Satire in Erinnerung, bedachte stumm ihre Stärken, Schwächen und ihren Platz im Gesamtwerk. »*Tag der Heuschrecke.*« Ein kurzes Kopfschütteln deutete Ehrfurcht an.

»Donald Sutherland«, warf ich ein.

Erschrocken drehte er sich zu mir um. »Wie bitte?«

»Die Verfilmung«, erklärte ich. »Im Film *Tag der Heuschrecke* spielt Donald Sutherland den Homer Simpson.«

Bill wirkte verstört. »Nein«, erwiderte er fast mit Flüster-stimme.

»Doch.«

»Sie verwechseln das mit *Die Körperfresser kommen*«, sagte er.

»Nein, *Tag der Heuschrecke*.«

Bestürzt sah Bill wieder beiseite. Hätte er etwas zu sagen gehabt, hätte er Donald Sutherland in *Tag der Heuschrecke* si-cherlich nicht mitspielen lassen, was ich eigenartig fand, da der großartige kanadische Schauspieler in dem Film superb wie im-mer gewesen war. Während ich darauf wartete, dass Bill seinen Schock überwand, fragte ich mich, wen er stattdessen wohl be-vorzugt hätte.

Schließlich kehrte er von dem dunklen Ort zurück, an den es ihn fast vierzig Sekunden lang verschlagen hatte. »Also kennen Sie Nathanael West?«

»Nicht persönlich«, antwortete ich, was ich bedauerte, sobald die Worte über meine Lippen gekommen waren.

Bill zuckte mit keiner Wimper. »Dann wissen Sie auch, wie er gestorben ist?«

»Autounfall«, sagte ich. »Irgendwo bei Los Angeles, glaube ich.«

Bill nickte. »War nicht sein erster. Er kam ständig von der Straße ab und landete in irgendeinem Entwässerungsgraben.« Er musterte mein Gesicht. »Fürchte, er war in Gedanken immer woanders, hat einfach nie aufgepasst«, sagte er.

Ich grinste, da ich mir ziemlich sicher war, dass er nicht dafür bezahlt wurde, mir so etwas zu erzählen. Er wurde bezahlt, mir beizubringen, wie man anständig in drei Zügen wendete, damit ich mich durch die Prüfung mogeln und zu all den anderen Ir-ren auf die Straße gesellen konnte.

»Mir könnte das egal sein«, sagte Bill. »Er war ein großer Schriftsteller, und man kann nicht in allem gut sein, bloß war er nicht der Einzige, der an diesem schicksalhaften Nachmittag des 22. Dezember 1940 im kalifornischen El Centro starb.« Er schaute mich an, weil er sehen wollte, ob ich diesen Teil der Geschichte kannte. Das tat ich, in groben Zügen, doch beeindruckte mich, dass er sich so präzise an Zeit und Ort erinnerte. »Nein«, fuhr er fort und registrierte zufrieden, wie ich im Dunkeln tappte. »Seine Frau war bei ihm. Eileen. Eine schöne Frau. *Wunderschön.*« Einen Moment lang dachte er über ihr vergeudetes Leben nach. »Sie war schwanger, wussten Sie das?«

Ich schüttelte den Kopf. »Nein, das habe ich nicht gewusst«, sagte ich und war mir ziemlich sicher, dass meine Stunde längst zu Ende war.

Bill nickte, dann schaute er mich an – und seiner Miene war ein lebenslanger Gleichmut anzumerken. »Selbst wenn nicht«, fuhr er fort, »hätte sie es sein sollen. Sie hätten Kinder und Enkelkinder haben sollen, eine ganze Bagage.« Seine Mundwinkel zuckten.

Ich nickte. »Das hätte den beiden sicher gefallen.«

Eine Weile saßen wir da und dachten an Nathanael Wests ungeborene Enkelkinder. An seine schöne Frau. An Donald Sutherland. Daran, wie *Die Körperfresser kommen* geworden wäre, hätte Nathanael West lange genug gelebt, um das Drehbuch zu schreiben. Oder woran auch immer wir dachten.

So langsam musste ich wieder los – und obwohl Bill selbst keine Eile zu haben schien, merkte er mir meine Ungeduld an, denn er ließ mich den Motor einschalten und zurück in die Stadt fahren. Erst als wir uns dem Zentrum näherten und nur noch eine Straße von der Stelle entfernt waren, an der er mich üblicherweise absetzte, kam er zum eigentlichen Punkt seiner überraschenden und untypischen Abschweifung. »Ich gebe meinen Schülern gern Spitznamen«, sagte er. »Nur so für mich, verstehen Sie. Nicht, dass ich ihnen die ins Gesicht sagen würde.«

Ich nickte, antwortete aber nicht gleich, da mein Blick auf die Straße gerichtet war und ich nicht vergessen durfte, den Gang zu wechseln.

»Sie werde ich Nathanael nennen«, sagte er. »Ich finde, das passt, weil Sie doch auch Schriftsteller sind.«

Ich suchte gerade nach einer Parklücke, konnte ihm also nicht meine volle Aufmerksamkeit schenken, und als ich dann eine gefunden hatte, war alles vorbei. Er hatte gesagt, was er zu sagen hatte, und das war vermutlich in Ordnung, auch wenn ich nicht genau wusste, worum es ihm eigentlich ging.

»Na schön«, sagte ich. »Dann bis zum nächsten Mal.«

Er nickte. »Denken Sie nicht zu viel.«

* * *

In den folgenden Monaten, also über den kalten, verschneiten Winter hinweg und bis weit in den Frühling hinein, sah ich Adele, so oft ich konnte. Trotz Bills Bedenken bestand ich die Führerscheinprüfung, wodurch es leichter wurde, uns zu ausgefallenen Tageszeiten an verschwiegenen Orten zu treffen, was zwar nicht oft möglich war, aber doch oft genug, um dort weiterzumachen, wo wir in ihrem vasenbestückten Haus Jahre zuvor aufgehört hatten. Nur empfand ich jetzt keine Angst mehr vor ihr oder vor dem, was einer von uns tun könnte: Wie im Märchen war ich *verliebt*, und auch wenn es für einen Außenstehenden so aussehen mochte, als würden wir unsere Liebe auf eher seltsame Weise zum Ausdruck bringen, wussten wir eine Zeit lang doch genau, was wir taten. Unser Leben kannte keine festen Abläufe, weshalb wir uns manchmal trennten, ohne zu wissen, wann wir uns wiedersehen würden; dessen ungeachtet war ich in gewisser Weise glücklich, und ich glaube, sie war es auch. Wir kannten keine Pläne, keine Gedanken an eine Zukunft – wir redeten nie davon, zusammen durchzubrennen, ihren Gatten zu beseitigen oder von Sonstigem, worüber Ehebrecher in Filmen so reden. Wir hangelten uns einfach von einem gestohlenen Nachmittag zum nächsten, lebten für diese eigenartigen Kurzurlaube, die sich die Treulosen in anonymen Hotels gönnen, während sie vorgeblich einen Fortbildungskurs absolvieren oder Kundenbesuche erledigen; und wir machten das Beste aus dem, was wir hatten. Ich lernte, dass auch zum Ehebruch ein wenig *wabi-sabi* gehört, eine Kawabata-Welt stiller Momente, Regen, der ans Hotelfenster trommelt, das gemächliche Danach der Zugfahrten im Dunkeln. Immerhin machten wir uns nichts vor. Wir waren beide Romantiker genug, um zu wissen, dass es mit uns nicht ewig gut gehen könnte. Was wir teilten, war gestohlen. Unrechtmäßig. Leute wie wir konnten nicht heiraten – zumindest nicht jemanden wie uns selbst –, da die Ehe zur realen Welt gehörte. Sie war etwas, woran man arbeitete, und laut dem, was Adele erzählte, gab es Zeiten, in denen eine Ehe das emotionale Äquivalent zu Managementkursen oder Meetings mit Bob von der Finanzabteilung zu sein schien. Auf mancherlei lassen wir uns aus Liebe ein – Kunst, Affären, die reine Wissenschaft, eine Expedition zum Südpol –, die Ehe aber gleicht eher dem tagtäglichen Broterwerb. Wenigstens kam es mir damals so vor. Außerdem waren wir glücklich mit dem, was wir hatten, und solange nichts geschah, das es uns fortzunehmen drohte, malten wir uns aus, es könnte endlos weitergehen. Zumindest bis zu unserem nächsten Treffen, und wir hatten beide beschlossen, nicht weiter als bis dahin vorauszudenken.

Alles war gestohlen, und alles war provisorisch – doch wann immer wir zusammen waren, schien es, als würden wir gleich verschwinden. Wir wachten in einem weißen Bett auf, schlafwarm und uns selbst fremd in irgendeinem Marktflecken, wo uns niemand kannte, oder wir spazierten durch den Park eines herrschaftlichen Anwesens, und der Weg endete völlig überraschend in Luft und Ausblick, sodass es den Anschein hatte, wir könnten jeden Moment fort sein, die Treppe zu einem Landhotel hinaufsteigen oder durch ein Wurmloch im Gewebe der Dinge stürzen, nur um woanders wieder aufzutauchen, nicht mehr ganz wir selbst in einer Welt, in der die gewohnten Regeln nie gegolten haben. Ich weiß noch, wie wir einmal zu einem Wald fuhren, den wir in der Nähe des Pilgrim's Way entdeckt hatten und nichts weiter wollten, als ein Stündchen spazieren zu gehen, doch waren wir kaum einige hundert Schritte unter den Bäumen unterwegs, als es zu schneien begann: große weiße Flocken, die über uns durch die Luft wirbelten, uns aber die längste Zeit kaum berührten, so als wären wir substanzlos, bloß eine Luftspiegelung. Auf diesen Spaziergängen redeten wir meist über dieses und jenes, füllten Lücken zwischen dem letzten und dem nächsten Treffen, besserten *unsere* Erzählung aus – an jenem Abend aber sagten wir kein Wort. Wir liefen einfach nur durch den Wald, als hätten wir ein Ziel, und mit jedem Schritt fiel der Schnee dichter und heftiger, fand uns schließlich, bedeckte uns, löschte uns aus, und wir gingen, bis wir irgendwann stehen blieben, uns anschauten und beide kein Wort sagten, aber ich wusste, woran sie dachte. Auf der bewussten Sinnesebene entschieden wir uns nur zur Umkehr, nur war da noch etwas, etwas, worüber wir nie geredet hatten, und in diesem Moment, ohne dass ein Wort fiel, wurde dieses andere kurz geprobt, durfte flüchtig *sein* und wurde dann still und mit kaum einem Schauder des Bedauerns wieder aufgegeben. Unter jedwedem Blickwinkel war das natürlich bloß eine banale Geschichte, für uns aber deutete sie eine geradezu wundersame Möglichkeit an, und eben weil sie so wundersam war, gaben wir sie auf und waren überzeugt, es sei so zum Besten. *Zum Besten* klingt wie aus einem Film, ein Moment der Entsagung, der Selbstaufopferung etwa aus *Unheimliche Begegnung der dritten Art*, aber das war es nicht. Es war real, mehr nicht.

Wir waren fast völlig weiß, als wir zurück zum Wagen kamen, und blieben still, ruhig, sagten nichts, doch als wären wir uns wortlos einig, standen wir kurz voreinander, von Angesicht zu Angesicht, und fegten den Schnee von des anderen Schultern und Haar, ehe wir davonfuhren. Es war spät geworden, dank des Schnees blieb es aber hell, ein trübes Weiß lag in der Luft und überm Feldweg vom Parkplatz bis zur Straße. Man sagt, nichts sei vollkommen, es gäbe immer einen Makel, und Perfektion existiere höchstens in den ungehörten Melodien einer Keats'schen Anderswelt; dieser Augenblick aber war vollkommen. Wir fuhren langsam, der Schnee knirschte unter den Reifen, sodass es schien, als wollte das Wetter selbst uns aufhalten und daran hindern, in unsere jeweilige Welt zurückzukehren – und einen Moment lang wären wir fast dort auf der Landstraße zwischen der einen und der anderen Stadt geblieben, schmelzender Schnee auf unseren Händen, in unseren Gesichtern, unsere vollkommenen, vergänglichen Leiber still, verletzt und gebenedeit.

Dies ist der Augenblick, an den ich mich erinnere, der Augenblick, der all die übrigen umfasst. Für diesen Augenblick gibt es kein Nachher. Mit Zeit und Umständen hat das nichts zu tun, und es gibt Nächte, da kann ich mir vorstellen, er dauere woanders fort, und dieser eine Augenblick, der all die übrigen enthält, wandere für immer weiter wie das Licht unserer Scheinwerfer, das noch immer durchs Universum zieht, weiter und weiter, bis in alle Unendlichkeit.

* * *

Wir machten so lange weiter, wie es nur ging. Wir waren versierte, vorsichtige Diebe, diskret und anspruchslos, hatten aber immer gewusst, dass es enden würde. Solang unsere Beziehung währte, mied ich es sorgsam, mir einzugestehen, welche Belastung es für Adele bedeuten musste, verheiratet zu sein. Ich weigerte mich auch, den Gedanken zuzulassen, dass ihr Mann ihr früher einmal etwas bedeutet hatte und vielleicht noch heute etwas bedeutete, so wie aus Gründen, die Gatsby nicht verstand, Tom Buchanan Daisy noch immer etwas bedeutete. Adele wird ihn geliebt haben, früher einmal, und zweifellos hegte sie noch Gefühle für ihn – also machte sie sich an unserem letzten Nachmittag, achtzehn Monate nach unserer Begegnung auf der North Street, gewiss mit gemischten Gefühlen auf den Weg, um mir jene Neuigkeit mitzuteilen, die ich in der ein oder anderen Form seit Langem schon gefürchtet und erwartet hatte.

ꞏ Es war an einem Mittwoch zu Frühlingsbeginn, kein sonderlich warmer, aber ein klarer, frischer Tag. Adele kannte die Strecke zu meinem Haus gut genug, weshalb es keinen Grund für den Unfall ausgerechnet an diesem Tag gab, doch vermute ich, dass sie einfach nicht aufgepasst hat. Sicher war sie in Gedanken, fragte sich, wie sie es mir und was sie ihrem Mann sagen sollte, ob sie das Baby behalten wollte oder was auch immer sie sonst beunruhigte – bestimmt hat sie deshalb den Hund angefahren. Sie sei nicht schnell gewesen, erzählte sie, hätte ihn aber nicht gesehen und erst geglaubt, sie hätte einen Menschen angefahren, ein Kind, das aus einem der kleinen Häuser entlang der Straße zwischen Bramley und Cranleigh auf die Straße gelaufen sei, doch als sie anhielt und in den Rückspiegel blickte, war auf der Straße nichts zu sehen. Den Bruchteil einer Sekunde lang war sie erleichtert – und dann sah sie einen Farbblitz linker Hand ins Gebüsch huschen, schwarz auf weiß wie bei einem Dalmatiner, und sie ließ den Wagen mitten auf der Straße stehen und rannte zum Unfallort zurück. Da war nichts. Und doch *hatte* sie etwas gesehen, da war sie sich sicher; falls sie aber in diesem Tempo etwas angefahren hatte, konnte die Kreatur doch nicht einfach weitergelaufen sein. Der Gedanke ließ sie panisch zum Wagen zurückeilen, denn plötzlich war sie auf ganz irrationale Weise davon überzeugt, dass das Tier noch dort sei, verborgen, dass es auf sie lauerte und nur darauf warte vorzuspringen und sie anzufallen. Sie wusste, sie reagierte panisch, und sie wusste auch, dass es nicht richtig war, wie sie sich verhielt, trotzdem ließ sie den Motor wieder an und fuhr los, fuhr so schnell sie konnte die Straße entlang, die wenige Kilometer später vor meiner Haustür endete. Als sie ankam, zitterte sie, entsetzt, beschämt und auch angewidert von der Grausamkeit des Geschehens, das ausgerechnet an diesem Tag passieren musste – wobei ich von Letzterem natürlich nichts wusste. Ich sah nur, wie aufgelöst sie war und wie sie zitterte und dass ich mich um sie kümmern musste. Ich sagte ihr, sie solle hereinkommen, um erst einmal eine Tasse Tee zu trinken.

»Nein«, rief sie. »Wir müssen zurück. Wir müssen es finden.«

»Was denn?«

»Ich habe ein Tier angefahren«, sagte sie. »Einen Hund, glaube ich.«

»Und? Ist er verletzt?«

»Ich weiß nicht«, sagte sie. »Er war … weg. Ich habe ihn nicht mehr gesehen …«

»Na dann …«

»Nein«, sagte sie. »Wir müssen zurück.«

Ich nahm sie sanft am Arm und versuchte, sie ins Haus zu führen. »Das hat keinen Sinn«, sagte ich. »Was es auch war – falls es denn etwas war –, es wird jetzt längst weg sein.«

»Nein«, widersprach sie. »Wir müssen es finden.« Sie war verzweifelt. »Bitte!«

Und so verbrachten wir jene Stunden, die nahezu unsere letzten gemeinsamen Stunden sein sollten, damit, den Rand einer Landstraße nach einem verletzten Hund abzusuchen. Ich fuhr, obwohl ich nicht versichert war. Und ich sah schon, wie ich einen Unfall baute, selbst etwas anfuhr – bei meinem Glück sicher eine alte Dame oder eine Reihe Schulkinder auf ihrem Weg ins Museum –, was Adeles Mann sicher nicht leicht zu erklären gewesen wäre. Wir haben den Hund nicht gefunden, was mich nicht sonderlich überraschte, aber – als ich das Argument vorbrachte, fühlte ich mich wie ein Lügner, trotzdem habe ich es gesagt – das sei doch ein gutes Zeichen, denn wäre der Hund ernsthaft verletzt oder tot, wäre er noch da. Offensichtlich aber ging es ihm so gut, dass er sich fortschleppen, vielleicht sogar fortlaufen konnte und nun vermutlich längst daheim hockte, seine unbedeutenden Wunden leckte und die ganze Sache als Erfahrung verbuchte. Unterdessen behielt ich die Häuser keine fünfzig Meter südlich von unserem Parkplatz im Blick – falls der Hund zu denen gehörte, wollte ich nicht, dass sein zorniger Besitzer eins und eins zusammenzählte und Adele zusätzlich aufwühlte. Sie aber gab nicht nach. Nicht, ehe wir gründlich gesucht hatten, nicht, ehe ich über einen Zaun gestiegen war und mich durch ein Weißdorngebüsch gedrängt hatte, um nachzusehen, ob der Hund auf der anderen Seite lag. Da war nichts, natürlich nicht. Kein Kadaver, keine Blutflecken, nichts.

Zurück im Haus machte ich uns einen Tee. Sie saß am Esszimmertisch und sah mir zu, wie ich hin und her lief, den Kessel aufsetzte, Tee holte, Tassen zusammensuchte, Milch aus dem Kühlschrank nahm – und es dauerte einen Moment, ehe ich den ungeheuren Kummer in ihren Augen wahrnahm, einen Kummer, gar eine Trauer, die nichts mit dem gerade Geschehenen zu tun hatte. Ich stellte das Milchkännchen ab. »Was ist?«, fragte ich.

Plötzlich hatte ich Angst und musste auf der Stelle wissen, was los war. Sie hat es wohl gespürt, denn sie versuchte gar nicht erst, es mir schonend beizubringen oder mich behutsam an die eine große, niederschmetternde Tatsache heranzuführen. Ihre Augen füllten sich mit Tränen. »Ich bin schwanger.«

Ich schaute sie an und war entsetzt – ein so banaler Augenblick, etwas, das *irgendwem* jeden Tag widerfährt, nur hatte ich nie erwartet, es würde uns passieren. »Bist du sicher?« Es war das Ungeschickteste, was ich sagen konnte, aber etwas anderes fiel mir nicht ein.

Trotz ihrer Tränen musste sie ungläubig lachen. »Natürlich bin ich mir sicher.«

»Okay.« Ich dachte einen Moment nach. »Ist es …?« Sie nickte. Wir wussten beide, was ich fragen wollte. Ich ging zu ihr, kniete mich hin. »Ist schon in Ordnung«, sagte ich, was wohl das Dümmste war, was ich jemals jemandem gesagt habe.

Wieder lachte sie, ein kleines, verzweifeltes, atemloses Lachen, das sich eher wie ein Blutschwall anfühlte. »Nein«, sagte sie, »ist es nicht.«

* * *

Entscheidend ist, einfach weiterzumachen. Zur Arbeit gehen. Möglichst nüchtern bleiben. Die Zeit totschlagen. Auf ein Wunder warten. *Wie könnte ihr Mann sie so lieben wie ich? Er kennt sie doch nicht einmal.* Schlag dir diese Gedanken aus dem Kopf. Praktiziere *wabi-sabi*. Geh zur Arbeit. Bring die Zeit rum. Beschäftige dich, und vor allem, bleibe so lange nüchtern wie irgend möglich, denn wenn du betrunken bist, denkst du doch nur an diesen alten Film, an *Wenn der Postmann zweimal klingelt.*

Trinkst du allerdings nicht, fühlst du dich, als würdest du innerlich entzweigerissen, und aus den Rohrleitungen dringen Stimmen. Das ist der Moment, da der vorausschauende Vorstädtler zur Selbstmedikation greift. Ich hatte es natürlich schon früher damit probiert, schließlich war ich in meinen unsteten Wanderjahren Gärtner gewesen und kannte mich mit der Kräutermedizin ein wenig aus. Mir war es sogar gelungen, mich mit tödlichem Nachtschatten zu vergiften, weshalb man mich ins Krankenhaus einliefern und mir den Magen auspumpen musste und ich mehrere Tage im Gespräch – manche würden sagen: *in Verhandlungen* – mit einem Mann im silbernen Cowboyanzug verbrachte und einer seltsamen jungen Frau mit Rasierklingen statt Händen. Das war eine ziemlich üble Phase in meiner Zeit der Selbstmedikation, doch durfte ich hoffen, aus meinen Fehlern gelernt zu haben. Einfach so weitermachen konnte ich jedenfalls nicht, und alles war besser, sagte ich mir, als zu Suff und Barbituraten oder Schlimmerem zurückzukehren. Außerdem waren die Voraussetzungen ideal. Ich besaß einen Garten. Ich kannte den Standort mehrerer einheimischer Kräuter, die Verrückten, Hexen und Menschen mit Zahnschmerzen in unvordenklicher Zeit Linderung verschafft hatten. Welch bessere Weise, das Gleichgewicht zu wahren, als die guten, einheimischen Kräuter und meine pharmazeutischen Erfahrungen zu nutzen, die doch nur in Vergessenheit gerieten, wenn sie sich niemand zunutze machte.

Ich will nicht allzu sehr darauf herumreiten oder gar ein hartes Durchgreifen jener Behörden provozieren, die spirituelle Erfahrungen nur für akzeptabel halten, wenn Ingwerkekse und Männer in Soutanen dabei eine gewisse Rolle spielen, doch sämtliche Ingredienzien für die Kräutertees, Pulver und sonstige selbst gebrauten Mittelchen, die mir über die nächsten Monate hinweghalfen, lassen sich in gut sortierten botanischen oder auch den meisten städtischen Gärten finden, um die Brachflächen hinter irgendwelchen alten Waschhäusern gar nicht erst zu erwähnen. Einige Pflanzen mussten aus Samen gezogen werden, die in Töpfen versteckt in Schränken oder auf Fensterbänken lagerten, die Mehrzahl aber gedieh in meinem Garten, nichtssagend aussehende Büsche und unscheinbares Unkraut, das meine Nachbarn irritiert haben dürfte, mir aber mächtig guttat. Am Ende meines kleinen Grundstücks, gleich am Kanalarm, richtete ich eine Pflanzenschule ein und zog den gemeinen Waldandorn ebenso wie einige Wüstenpflanzen groß, die einen Nachmittag in eine Episode aus Coleridges Notizbüchern verwandeln konnten. *Streifte ein Mensch im Traum durchs Paradies & bekäme eine Blume überreicht, mit der ihm versichert würde, seine Seele sei wahrhaft dort gewesen & er entdeckte diese Blume beim Aufwachen in seiner Hand – Aye, was dann?*

Auch wenn es gewiss Leute gibt, die anderer Meinung sind, ist die Selbstmedikation keine exakte Wissenschaft. Glenn Gould, in seinen letzten Jahren einer ihrer begabtesten Verfechter, hat es weit darin gebracht und äußerst detaillierte Berichte darüber verfasst, was er einnahm und wann, hat die diversen Dosierungen und Kombinationen feingestimmt und die Wirkungen mit der objektiven Gelassenheit eines Mannes notiert, dessen Körper ihm ein Laboratorium war, in dem das große Experiment der Seele galt, doch gab er sich allein mit pharmazeutischen Drogen ab, deren Wirkungen weitgehend dokumentiert und mehr oder minder konstant sind. Cocteaus Arbeit über Opium gleicht ebenfalls einer Schatztruhe, doch nahm er nur eine einzige Droge, eine, die er schon sein Erwachsenenleben lang kannte. Die Gartenapotheke arbeitet aber mit einer großen Vielzahl von Unbekannten, und der Körper ist in Wahrheit ein recht unbestimmbarer Ort, ein Labyrinth von Kreuzungen, Unterführungen und verborgenen Strömungen, die jede Wirkung einer Pflanze verstärken oder zunichtemachen können; einer Pflanze, die zuvor von einem Streifen Brachland oder einem Straßenrand geerntet wurde und die, auch wenn man noch so sorgsam damit umgeht, letztlich am Küchentisch mit Küchengeräten verarbeitet wird. Im besten Fall handelt es sich also um eine zufallsbasierte Wissenschaft und ist meist eine Kunst – was bedeutete, dass ich nicht immer die gewünschte Wirkung erzielte und dass mir einige Male ziemlich übel wurde. Trotzdem entdeckte ich Wege, an diesem Küchentisch zur Ruhe zu kommen, und manchmal fand ich mich, halb vergessend, an einem Ort, an dem alles in so weichem, zuckrigem Gold leuchtete wie das Innere einer alten Schule, das Zwielicht unter Buchen am späten Nachmittag, das gesiebte Gold der Kindheit, das Schlummergold der Ewigkeit.

Oder ich wachte mit einer Blume in der Hand auf, die zwar just verwelkte, wenn ich die Augen aufschlug, aber noch zu sehen war, und wenn nicht als Blume, dann doch als etwas, das irgendwo zu irgendeiner Zeit einmal geblüht hatte.

*　　*　　*

Ich habe behauptet, der Nachmittag mit dem Hund sei unsere letzte Begegnung gewesen, aber das ist nicht ganz richtig. Während unserer Cambridge-Zeit redete Adele oft davon, einmal ein Picknick auf den Granchester Meadows zu machen, doch aus irgendeinem Grund war es nie dazu gekommen. Während einer unserer wenigen Telefongespräche, nachdem sie mir gesagt hatte, dass sie schwanger war, kam sie noch einmal darauf zurück.

»Wir haben nie unser Picknick gemacht«, sagte sie.

»Nein, haben wir nicht«, sagte ich, konnte mich in dem Moment aber nicht auf ein Picknick konzentrieren.

»Weißt du noch, wie wir immer gesagt haben, wir würden mal eins machen? An einem sonnigen Tag? Auf den Meadows?«

»Ja.«

»Ich finde, wir sollten picknicken«, sagte sie. »Wenigstens ein einziges Mal.«

»Auf den Granchester Meadows?«

»Irgendwo.«

Dieses oder ein ähnliches Gespräch haben wir mehrfach geführt, nur nie etwas entschieden. Bis ich dann eines Tages einen Anruf bekam. Ich war zu Hause und arbeitete. Vielmehr war ich zu Hause und tat, als würde ich arbeiten, dabei saß ich in Wahrheit nur am Esszimmerfenster und starrte in den Garten. Alles wirkte sehr still und seltsam spröde, die Tasse auf dem Tisch oder die bunte Katze auf dem Schlackeweg, der hinunter zum

Kanalarm führte, wo manchmal die Frau des Nachbarn stand und zu meinem Haus hinübersah, eine gutmütige, nicht besonders helle Spionin, die, fürchte ich, mich für einen ganz schlimmen Finger hielt. Sie kümmert mich nicht weiter, dachte ich, um wenige Minuten später zu merken, dass ich nach ihr Ausschau hielt und damit rechnete, sie in gelber Bluse und braunem Rock zu sehen, das breite Bauerngesicht willens, jederzeit unschuldig oder auch leicht beleidigt dreinzuschauen, falls ich sie beim Spionieren ertappte. Ich versuchte, mich an ihren Namen zu erinnern, aber er fiel mir nicht ein – und dann fragte ich mich, wieso mir daran lag. Warum sollte mir irgendwas wichtig sein, sofern es nicht als Ablenkung vom Ennui eines vorstädtischen Alltags diente, von diesem spröden Eindruck, den alles machte, als stünde die Welt kurz davor, in abertausend kleine Bruchstücke zu zersplittern?

Ich arbeitete zu Hause, weil ich am Abend zuvor und die Nacht hindurch bis in die frühen Morgenstunden eine schlimme Zeit gehabt hatte. Eine Wahnsinnsnacht, schlaflos und voll wilder Phantasmen, das komplette apophänische Programm: Geräusche, Visionen und bei Anbruch der Dämmerung diese grässlichen Verwandlungen im Körper, während derer ich glaubte, er würde auseinandergerissen werden. Beim ersten Tageslicht lag ich im Bett und hatte ein Gefühl, als klammere sich ein Tier – ein Terrier etwa, vielleicht auch ein Waschbär – an meinen Wadenmuskel und wolle ihn zerfetzen. Als dies zum ersten Mal passierte, glaubte ich, das wäre das Schlimmste. Doch mit der Zeit habe ich gelernt, dass das Schlimmste erst darauf folgt: Anders als das zerrende, reißende Gefühl, das sich wie ein Angriff von außen anfühlt, ist die nächste Phase etwas zutiefst Inneres, eine plötzliche Straffung des Fleisches, die sich zu unerträglicher

Spannung steigert, als würde eine Gitarrensaite so fest angezogen, dass sie jeden Moment zu zerreißen droht – und es gibt keine Möglichkeit, es zu beeinflussen. Keine Möglichkeit zu reagieren. Mein Körper richtet sich gegen mich, funktioniert nach Regeln, von denen ich nicht einmal wusste, dass es sie gibt. Das Resultat ist Todesqual – gewiss, aber jeder Schmerz lässt sich ertragen, sofern man ihn versteht. Schlimmer als der Schmerz ist die Angst, die schiere Panik, wenn es beginnt: erst in der rechten Wade, dann zwischen den Fußknochen, über die linke Wade und weiter, manchmal die Schenkel hinauf, eine Anspannung der Muskeln, begleitet von einer scheinbaren Sprödigkeit der Knochen, einem Gefühl, als habe der Körper sich über Nacht in Glas verwandelt oder in Tafelkreide. Diese langen, unglaublich zerbrechlichen Kreidestücke, wie sie Lehrer früher benutzt haben, weiße Stäbchen, die mit einem hellen, schmerzhaften Schnappen zerbrechen, das noch in der letzten Reihe zu hören und zu spüren war.

Das Telefon klingelte. Adele.

»Was machst du gerade?«

»Nichts«, antwortete ich. »Sitze einfach nur rum.«

»Wollen wir picknicken?«

»Wie? Jetzt?«

»Ja, jetzt.«

»Wo?«

»Die Orchideenwiese.«

Das war einer unserer Plätze. Wir waren einige Male dort gewesen, ein bisschen Wald mit einer großen Lichtung, die im Juni voller Orchideen und Wildblumen stand. Jetzt war es dafür natürlich zu früh, aber darauf kam es gerade nicht an.

»Wann?«, fragte ich.

»In einer Stunde?«

»Ich bin da«, sagte ich, legte auf und konnte es nicht glauben. Das Wunder sollte doch noch geschehen. Rasch brachte ich mich auf Vordermann, spritzte mir kaltes Wasser ins Gesicht, wechselte die Kleider, zog Schuhe an und fuhr, wohlwissend, dass ich mir was vormachte, in den Wald.

Natürlich gab es kein Wunder, allerdings war es weit mehr als erwartet. In meiner Eile hatte ich nicht daran gedacht, etwas fürs Picknick mitzubringen – das Offensichtliche, Obst etwa, Champagner und Gurkensandwiches –, doch hatte Adele mehr als genug für uns beide dabei. Nicht, dass mir gerade viel am Essen lag. Ich holte den Picknickkorb aus ihrem Auto und trug ihn zur Lichtung, auf der die Orchideen wuchsen. Eigentlich hätte es dafür noch zu früh sein müssen, dennoch öffneten sich die Blüten gerade: purpurfarbene, weiße und nahezu braune Farbkleckse zwischen Gras und Wildblumen. Zur Blüte waren wir nie gemeinsam dort gewesen – es war ein Platz, den sie kannte und mir zeigen wollte, und jetzt teilte sie ihn mit mir genau zur richtigen Zeit. Sie sah schön aus, schwanger, und aus irgendeinem Grund musste ich an eine Schwimmerin denken, die aus einem Fluss auftaucht oder aus dem Meer, der Körper randvoll mit einer seltenen Form von Schwere, die Haut salzig und geläutert.

»Wie geht's dir?«, fragte sie.

»Geht so. Und dir?«

Sie fing an, den Korb auszupacken. Es gab Veuve Clicquot, eine Auswahl Käse, diverse Sandwiches, Süßigkeiten und Salat. Sie schenkte uns ein. »Eigentlich sollte ich nicht«, sagte sie, »aber heute mache ich eine Ausnahme.«

Ich lächelte. *Eine Ausnahme.* An diesem Tag begingen wir das Ende, statt einfach nur wieder auseinanderzugehen. Eine Geste, wie sie romantischer kaum möglich war, etwas wie aus einem Lied, ein Moment *in* der Zeit, nicht bloß ein Moment der Zeit, einer, den uns nichts nehmen konnte, gar nichts. Ehe, Pflichten, falls es denn darum ging. Oder Verpflichtungen, die etwas ganz anderes sind. Nichts konnte uns diesen Moment nehmen, nicht einmal das Klischee – und einen ganzen Nachmittag lang taten wir, als wäre es zwischen uns nicht vorbei, selbst während wir das Ende dessen feierten, was zwischen uns gewesen war.

California Dreaming (I)

Danach hörte alles auf. Die Welt geriet ins Stocken. An der Oberfläche ging das gewohnte Leben weiter, nur spürte ich, dass irgendwo abseits, in der *wirklichen* wirklichen Welt, das Leben stehen geblieben war wie eine jener antiken Uhren im Wohnzimmer von Adeles Museum in Cambridge. Alles sah eigentlich aus wie immer: das Haus, die Straße, das Büro, auch die alte, vom Rest der Welt abgeschnittene Bahnlinie, an der entlang ich manchmal spazieren ging, um darüber nachzudenken, was im letzten Jahr geschehen war, und manchmal auch, um im Kopf Verse zu komponieren, denn wie Bill irgendwie herausgefunden hatte, schrieb ich tatsächlich schon seit Langem Gedichte. Nur befasste ich mich jetzt ernsthaft damit, versuchte herauszufinden, wie Lyrik funktionierte. Das Buch, auf das Bill angespielt hatte, gab es wirklich, auch wenn ich beinahe zur selben Zeit, in der es erschienen war, begriffen hatte, dass es kaum mehr als eine Sammlung von Fingerübungen und Zerstreuungen war, und ich wusste, ich wollte etwas anderes, etwas, das zur Stimme in meinem Kopf passte, nicht zu jener Stimme, auf die wir alle in der Schule zu hören gelernt haben. Ich hatte nichts gegen diese letztere Stimme, bloß gehörte sie zu jemand anderem, nicht zu mir, und ich wollte etwas, das aus *meinem* Moment erwuchs, aus *meiner* Erfahrung, *meinen* alltäglichen Rhythmen. Den Sommer hindurch bis tief in den Herbst werkelte ich an dieser eigenen Musik, las nichts, hörte nur Ali Akbar Khan und

Miles Davis und bekam schließlich eine Ahnung von dem, was ich wollte – sah nur einen Spalt Licht, mehr nicht –, während ich entlang der alten Bahnlinie auf und ab wanderte, die Brombeerblüten kamen und vergingen, die Blätter sich bunt färbten und fielen, etwa um jene Zeit also, als Adele anrief, um mir zu sagen, dass ihr Sohn im kalten Wintergrau zur Welt gekommen war. Ich rede nicht von irgendeinem großen Durchbruch, und die Gedichte, die auf diesen Spaziergängen entstanden, waren noch recht simpel, doch hatte ich endlich die Methode gefunden, die ich brauchte – eine einfache Methode, fast schon absurd einfach, trotzdem machte sie für mich den entscheidenden Unterschied. Mandelstam nannte sie »auf den Lippen« verfassen, was im Grunde nur heißt, dass man Stift und Papier liegen lässt und die Musik im Kopf komponiert, sie wachsen hört, ihr seine Aufmerksamkeit schenkt und nur behält, was so denkwürdig ist – so musikalisch –, dass es lohnt, nach Hause getragen und aufgeschrieben zu werden. Fünf oder acht, manchmal auch ein Dutzend Zeilen; kleine Brocken, nicht unbedingt das Werk eines Genies, aber doch organisch und ganz, deren Struktur dem Ort entstammte, an dem sie entstanden waren, nicht Übergestülptes aus einem Lehrbuch über Formen.

Im Hinterkopf trug ich unterdessen wie ein stilles, kaltes Objekt das perfekte Weiß mit mir herum. Nicht das Weiß eines Winters im Norden oder das Weiß von Apfelblüten, nicht einmal das Weiß frischer Laken auf einem Krankenhausbett – auch wenn es dem nahekam. Kein Deckweiß, kein Schnee oder Eis, keine Wolke und kein Nebel. Nein: Dies war das Weiß eines Neuanfangs, der noch nicht stattgefunden hatte, eine saubere Tafel, die unberührt geblieben war, das Weiß des Hiatus, das Weiß der Entropie. Ich konnte Tage durchleben, und es war da, still, reglos, inaktiv; am Abend vermochte ich ihn unter großer Anstrengung auf Abstand zu halten, diesen riesigen Raum am Horizont, den ich nicht vergessen, aber doch für einige Stunden meiden konnte. Nachts aber träumte ich ihn, und in jenen Träumen offenbarte sich, was er schon immer enthalten hatte – die unmögliche Stasis der Trauer. Und doch, obwohl es schrecklich sein sollte, obwohl es sich wie der Abgrund zu einer Vorhölle anfühlen sollte, aus der selbst der sturste Kopf womöglich niemals zurückkehrte, konnte ich mir keinen anderen Ort vorstellen, an dem ich sein wollte, sodass ich am Morgen mit einem Verlustgefühl erwachte, war mir doch die Traumweiße genommen und in meinem Hinterkopf verstaut worden, während ich zwar nicht mit der Trauer selbst, aber mit der Welt verhandelte, die sie manchmal unterbrach.

Das Leben geht weiter. Wunder heilen niemals ganz, aber das Leben geht weiter, mühselig und unwundersam. Sommer wird zu Winter, dann zu Frühling. Eigentlich war ich mit meiner Arbeit im Bereich TV-Software ganz zufrieden, trotzdem fand ich mich, nachdem meine Chefs einen Deal mit der South African Broadcasting Corporation geschlossen hatten, eines Tages in einer sympathischen Personalagentur wieder, die mir ein Einstellungsgespräch bei einer Firma für wissensbasierte Systeme gleich außerhalb von Reigate vermittelte, auf der M25 nur zwanzig Minuten von dort, wo ich wohnte. Der technischen Abteilung – ich will sie Knowledge UK nennen, abgekürzt KUK – stand ein Mann namens Joel vor, der ursprünglich aus New York stammte, aber nach Kalifornien gezogen war, teils weil dort die interessantesten Softwareentwicklungen stattfanden, teils weil er quasi dank Familientradition ein leidenschaftlicher, von Statistiken besessener Fan der Giants war. Er war ein dunkelhaariger, leicht molliger, etwas nervöser Mann mit einem seltsam abrupten Lachen, das mich noch Monate später verschreckte, aber ich mochte ihn, auch wenn nicht zu übersehen war, wie sehr ihm daran lag, möglichst schnell ein sogenanntes »UK-Team« zusammenzustellen und einzuarbeiten, damit er bald zurück ins Stadion Candlestick Park konnte. Ich zählte damals noch zu den Leichtverwundeten, zumindest im Geiste, weshalb ich das Einstellungsgespräch nicht sonderlich ernst nahm – was mich zu einem ziemlich attraktiven Kandidaten gemacht haben dürfte. *Lass sie nie spüren, dass du etwas willst* – so lautet die älteste Regel, und ausnahmsweise tat ich mal genau das Richtige. Joel ließ mich einen cleveren Eignungstest ausfüllen, dann plauschten wir eine Weile über Baseball. Ich war nur mäßig interessiert, als er sagte, dass ich gelegentlich in Kalifornien arbeiten müsse, wenn man sich für mich entschiede, doch war es mir letztlich egal, ob ich den Job bekam, weil mir im Grunde alles ganz egal war.

Das Bewerbungsgespräch war immerhin eine Ablenkung gewesen, und Joel gefiel mir. Außerdem war die Fahrt angenehm, zumindest wenn man die Nebenstraßen nahm und die Autobahn mied – und genau das tat ich, fuhr heim durchs ländliche Surrey und schaffte es eine Weile, mir einzureden, ich hätte nichts verloren. Auf halber Strecke griff ich die nächstbeste Kassette aus dem Haufen, der über den Rücksitz verteilt lag, und schob sie in den Rekorder. *Hejira*. Die Aufnahme begann mit dem zweiten Titel auf der Album-Rückseite, mit dem Song über Amelia Earhart, und während ich Joni Mitchell zuhörte, die von brennend heißer Wüste sang und davon, dass man es niemals versteht, wenn man nicht selbst dort war, änderte ich meine Meinung. Kaum zu Hause, rief ich die Personalagentur an und bat sie, bei KUK das Beste für mich rauszuholen.

Es war absurd, aber wegen eines Songs hatte ich vollständig die Richtung gewechselt, und zum ersten Mal spürte ich, wie sich die Kluft in meiner Brust ein wenig schloss und sich das Weiß in meinem Kopf zurückzog. Ich fühlte mich beinahe gut. Und es fühlte sich richtig an, dass ich mein Schicksal dem Zufall und nicht irgendeinem Prozess allgemein anerkannter Vernunftüberlegungen anvertraute. Ich hatte keine Lust, vernünftig zu sein; ich wollte etwas völlig Unvernünftiges tun, etwas Mutwilliges – denn leidet man Kummer, liegt der einzige Ausweg manchmal darin, etwas zu tun, das überhaupt keinen Sinn ergibt.

* * *

Am nächsten Nachmittag bot Knowledge UK mir die Stelle an. Auf rationaler Ebene erstaunten mich nicht nur die Eile, sondern auch die großzügigen Bedingungen, die man mir einräumte, auf allen anderen Ebenen aber war ich nicht im Mindesten erstaunt. Schließlich hatte ich mit dem Song meinen Teil der Abmachung eingehalten. Entscheidend dabei war weniger, dass Joel beschlossen hatte, mich trotz meiner offenkundigen Gleichgültigkeit einzustellen, nicht einmal, dass ich beim Eignungstest gut abgeschnitten hatte, sondern allein die Tatsache, dass das Ganze von Amelia Earhart entschieden worden war. Ich würde nach Kalifornien fahren. Das war der unlogische nächste Schritt. Ich würde nach Kalifornien fahren, und die neue Stelle war nichts weiter als ein Mittel zu diesem Zweck. Später sollte Joel mir gestehen, dass ich mich beim Eignungstest ziemlich gut angestellt und beim Gespräch auch einen ordentlichen Eindruck gemacht hatte, der eigentliche Grund aber, weshalb er mich einstellte, sei der gewesen, dass er in mir den ersten Menschen in England getroffen hatte, der etwas von Baseball verstand. Und als ich ihm sagte, dass ich es liebe, wie Will Clark den Schläger schwinge, hätte dies den Ausschlag gegeben. Es war, mit anderen Worten, ein Treffen zweier irrationaler Geister gewesen, was ziemlich gut vorausahnen lässt, wie absurd es noch werden sollte.

Während all der Zeit war ich weiterhin verrückt. Nicht mörderisch oder selbstmörderisch verrückt, nicht so verrückt, dass ich jeden Moment meine Kleider abstreifen und nackt durch die Straßen laufen würde, meist nicht mal richtig psychotisch, aber dennoch eben verrückt. Der Irrsinn köchelte gleichsam vor sich hin, ein Brodeln unter der Oberfläche, nicht so sehr unterbewusst als vielmehr subkutan, ein Gebräu aus Fieber und Juckreiz unter der Haut, das manchmal ausbrach, ans Licht drang und alles überflutete. Es gab da ein Restaurant, in dem ich einige Male mit Adele gegessen hatte, ein Landhaus südlich von Guildford, und ein Fluss war direkt durch die Gaststätte geleitet worden. Man konnte bestellen, sich zurücklehnen und durch den Glasboden gebannt zuschauen, wie das Wasser unterm Tisch durchrauschte, schnell, dunkel und so rein wie die Zeit selbst. So fühlte sich auch mein Wahn an – schnell, dunkel und rein wie der Strom. Mindestens einmal am Tag, an den meisten Tagen auch mehrmals, spürte ich diese Strömung unter der Oberfläche, eine stete Erinnerung daran, dass ich eine Lüge war, dass das, was ich tat, eine Lüge war, andererseits waren Lügen auch das einzig Spannende in meinem Leben, zumindest im Augenblick, und darüber hinaus war ich, jetzt, da Amelia Earhart beschlossen hatte, sich meiner anzunehmen, fest entschlossen, sie nicht zu enttäuschen.

Wie man Fliegen lernt

Ich flog zum ersten Mal, als ich neun Jahre alt war. Niemand sah, wie es geschah, was mich nicht weiter kümmerte: Auch der erste Aufstieg der Brüder Wright hatte unter strengster Geheimhaltung stattgefunden, und bis allgemeiner Druck sie schließlich an die Öffentlichkeit zwang, waren gewiss noch manche erfolgreichen Flüge unbeobachtet geblieben. Natürlich hatten Orville und Wilbur nicht versucht, worauf es mir ankam: Wie Blériot und Santos-Dumont änderten sie die Welt, interessierten sich aber nicht fürs Fliegen im eigentlichen Sinne. Sie waren Mechaniker, keine Engel. Ich wollte etwas, das sie nie auch nur in Betracht gezogen hatten, und obwohl ich wusste, dass ich scheitern musste, war ich nicht bereit, mich mit etwas so Profanem wie einer Flugmaschine abzufinden.

Nein: An jenem ersten Morgen, allein auf einem Brachland in der Nähe einer stillgelegten Zeche, hatte ich weit Abenteuerlicheres im Sinn – und was könnte abenteuerlicher als das Unmögliche sein? Ich bewunderte die frühen Aeronauten mehr als irgendjemanden sonst in der Geschichte, wusste aber auch damals schon, dass jene, die wir Pioniere des Fliegens nennen, nur Pioniere des Maschinenflugs waren – was sich nach meiner kindlichen Ansicht vom tatsächlichen Fliegen so radikal unterschied wie ein Zauberkunststück von wahrer Magie. Ich wollte nicht mit Maschinenkraft aufsteigen, ich wollte ein Wunder, einen Triumph des Willens, wollte fliegen ohne fremde Hilfe, fliegen wie ein Vogel oder wie ein mittelalterlicher Mönch.

Wie Eilmer von Malmesbury. Der Geschichte nach stieg Eilmer in seiner Mönchskutte, aber mit selbst gemachten, an Schultern und Füßen befestigten Flügeln den Abteiturm hinauf, sprang und flog an die zweihundert Meter weit, ehe er zu Boden stürzte und sich beide Beine brach. Das geschah an einem windigen Vormittag des Jahres 1010. Eilmer hatte offenbar viele Stunden lang die Dohlen beobachtet, die sich auf dem Gelände der Abtei sammelten, und er war davon überzeugt, ihr Geheimnis entdeckt zu haben; dem Bericht zufolge, den William von Malmesbury später verfasste, war er tatsächlich schon eine Strecke weit geflogen, als er das Vertrauen in seine Fähigkeiten verlor und in Panik geriet – ein wenig wie Petrus, der auf dem See von Galiläa tapfer aus dem Boot stieg, um Jesus über das Wasser zu folgen, plötzlich aber Angst bekam und sank. Es dauerte eine Weile, bis Eilmers Beine geheilt waren, doch kaum ging es ihm wieder besser, plante er den nächsten Flug, da er der unerschütterlichen Ansicht war, zum einen deshalb gestürzt zu sein, weil es ihm an Überzeugung gefehlt, zum anderen aber, weil er einen Heckflügel vergessen hatte. Wäre der Abt nicht gewesen, der ihm weitere Experimente dieser Art untersagte, hätte Eilmer sicherlich wieder zu fliegen versucht; stattdessen genoss er ein langes, studienreiches Leben und beobachtete 1066 vielleicht sogar noch den Halley'schen Kometen, den er 989 schon als kleiner Junge gesehen hatte. Zumindest erzählt uns dies William von Malmesbury, und ich wüsste keinen guten Grund, daran zu zweifeln.

Mönche waren offenbar in besonderem Maße vom Fliegen besessen – was womöglich nicht unbedingt fürs religiöse Leben spricht. Interessanter noch als der Fall Eilmer von Malmesbury ist jener des Josef von Copertino, der in der ersten Hälfte des siebzehnten Jahrhunderts diverse Male von einer Reihe unabhängiger, mehr oder minder verlässlicher Zeugen dabei beobachtet wurde, wie er scheinbar ganz unwillkürlich in die Luft aufstieg. Seinem Abt gefiel dies ebenso wenig, wie Eilmers Abt die Flüge seines Mönchs gefallen hatten, und er verlangte von Josef, sofort damit aufzuhören. Das aber konnte er nicht – es schien Gottes und nicht sein eigener Wille zu sein, der ihn aufsteigen ließ –, weshalb Josef von Copertino sich genötigt sah, als Eremit in der Einsamkeit zu leben, wo er seine Kunst unbeobachtet ausüben konnte, bis er schließlich wieder in die klösterliche Gemeinschaft aufgenommen wurde und im Alter von sechzig Jahren starb. Jene, die ihn fliegen sahen, berichten, er sei ohne Warnung direkt in die Luft aufgestiegen und hätte eine Weile in der Höhe geschwebt, ehe er wieder zur Erde sank, mit entrücktem Blick, vielleicht auch einer ekstatischen Miene oder einer, wie sie ein Schlafwandler bei seinen nächtlichen Wanderungen aufsetzt.

Mein eigener Flugversuch fiel an jenem ersten Tag dagegen vergleichsweise bescheiden aus, was daran gelegen haben mag, dass ich kein Mönch war. Auf einem freien Gelände unweit von Cowdenbeath kletterte ich an einem klaren, nahezu windstillen Nachmittag auf ein stillgelegtes Zechengebäude und sprang vom Dach. An mechanischen Hilfsmitteln benutzte ich nur ein altes schmuddeliges, mit Zwirn an Hand- und Fußgelenken festgebundenes Bettlaken sowie eine Schwimmbrille zum Schutz der Augen. Ich legte keine große Entfernung zurück, spürte aber, wie sich über mir das Laken spannte; und ich landete weiter vom Gebäude entfernt als gedacht, schwebte einen Moment lang, wie ich fand, Arme und Beine gespreizt, wobei ich mit den Händen kleine, wirkungslose Schwimmbewegungen machte, ehe ich hart auf dem Boden aufschlug und seitwärts in einen Haufen zerbrochener Ziegel und Brennnesseln rollte. Ich konnte froh sein, dass ich mir nichts gebrochen hatte, fühlte mich zugleich aber auch enorm bestärkt von der Vorstellung, dass ich tatsächlich zwei, drei Sekunden lang geflogen war, ehe ich zu Boden fiel. Am Ende der Woche waren die zwei Sekunden in meiner Erinnerung zu einer halben Minute geworden; und kurz darauf kehrte ich mit verbesserten Flügeln und der Hoffnung zurück, diesmal *spürbar lang* zu fliegen. Es sollte nie dazu kommen. So oft wie ich gescheitert bin, hätte mir dies eigentlich eine Lehre sein müssen, doch was ich auch unternahm und wie abrupt und schmerzhaft meine Stürze auch gewesen sein mochten, den Glauben ans Fliegen durch reine Willenskraft gab ich nicht auf.

Natürlich interessierte mich die Luftfahrt nicht: Ich wollte *fliegen*. Meine Familie konnte es sich ohnehin nicht leisten, in ein Flugzeug zu steigen – Urlaub fand in jenen Tagen in Blackpool oder Clacton statt –, was mich aber auch nicht störte. Ich wollte keinen Flug nach Flugplan, der Pilot ein Fremder, ich selbst mit hundert weiteren Passagieren eingezwängt auf den Sitzen. Ich wollte solo aufsteigen, wollte *fliegen* – und blieb trotz meiner kläglichen Erfahrungen davon überzeugt, dass dies möglich war. Mir fehlte es nur am nötigen Wissen: Wie bei so vielen Dingen damals würde Wissenschaft der Schlüssel zum Erfolg sein. Und mir wurde klar, dass ich ein Handbuch brauchte.

*   *   *

Richard Ferris' *How to Fly* fand ich auf einem Kirchmarkttrödel. 1910 von Thomas Nelson and Sons veröffentlicht, war es eines jener robusten, für ernsthaftere Kinder gedachten Wälzer des Schlags *How It Is Made* oder *How It Works*. (»Prachtvolle Bücher für Jungen, die ihnen verraten, was sie wissen wollen«). Der Einband zeigte einen Piloten in einer überaus zerbrechlichen Maschine – eine Art Teekiste mit angesetzten Flügeln und den Rädern eines alten Kinderwagens –, die an einem blassblauen Himmel zwischen den Wolken schwebt. Mag sein, dass es die Farben waren, die mich zu dem Stand lockten, an dem das Buch arglos für sechs Pence zwischen einer altmodischen Fahrradpumpe und einer zerlumpten Negerpuppe auslag, vermutlich aber war es das Bild des Aeronauten gewesen, einer gekrümmten Gestalt mit Fliegermütze und einer Art Safarijacke, ein Mann, der nicht bloß *allein* flog, sondern dabei auch kaum *in* der Maschine saß. Kopf und gesamter Oberkörper waren den Elementen ausgesetzt: Wer so flog, in einer solch behelfsmäßigen Kiste, der spürte im Gesicht die kühle Luft der oberen Atmosphäre, roch das Ozon, schmeckte die Wolken. Allein dieses Bild hätte vermutlich genügt: Doch nach einem Blick auf die erste Seite galt der Handel für mich als abgemacht, weshalb ich prompt meine Sixpence überreichte. Was ich an jenem Tag las, ist mir wie ein Mantra noch heute im Gedächtnis:

»Die kaum spürbare Luft, die uns so allgegenwärtig umgibt, dass sie nur selten unser Interesse erregt, ist in Wahrheit ein riesiger, unerforschter Ozean voll ungeahnter Möglichkeiten. Selbst in diesem Augenblick ziehen die Pioniere einer zahllosen Flotte darüber hin, während sich seine wundervollen Möglichkeiten so stetig wie unaufhaltsam entfalten.«

Das faszinierte mich. Ich sah sie vor mir, diese abertausend Seelen, die über die Himmel zogen, jede im eigenen Solo-Flieger, von nichts anderem als von menschlicher Willenskraft angetrieben. Eine solche Vision stand für mich in keinerlei Zusammenhang mit den bekannten Flugzeugen: Das waren doch nichts weiter als riesige Busse, die von Haltestelle zu Haltestelle gondelten. Sich ein Ticket zu kaufen und an Bord eines Flugzeugs zu begeben hatte nichts mit *Fliegen* zu tun; das war Luftverkehr – und solcher Luftverkehr war etwas für Geschäftsleute oder für reiche Familien, die in den Urlaub nach Malaga flogen; das war bar allen Abenteuers. Was ich dann auf den Inhaltsseiten dieses prächtigen Buches las, widersprach sämtlichen Grundsätzen des Luftverkehrs, wie ich ihn kannte:

DIE LUFT

FLUGGESETZE

BALLONS: WIE MAN SIE FLIEGT

BALLONS: WIE MAN SIE BAUT

Am besten aber fand ich: LEBENSLÄUFE BERÜHMTER AERONAUTEN. Jene Männer und Frauen, die über meinem Kopf in Linienflugzeugen hin und her jetteten, waren keine Aeronauten, sondern Passagiere, und laut Bildern, die ich gesehen hatte, taten sie nichts weiter, als Gin Tonic zu trinken und aus dem Fenster auf vorbeiziehende Wolken zu starren. Sie waren den Elementen nicht ausgesetzt, konnten den Himmel weder schmecken noch riechen oder spüren wie Claude Grahame-White, der »berühmteste britische Aeronaut«, oder wie Léon Delagrange, der eine vielversprechende künstlerische Laufbahn aufgab, um 1909 den Weltrekord für den schnellsten Flug zu brechen und mit »78,87 Kilometer pro Stunde« dahinzurasen; er starb im da- rauffolgenden Jahr, als »seine Maschine versagte«. Diese Pionie- re sind echte *Flieger* gewesen: Verglichen mit ihnen, könnte die stetig anwachsende Menge von Flugpassagieren ebenso gut mit Thermosflasche, Sandwiches und warmen Schals auf einer nach- mittäglichen Sonntagsfahrt zum schottischen Nationalpark The Trossachs unterwegs sein.

Meiner kindlichen Auffassung nach hatte Flugverkehr folg- lich nichts mit Fliegen zu tun, auch wenn Flugreisen erst Ende der Sechziger-, Anfang der Siebzigerjahre wirklich zum Betrug wurden. Da waren sie bereits hoffnungslos verbreitet, waren zu gut verkauft worden, zu fern vom Äther, zu sicher. Der Anblick einer modernen, über mir dahinfliegenden Maschine erinnerte kaum mehr an die Schönheit, an die Ehrfurcht, die mich beim Betrachten der Tafel 22 in *How to Fly* erfasste, einem körnigen Foto mit dem Untertitel: *Das lenkbare Luftschiff »America« der Wellman Company beim Start nach Europa, 15. Oktober 1910.* Über einem anscheinend grenzenlosen Ozean hing da ein zigarren- förmiger Zeppelin gefährlich schief, höchst bedroht und wohl nur fünfzehn Meter über dem kalten, dunklen Wasser. *Das* war Fliegen. Es fiel leicht, an Flugzeugen zu zweifeln, bedeuteten sie inzwischen doch kaum mehr als Düsenlärm und Sicherheitsvor- schriften; es fiel leicht, an den Piloten in alten Kriegsfilmen mit ihren makellosen Uniformen und lächerlichen Schnurrbärten zu zweifeln. Es fiel leicht, an der Freude der Stewardessen zu zweifeln, so angestrengt, wie sie lächelten – und es war unmög- lich, *nicht* an der Mondlandung zu zweifeln, wenn Neil Arm- strong und seine Kollegen so überaus ernst taten. Wie alles an- dere, was uns das Fernsehen bot, war Apollo bloß Rhetorik der Fünfzigerjahre und merkwürdige Frisuren, bloß eine altmodische und überraschend knauserig inszenierte Pantomime, um uns von dem quälenden Gefühl abzulenken, dass das *Wahre* woanders geschah. Wenn ich heute daran zurückdenke, weiß ich eines kaum vom anderen zu unterscheiden: die schlecht ausgeleuchtete, pockennarbige Staublandschaft der Mondoberfläche geht ins schlecht ausgeleuchtete Gesicht des Präsidentenbruders auf dem Küchenboden des Ambassador Hotels über, dessen Blick die ganz gewöhnliche Einsicht verriet, dass Geschichte sich auf banalste Weise wiederholt und dieselben Leute immer und immer wieder mit denselben Verbrechen ungestraft davonkommen. Ich erinnere mich an einen Mann mit einem Golfschläger in der Hand, bin mir aber nicht sicher, ob es Buzz Aldrin war oder irgendein Kerl von der Security, und ich weiß noch, dass ein reiterloses Pferd mitten im Bild stand – auch wenn sich niemand zur Ironie dieser Aufnahme bekannte. Man flog in alle Richtungen: nach Acapulco, zum Mond, um die Russen auszuspionieren oder die Vietnamesen zu bombardieren. Flugzeuge zogen unablässig durch die Luft, nur war kein Mensch an Bord, den ich kannte. Früher einmal war Fliegen ein Abenteuer gewesen, jetzt war es bloß noch schick. Früher brauchten jene Männer und Frauen, die in den Himmel aufsteigen wollten, Mut und Können; heute brauchte man nur noch Geld. Früher einmal war man noch wirklich geflogen – Piloten wie Amelia Earhart, Amy Johnson und Antoine de Saint-Exupéry; uns kommen sie und die von ihnen unternommenen Flüge heute so fern und unwirklich vor wie das kaiserliche Japan. Als ich zum ersten Mal ein Flugzeug bestieg, konnte das jedermann, folglich war es nichts Besonderes mehr. Fliegen war lästig. Auf meinen ersten Flügen – meist kurze Hüpfer über den Kanal – war der Blick aus dem Bullauge wie Fernsehschauen: Nichts, was ich sah, war gänzlich real; es kam mir wie ein Reisebericht vor, und es fehlte nicht viel zur Kinematografie. Fast erwartete ich einen Kommentar in bestem Oxford-Englisch, der mir riet, worauf ich in der Landschaft unter mir achten sollte und der die Wolkenarten benannte, die auf dem winzigen Bildschirm zu sehen waren: *Kumulus, Stratus, Zirrus, Nimbus, Mammatus, Kondensstreifen, Altrostratus, Kumulonimbus.*

*   *   *

Mit vierzehn verliebte ich mich in Amy Johnson. Die Hoffnung, fliegen zu können, hatte ich inzwischen fast aufgegeben; statt der Schwerkraft zu trotzen und ins All davonzufliegen, interessierte mich längst eher die Möglichkeit, gänzlich zu verschwinden. Manchmal träumte ich immer noch davon, die Treppe hinaboder eine leere Straße entlangzuschweben, die Füße nur Millimeter über dem Erdboden, öfter aber sah ich mich nun von außen durch frisch gefallenen Schnee oder in strahlendem Sonnenschein laufen und verschwinden, mich langsam – allmählich, Schritt für Schritt – in Luft auflösen. Diese Weiterentwicklung schien so offensichtlich: Nach dem Fliegen kam die Nummer mit dem Verschwinden, wie sie so viele berühmte Aeronauten beherrscht hatten. Saint-Exupéry etwa hatte sich einfach in die obere Atmosphäre aufgelöst, der Autor meines Lieblingsbuches – *Wind, Sand und Sterne* – war zu den Elementen geworden, die er so liebte. Dass die großen Aeronauten abgestürzt waren, mochte ich nie recht glauben: Ich sah sie nicht ins Meer trudeln, wo sie stunden- oder tagelang im Wasser trieben und auf Rettung warteten, während die Haie ihre Kreise enger zogen; ich konnte mir nicht vorstellen, wie sie von Flammen verzehrt oder in Stücke gerissen wurden, konnte sie mir nur als verloren vorstellen. Soll heißen: Ich konnte sie mir nur in einem begnadeten, zutiefst sinnlichen Zustand vorstellen, Engel schon fast, die Luft hell und klar auf den Gesichtern und in ihren Lungen, wenn sie durch jene unsichtbare Barriere huschten, die nur die Verlorenen erkennen können. Mit vierzehn Jahren sehnte ich mich danach zu verschwinden, mich zu verlieren, in einem unvorstellbaren Anderswo anzukommen. Warum sollte ich fliegen wollen, wenn ich verschwinden konnte? Wie Saint-Exupéry oder Amelia Earhart zu werden, hatte weniger mit Aeronautik als mit Unsichtbarkeit zu tun.

Amy Johnson war von allen die Unsichtbarste. Ihre Geschichte ist in den Annalen der Fliegerei keineswegs einzigartig, doch ist wohl keine andere so schön und schlicht. Man kennt Amy Johnson vor allem wegen ihres Soloflugs im Mai 1930 vom englischen Croydon nach Darwin, Australien, eine Strecke von knapp achtzehntausend Kilometern, die sie mit einer einmotorigen Gypsy Moth in neunzehn Tagen zurücklegte. Im darauffolgenden Jahr flog sie mit Copilot Jack Humphreys von England nach Japan; 1932 stellte sie, wieder solo, den England-Kapstadt-Rekord auf. In den Dreißigerjahren unternahm sie mit Jim Mollison, ihrem Mann, mehrere Nonstop-Flüge in die Vereinigten Staaten und nach Indien. Als der Krieg ausbrach, schloss sie sich der Air Transportation Auxiliary an und erledigte Routineaufgaben – mit ein Grund, weshalb sie am 5. Januar 1941 nicht über einem fernen Ozean, sondern bei einem eher simplen Flug verschwand; sie stürzte in die Themsemündung. Amy Johnson war das erste Todesopfer der ATA: Offenbar konnte sie noch mit dem Fallschirm aus der getroffenen Maschine springen, ertrank dann aber im eisigen Wasser, lautlos und unbeachtet.

Amy Johnson war der erste echte Schwarm meines Lebens (mit Ausnahme vielleicht von Geraldine Anderson in der 4. Klasse), wobei mich Johnsons Biografie allerdings kaum interessierte. Mir hatten es besonders ihre Soloflüge angetan, denn meiner Ansicht nach konnte ein Aeronaut nur beim Soloflug bis zur Grenze zwischen unserer und der unsichtbaren Welt vorstoßen, und nur wer sich verirrte, vermochte diese Grenze zu überqueren und aus dem Himmel ins Ewige zu fallen, allein, begnadet, unberührbar. Genau dies aber verwehrt Amelia Earhart die höchste Auszeichnung des Fliegens: Sie unternahm Soloflüge, und sie verschwand, 1937, als sie als erste Frau die Welt zu umfliegen versuchte – nur war sie nicht allein. Als sie abstürzte, saß ihr Navigator Fred Noonan mit in der Maschine und starb wie sie vermutlich irgendwo bei Howland Island im Pazifischen Ozean. Manchmal träume ich von ihrem Soloflug über den Atlantik vom kanadischen Harbor Grace zur nordirischen Küste (sie war unterwegs nach Paris, als schlechtes Wetter die Landung in der Nähe von Derry erzwang), und ich verehre sie als eine der großen Fliegerinnen, doch kann sie wie so viele andere nur zu den Vermissten und nicht zu jenen gezählt werden, die wahrhaft verschwanden. Um verschwinden zu können, muss man allein sein. So lautete für mich die Grundregel des Fliegens.

* * *

Es gibt so viele Vermisste. Für mich sind sie in der Vorhölle, gestrandet in einer dieser großen Abflughallen des Jenseits, bläuliche, nach Ozon und Kerosin riechende Phantome. Otis Redding und Glenn Miller sitzen zusammen am Fenster und reden über Musik; Thomas Selfridge, der erste bei einem Flugzeugunglück gestorbene Mensch (September 1907), genehmigt sich einen Drink mit Admiral Yamamoto und Leslie Howard; Buddy Holly flirtet mit Carole Lombard. In einer der vielen Sitzecken unterhalten sich Dag Hammarskjold und Yuri Gagarin über Geschichte, während Patsy Kline verblüfft feststellt, wie viele Gemeinsamkeiten sie mit Rocky Marciano verbinden. Ronnie Van Zant und Steve Gaines treten in einem A-cappella-Chor mit Jim Reeves und Ricky Nelson auf. Der Raum ist überfüllt, und alle warten sie auf ihren Flug, nur lässt sich unmöglich sagen, ob sie dahin zurückkehren, woher sie kamen, um in anderer Gestalt wieder von vorn anzufangen, oder ob sie unterwegs zu einem neuen, noch ganz unbekannten Ziel sind.

* * *

Seit jenen ersten Hüpfern über den Kanal habe ich fast zwanzig Jahre meines Lebens in Flugzeugen verbracht. Meist gehörten diese Reisen zur Kategorie Geschäftsreisen: noch weiter entfernt vom Aeronauten, gar eine Stufe unterm Passagierstatus. Seltsamerweise aber war diese würdelose Form des Reisens genau das, was ich brauchte, um die metaphysischen Dimensionen des Fliegens ausleuchten zu können. Wer ist unsichtbarer als ein Geschäftsreisender? Wer erregt im Flughafen unser Interesse: Das hübsche Mädchen mit dem Rucksack? Die junge indische Familie, die um die halbe Welt reist, um Freunde in Pittsburgh zu besuchen? Oder der Mann im grauen Anzug? Wenn die Reise über abertausend Meilen mit dem ersten Schritt beginnt, dann bestand mein erster Schritt darin, in der Flughafenmenge unterzutauchen, jener Mann zu sein, den niemand sah, der sich unbemerkt durch das Gewühl bewegte. Ein Geschäftsmann, nicht Erste Klasse und ohne Begleitung, einer dieser Typen, die nichts zu sagen haben und niemanden, dem sie es hätten sagen können.

Es war wunderbar. Meist saß ich am Fenster und starrte nach draußen, während die Maschine zur Landung in Schiphol oder JFK ansetzte und ich mit unendlicher Sorgfalt die üblichen Details registrierte: die Flughafengebäude, die Lichter, die Äcker rund um Start- und Landebahnen, dieses recht putzige, merkwürdig provinzielle Long Island. Hin und wieder geschah auch Ungewöhnliches, oder mich überwältigte das seltsam Schöne des Anflugs: dieses endlose Flirren von Buenos Aires etwa oder das weite Schlickland des Rio de la Plata; der plötzlich auftauchende Pazifik, wenn die Maschine auf San Francisco zuhielt; der schwindelerregende Eindruck eines Archipels, der für einen Moment über Kopenhagen aufkam und verging. Wo immer ich auch landete, mein Gepäck holte und dem Ausgang zustrebte, blieb letztlich nur das Gefühl, an einem Ort zu sein, an dem mich niemand kannte, ein Ort, an dem ich einfach verschwinden konnte. Ich ging zum Taxistand, stieg in den nächstbesten Wagen und fuhr dahin, wohin ich fahren sollte. In meinem Kopf aber hörte ich fiktive Berichte über einen mehr oder minder mit mir identischen Mann, der dabei beobachtet wurde, wie er den Shuttlebus bestieg: Dunkler Regenmantel, in der Hand eine braune Ledertasche, vielleicht etwas müde im Gesicht oder wie in Gedanken, doch war an ihm nichts weiter ungewöhnlich: ein Mann eben, der in den Shuttlebus stieg oder ihn verließ, um nie wieder gesehen zu werden. Zum Verschwinden war heutzutage mehr Platz. Man wurde weniger beachtet, die Welt war weniger berechenbar. Im Prinzip aber kam es letztlich nicht mehr darauf an, ob ich verschwand. Ich konnte meine Termine einhalten, den Mietwagen pünktlich zurückbringen, den Rückflug erwischen und dennoch nicht völlig anwesend sein – genau deshalb heißen die wahren Pioniere nicht Orville und Wilbur Wright, Louis

Blériot oder Charles Lindbergh, sondern Amy Johnson, Amelia Earhart und Antoine de Saint-Exupéry. Die wahre Leistung des zwanzigsten Jahrhunderts besteht nämlich nicht darin, dass der Mensch fliegen lernte, wie Ferris behauptete, sondern darin, dass Menschen – leise und ohne den Eindruck, einen Durchbruch zu erleben – lernten, wie man *verschwindet*.

* * *

Das letzte Mal, als ich ein Erlebnis hatte, das dem wahren Fliegen nahekam, befand ich mich irgendwo zwischen Kautokeino und Lakselv, tief innerhalb des nördlichen Polarkreises im norwegischen Bezirk Finnmark. Es war Anfang Mai, aber ich fuhr noch mit Schneeketten, als ich die winzige, unbeheizte, in Kautokeino gemietete *hytte* verließ, um mich ostwärts in Richtung Karasjoka aufzumachen. Kaum hatte ich dort jene diesige weiße Kurve der Straße erreicht, die mich zurück nach Norden, zu Lakselvs winzigem Zivilflughafen führte, hörte es auf zu schneien, und die Sonne kam hervor, ließ ihr Licht über Flüsse und Tauwasser glitzern und leuchtete auf ein Land, das noch wenige Minuten zuvor graues Buschland gewesen war, jetzt aber in feinen Farben schimmerte: die satten Braun- und weichen Rottöne der Birkenzweige, das fahle Gelbgrün der *Salix lapponica*, das sanfte Orange, Blaugrau und Rot der Moose und Flechten. In der Nähe von Lakselv gehört das Land dem norwegischen Militär, weshalb ein Halt stellenweise nur in Notfällen erlaubt ist. Normalerweise befolge ich die Warnungen derartiger Hinweisschilder, wie sie überall entlang der Strecke stehen, ignorierte sie aber an jenem Tag. Ich wollte einen letzten Spaziergang in dieser Welt aus Licht und Farbe machen, nur eine kurze Wanderung, um die stille Tundrakälte in Knochen und Nervensystem mit nach Hause zu nehmen. Ich hielt, stellte den Wagen so ab, dass er von der Überlandstraße aus nicht zu sehen war, und stiefelte los, folgte Rentierspuren am Rand eines großen, gefrorenen Sees, suchte meinen Weg im Schnee und lauschte auf die Rinnsale des Tauwassers, das die sanften Hänge hinabplätscherte, ein Laut, den ich lange vor meiner ersten Begegnung mit der Finnmark bereits in Aufnahmen des Sami-Dichters und Musikers Nils-Aslak Valkeapää gehörte hatte.

Ich ging nicht weit. Es war noch kalt, und ich musste am Abend wieder in Lakselv sein, um den Mietwagen zurückzugeben; außerdem machte es mich nervös, dass ich mich auf Militärgelände befand. Eine Weile folgte ich dem See, ließ mir das Gesicht von der Maisonne wärmen und kehrte bald wieder um. Das Großartige an dieser subpolaren Gegend ist, dass wenige Tage, eine Stunde oder auch nur Minuten genügen können in diesem Land voller Zeichen, voll unverhoffter Wunder. Man muss nur lernen, sie zu finden. An diesem Tag glaubte ich, mein Geschenk bereits erhalten zu haben – die Sonne, die Farben und das Geräusch des Tauwassers –, dann aber, nur wenige hundert Meter von der Stelle entfernt, an der ich den Wagen zurückgelassen hatte, verschreckte ich einen Schwarm Alpenschneehühner, die aus schneebedecktem Gebüsch aufstiegen, weiße Vögel vor weißem Hintergrund, schwirrende Flügel, ein Geräusch, als drehten sich winzige Räder in meinem Leib. Und plötzlich, ohne auch nur zu ahnen, dass etwas Ungewöhnliches geschah, und vielleicht nur für wenige Sekunden, stieg ich ebenfalls auf, schwang mich wie diese Vögel in die Luft, flügellos, schwindlig, im Kopf nur Weiß. Ich will nicht mehr daraus machen, als tatsächlich geschah: Es dauerte keine Minute und war nicht im Mindesten mystisch oder auch nur unerklärlich. Zugleich aber will ich diesem Moment geben, was ihm gebührt, denn ich bin aufgestiegen, bin geflogen und war kurzzeitig einer dieser Vögel, dem Schwarm verbunden, mit dem Himmel vertraut. Manche Wunder sind sehr persönlicher Art und finden vielleicht nur in der Fantasie statt, dennoch sind es Wunder. Ich hatte schon öfter Alpenschneehühner aufgeschreckt – das lässt sich in der Tundra kaum vermeiden –, ein derartiges Gefühl aber hatte ich noch nie empfunden. Zum ersten Mal war ich nahe genug gekommen, wurde erfasst, mitgerissen und bekam einen Augenblick des Fliegens geschenkt.

Später brachte ich den Wagen zurück und fand ein Bett für die Nacht. Es war ein stilles, recht schlichtes Gästehaus, das einzige in der Stadt, das geöffnet hatte. In meinem Zimmer erlaubte ein Panoramafenster den Blick auf schneebedeckte Birken und einen daran angrenzenden niedrigen, dunklen Wald. Die Maschine nach Tromsø ging am folgenden Nachmittag um zwei Uhr; ich hatte also genügend Zeit und nichts weiter zu tun – die bestmögliche Garantie dafür, dass ich keinen Schlaf finden würde. Wenn ich nicht daheim bin, schlafe ich nur, wenn um mich herum etwas los ist, etwa wenn ich auf der Durchreise oder in belebten Gegenden bin, in denen ich Stimmen und Verkehrslärm höre. In dieser Welt unendlicher Stille, in der Schnee jeden Laut dämpfte, der durch den Birkenwald dringen mochte, in diesem völlig verlassenen Gästehaus lag ich in jener Nacht lange wach, lauschte auf die Stille und dachte an das Gefühl in der Tundra, dann stand ich auf, packte meinen Seesack und ging in die Küche, in der man mir ein Frühstück bereitgestellt hatte. Ich aß ein paar Ecken Gjetost, trank einige Schluck Kaffee und fühlte mich innerlich milchig und warm, als ich mich aufmachte, die anderthalb Kilometer zum Flughafen zu Fuß zu gehen. Es war sechs Uhr früh.

So hoch im Norden sind die Mainächte weiß. Ich lief im kalten, kreidigen Licht, das einzig wache Menschengeschöpf in der nördlichen *Vidda*, zumindest kam es mir so vor; und ich ließ mir Zeit, stockte die Vorräte meiner Einsamkeitsrationen auf, passte mich dem Rhythmus an, der aus der Erde der Subarktis aufsteigt, ein Rhythmus wie kein zweiter, ein Pulsschlag, der im Innern von Haut und Knochen tagelang vorhält, Wochen noch, ein Pulsschlag, fast hörbar, eine Trommel, ein Flageolett. Ich wollte nicht zurück in die wuselige Welt, wollte bleiben, dem Land angepasst, wollte in die Luft stieren. Die *Finnmarksvidda* ist hoch und scheinbar unbegrenzt, dem Himmel nahe, ein Ort, um die Sinne zu reinigen, weitsichtig zu werden, und ich wusste, zurückzukehren hieße, sich auf vielerlei Weisen zu reduzieren, sich abzuschotten. Doch mir blieb keine Wahl: Pflichten riefen, Versprechen mussten eingehalten werden. Als ich den Flughafen erreichte, hatte ich mich mit einem Leben als dem Menschen abgefunden, der ich in der zivilisierten Welt zu sein schien.

Die *Vidda* hielt jedoch noch ein letztes Geschenk für mich bereit. Lakselvs Flughafen ist abgelegen, winzig, am äußersten Rande Europas, weshalb es hier niemals geschäftig zugeht, und im Winter scheint er nahezu stillzuliegen. Man könnte meinen, es käme nur einmal am Tag ein Flugzeug vorbei, entlädt seine Passagiere, wendet und fliegt zurück nach Tromsø, steigt aus dieser schmalen Küstenstadt auf, überquert *en route* das Hochplateau und gewährt seinen Passagieren einen einmaligen Blick auf die steilen, schneebedeckten Seitenhänge der *Vidda*, eine der schönsten Landschaften, die ich je gesehen habe. Die übrige Zeit ist der Flughafen von Lakselv still – wenn auch vielleicht nicht ganz so tot und verlassen wie an jenem Morgen, als ich das Foyer betrat. Drinnen war es dunkler als draußen, was für eine gespenstische Atmosphäre sorgte; ich ging zum Abflugbereich, von wo aus ich auf die Startbahn schauen konnte. Niemand zu sehen. Der Runway war so schneebedeckt wie das umliegende Land, und wäre nicht das moderne, glitzernde Flughafengebäude gewesen, hätte ich mitten im Nirgendwo sein können. Ich setzte mich und blickte hinaus ins Weiß. Die Zeit stand still. Alles war still. Ich war allein auf der Welt.

Wie die Bewohner von Wüsten und Prärien sind auch die Menschen der Subarktis geselliger als Stadtleute: Selbst der Einsamste lernt ein wenig Gesellschaft zu schätzen, wenn er nicht den ganzen Tag im Kreis von Fremden lebt. Ich verstehe das, und ich verstehe auch die praktischen Gründe für die Wertschätzung der Nachbarn, deren Hilfe schließlich jeden Moment gebraucht werden könnte. Dennoch ziehe ich es unter nahezu allen Umständen vor, allein zu sein, und dieser leere Ort, dieser verlassene Flughafen war für mich ein doppeltes Geschenk: Zum einen, weil er es mir erlaubte, ruhig dazusitzen und ein paar letzte Stunden mit jenem Selbst zu verbringen, das ich fern von daheim bin; zum anderen war er vom Traum des Fliegens erfüllt, ein Raum voller Himmel und den Erinnerungen an die Luftfahrt. Zu sehen waren nur eine Startbahn und ein Windsack, doch das genügte: Mich umgab der Geist von Amy Johnson und Antoine de Saint-Exupéry, von Leon Delagrange und Amelia Earhart; sie alle waren da, schwebten in der Luft, vollendet und verewigt, im Schnee und im Gras unter dem Schnee, in den Wolken und im Ozon, im Wind, der über die Landebahn stob, und im Puls, der aus der Erde aufstieg und mich wie Strom durchfloss, selbst hier, an diesem modernen Flughafen. Die Geister der Verschwundenen waren bei mir, und ich war bei ihnen, allein an einem kalten weißen Ort, von dem aus ich selbst nun auch jederzeit verschwinden konnte. Lange saß ich da an jenem Tag und wartete auf meinen Flug – und ein Teil von mir sitzt immer noch dort und genießt die Stille, wird zur Stille, lernt zu verschwinden. Jeden Tag verschwinde ich auf jegliche Weise; ein wenig nur – und es fühlt sich wie Fliegen an, wie die Art Flug, nach der ich gestrebt hatte, damals, als ich neun Jahre alt war – doch hat es nichts mit Wollen zu tun, nichts mit *Streben*. Wenn es denn überhaupt zum Flug kommt, dann ist er ein Geschenk: Und dies bleibt die einzige Definition von Gnade, der ich trauen kann. Die Luft, die mich umgibt, so spürbar und allgegenwärtig, dass sie nur selten Interesse erregt, ist in Wahrheit ein riesiger, unerforschter Ozean voll ungeahnter Möglichkeiten. Selbst in diesem Augenblick ziehen die Pioniere einer zahllosen Flotte darüber hin, während sich seine wundervollen Möglichkeiten so stetig wie unaufhaltsam entfalten.

California Dreaming (II)

Die Baseball-Saison ging zu Ende, als ich zum Silicon Valley flog. Im Büro der Muttergesellschaft hatte ich mein Reisepaket abgeholt – die Kondome, die sauberen Nadeln und Spritzen, die Gesundheitshinweise und die Vorschriften für den Fall, dass man im Ausland verhaftet wurde – und dann, ganz plötzlich, war ich am Flughafen, *Hejira* im Kopf. Die Hedschra: eine Pilgerfahrt, die wenigstens einmal im Leben zu machende Reise, um – ja, um was eigentlich zu finden? Gott? Erlösung? Unsichtbarkeit? Des Jenseits dissoziative Fugue? Einige Stunden später, beim Flug überm Polarkreis, schienen die Karten das eine oder andere für mich bereitzuhalten. Während die Maschine ungeheure weiße Ebenen überquerte und ich am Fenster stand, um hinabzublicken, erstaunt, dass sich all die anderen um mich herum so blasiert gaben, fühlte ich mich zum ersten Mal in meinem Leben wirklich real. In dünner Luft über Grönland – oder was auf der Karte auch immer jener Weiße entsprechen mochte – fühlte ich mich auf eine Weise real wie nie zuvor, und ich wollte, dass es nie wieder aufhörte. Ich wollte auf immer in der Luft bleiben; solo durchs Jenseits fliegen, denn so fühlte es sich für mich an, als das Flugzeug den Zenit der Welt querte – ein paar Stunden später, in einer neuen Welt, die mir vorkam wie das Jenseits.

Allerdings wusste ich nicht, was auf mich zukam, als ich zum Einsteigen anstand. Ich wusste nicht, dass ich endlich *fliegen* sollte. Anfangs, beim Warten in Heathrow und auch beim Take-off, war das Ganze eher gewöhnlich: die übliche Menge, die übliche Bürokratie, die unvermeidlichen Verzögerungen. Erst der Check-in, dann die Security. Aus irgendeinem Grund patrouillierten bewaffnete Polizisten durch die Menge, Maschinenpistolen im Arm. All die Details, all die wohlmeinenden, langweiligen Fragen und Überprüfungen schienen ewig zu dauern – und während des ganzen Prozedere stand ich neben einer hochgewachsenen, sehr schlanken, grauhaarigen Frau, die all das nicht zu kümmern schien, die gänzlich unbeeindruckt von jeder Widrigkeit und mühelos gelassen blieb. Sie, unübersehbar ein Kind der Sechziger, gehörte zu der Sorte, die man sich gut in einem Leotard oder in einem jener schwarzen Baumwollanzüge vorstellen konnte, wie sie Chinesen oft tragen: eine Meditierende, eine Yogalehrerin, nein, die chinesische Assoziation war punktgenau: eine Tai-Chi-Lehrerin. Alles an ihr befand sich im Gleichgewicht, Yin und Yang. Von ihrer Umgebung schien sie ein wenig amüsiert, doch blieb sie distanziert, aber nicht gleichgültig, fähig, aus dem Vollen zu leben, und bereit, jeden Kummer und jede Freude anzunehmen, die die Welt ihr bieten mochte; Kummer und Freuden, die, wie sie wusste, die ihren und nicht die ihren waren. An ihr war kein Gramm zu viel und keine Spur von Unsicherheit, wenn sie von hier nach dort ging, beobachtete, zuhörte, interessiert, unbeirrt. Ich beneidete sie darum – und vielleicht sah sie diesen Neid über mein Gesicht huschen, während wir vor der Sicherheitskontrolle warteten, da sie mich kurz anlächelte, als wir auf der anderen Seite ankamen und in den Transitbereich gingen.

Ich fand den Ort, an dem ich mich aufhalten sollte, und setzte mich. Die Tai-Chi-Lehrerin war verschwunden, übrig geblieben waren nur Familien und Geschäftsreisende. Das unsichtbare Flughafenpersonal putzte und bewegte sich leise, allein oder zu zweit, von einem Warteraum zum nächsten. Nach einem Moment wurde mir bewusst, dass jemand in unmittelbarer Nähe das öffentliche Telefon benutzte, eine große Amerikanerin mittleren Alters, nichts als Bauchtasche und Sandalen. Sie redete so laut in den Hörer, dass ich unwillkürlich hörte, was sie sagte. Ihr Tonfall war schleppend, amüsiert, dann schwieg sie eine Weile, vermutlich um zuzuhören, und jedes Mal, wenn sie wieder etwas sagte, klang sie noch ein wenig amüsierter, als wäre ihr gerade erst aufgegangen, dass die Zahl der Wunder auf dieser Erde unendlich war. Während des ganzen Telefonats drehte sie sich um sich selbst und wechselte jedes Mal den Hörer von der einen in die andere Hand. »Du solltest die Strümpfe sehen, die Ingrid mir gekauft hat«, sagte sie. »Einfach *grässlich*!«

Am anderen Ende wurde kurz gesprochen. Die Frau drehte sich, sah mich zu ihr aufschauen, wandte rasch den Blick ab und sagte dann: »Nein, ich habe sie an.«

Ich sah auf ihre Füße. Trotz der Sandalen waren die Socken gerade noch sichtbar, kleine Vielecke in Zuckerwatterosa und Kanariengelb. Sie sah, dass ich hinschaute, und drehte sich fort, schloss dabei aber kurz die Augen. »Na ja, mir blieb nichts anderes übrig«, sagte sie. »Ich hatte keine sauberen Sachen mehr. Aber es hat ja auch was Gutes. Wenn die Maschine irgendwo in der Wüste abstürzt, kann man mich leicht finden.«

Aus irgendeinem Grund fand ich ihre Bemerkung herrlich komisch, und ich wandte den Blick ab, damit sie mich nicht lachen sah. Es war ein gutmütiges Lachen, wohlmeinend und voller Mitgefühl, aber ich fürchtete, sie hätte es anders verstanden. Ein Lichtstrahl ergoss sich in den Sitzbereich rechts von mir, als hätte sich ein Spezialeffekt aus einem Hollywoodfilm in diesen grauweißen Wartesaal verirrt, und am Ende einer Sitzreihe drei Meter weiter saß die Grauhaarige, das Handgepäck auf den Knien. Sie hatte etwas gesucht und es jetzt gefunden: ein dickes, offenbar in grüne Seide eingebundenes Notizbuch, das sie aus der Tasche gefischt und geöffnet hatte. Dann zückte sie einen winzigen Stift, machte einen kurzen Eintrag – nur wenige Worte – und steckte das Notizbuch wieder ein. Im selben Moment überkam mich plötzlich das angenehme Gefühl, diese Frau zu mögen – vielmehr *begriff* ich, dass ich sie mochte –, und während ich zusah, wie sie ihre Tasche schloss, war mir, als hätte ich sehr lange niemanden mehr gemocht. Sie hatte etwas an sich. Verglichen mit ihr, kamen mir die übrigen Passagiere wie Spreu vor, das der nächstbeste Windstoß davontrieb, sie dagegen war unerschütterlich wie ein Fels, zugleich aber anmutig und ganz schwerelos. Sie war zudem offenbar eine Gedankenleserin, denn erneut spürte sie, dass ich sie beobachtete, und drehte sich nach mir um. Unter normalen Umständen hätte ich jetzt wohl weggesehen, tat es diesmal aber nicht. Ich hatte diese Frau auf eine distanzierte, geradezu abstrakte Art wirklich gern; sie machte, dass ich mich gut fühlte, durch sie kam mir alles langsamer und präziser vor – und ich glaube, auch *das* sah sie in meinem Gesicht, denn sie lächelte erneut und nickte leicht. Oder hatte ich mir das Nicken nur eingebildet? Suchte ich in ihr etwas, das nur von mir selbst kommen konnte? Suchte ich bei ihr nach Heilung? Nach Absolution? Ich wusste es nicht, und nichts in ihrem Gesicht gab Antwort. Kurz darauf setzten wir uns wieder in Bewegung, und ich verlor sie in der Menge.

* * *

Ich blieb drei Wochen in Kalifornien, war die meiste Zeit aber nirgendwo. Meine Kollegen glichen Phantomen, die Büros waren heller und größer als die Büros in Surrey, die tägliche Routine jedoch war ebenso langweilig, und erst wenn der Arbeitstag zu Ende ging und ich mich in meinen Mietwagen setzte, lebte ich auf, auch wenn mein Leben eigentlich nur aus Sightseeing bestand. Ich war ein guter Tourist, fuhr zur Half Moon Bay, um auf den Pazifik hinauszublicken, oder am Wochenende rüber zum Yosemite, um mit den Elchen zu wandern oder am Glacier Point zu sitzen, während ein Gewitter durchzog. Ich folgte den blauen Straßen, obwohl es nichts als Kürbisse und Windräder zu sehen gab, oder hielt plötzlich im Aschgrau der Dämmerung, um auf den bewaldeten Hängen am Big Basin eine so furchtlose wie vorwitzige Familie Rotwild vorüberziehen zu lassen. An manchen Abenden sah ich mir im Candlestick-Stadion oder Oakland Coliseum ein Spiel an, an anderen Abenden aß ich Meeraal in einem japanischen Restaurant, ehe ich zu einem der Buchläden an der Camino Real fuhr, wo ich einige Stunden in der Lyrikabteilung verweilte. Das war das Beste – das und die alltäglichen Nichtigkeiten entlang der Straße, das gespenstische Licht über einem Kürbisfeld oder ein träge wirkender Windstoß, der über einen schlammigen Grünstreifen unweit von Inverness oder Point Reyes durch kalifornischen Mohn fuhr. Auf amerikanische Gegenwartslyrik war ich nicht vorbereitet gewesen; sie wirkte so viel zugänglicher für die Elemente, so viel freier als das, was ich aus England kannte. Beim Lesen dieser Dichter war mir, als käme ich an einen Ort, den ich nie zuvor gesehen hatte und der mir dennoch zutiefst vertraut, aber auch fremd schien, der ähnlich wie ein Zuhause – ein richtiges Zuhause, meine ich – beides ist, vertraut und fremd. Es begann als etwas, das ich wiedererkannte, etwas, das ich schon fast zu kennen meinte, dann aber wandelte es sich zu etwas anderem, so wie sich ein Zimmer, das man schon sein Leben lang kennt, bei einem gewissen Lichteinfall mit einem Schlag verwandelt, sodass alles etwas größer und breiter und die Welt weniger vollendet wirkt als noch einen Moment zuvor.

Das war in den 1990er-Jahren, als es noch neu und aufregend war, in einen Buchladen wie Kepler's oder A Clean, Well-Lighted Place gehen und sich mit einem Stapel Bücher zum Durchblättern und einer Tasse Kaffee für ein, zwei Stunden in einen Sessel setzen zu können. Meist ließ ich meine Tage auf diese Weise in einem der Läden ausklingen. Sie beruhigten mich, sorgten dafür, dass ich mich in einer Welt willkommen fühlte, die den Eindruck gemacht hatte, sie gehöre anderen. Hier fühlte ich mich ruhig, ausgeglichen – wie jemand, der sich glücklich schätzt. Und in einem dieser Buchläden an der Camino Real sah ich die Frau vom Flughafen Heathrow wieder. Sie war offenbar in derselben Maschine gewesen, auch wenn ich sie beim Einsteigen nicht gesehen hatte. Und jetzt war sie hier, in grauer Bluse und weißen Jeans, das lange graue Haar zu einem Pferdeschwanz zusammengebunden. Das machte sie jünger, noch anmutiger – nur ihr sechster Sinn schien sie verlassen zu haben, da ihr offenbar entging, dass ich sie beobachtete. Ich fragte mich, was sie wohl suchte. Was sie las. Welche Bücher sie wegen des Titels, welche wegen des Covers aussuchte. Welche Bücher sie verschenkte oder sich für eine lange Reise kaufte.

Nach einer Weile fand sie ein Buch und steuerte zu meiner Überraschung in meine Richtung, wobei sie das Buch so sorgsam in beiden Händen hielt, als trüge sie einen sakralen Text. Vielleicht war es das auch. Ich wandte den Blick ab, wollte absurderweise nicht, dass sie glaubte, ich spioniere ihr nach, und dachte, sie wäre an mir vorbei zur Sitzgruppe um den Couchtisch hinter der nächsten Regalreihe gegangen. Es gab für sie keinen Grund, sich an mich zu erinnern, an eine flüchtige Begegnung vor drei Wochen in einem fremden Land – nicht einmal in einem fremden Land, sondern im Transitbereich. Ich senkte den Blick wieder ins Buch – und dann spürte ich sie gleich neben mir, in einem Liegestuhl, nur wenige Schritte entfernt. Ich sah auf.

Sie lächelte. »Laufen Sie immer fremden Frauen nach?«

Ich erwiderte ihr Lächeln und freute mich, sie wiedergefunden zu haben, freute mich ungemein, ihre Stimme zu hören. Es war gänzlich irrational, doch war ich so froh wie seit Monaten nicht mehr. »Immer«, antwortete ich.

Sie nickte. »Dachte ich mir.« Sie schaute mir kurz prüfend ins Gesicht, dann änderte sich ihre Miene. Sie sah mich an, wie eine Ärztin einen neuen Patienten ansieht, dann schüttelte sie leicht den Kopf. »Mir scheint, Sie müssen etwas loslassen«, sagte sie, während die Sorge aus ihrem Blick verschwand. »Aber ich schätze, das wissen Sie bereits.«

Ich erwiderte nichts. Ich glaube, einen Moment lang fürchtete ich, sie erwiese sich als ein Hippie-Klischee, als eine weise Frau, vielleicht auch tatsächlich als hausbackene Gedankenleserin. Doch kaum war mir der Gedanke durch den Kopf gegangen, schämte ich mich. »Ja«, antwortete ich nach einer Weile, »wahrscheinlich schon.«

Sie reagierte mit einem winzigen Kopfnicken und sah dann auf das Buch in meinem Schoß. Es gab schließlich keinen Grund, länger bei dem Thema zu verweilen. »Was lesen Sie?« Ich hielt ihr das Buch hin, und sie nahm es, las einige Zeilen und gab es zurück. Sie hatte etwas Fürsorgliches an sich, etwas Bedächtiges.

Mir fiel wieder ein, wie unvermittelt ich sie gemocht hatte, als unsere Wege sich in Heathrow kreuzten. »Schön, Sie wiederzusehen«, sagte sie, als wären wir zwei Freunde, die sich nach langer Trennung zufällig begegneten. »Ich hoffe, Sie genießen Ihren Aufenthalt.« Sie erhob sich.

Ich wollte gleichfalls aufstehen, aber mit einer kleinen Handbewegung bedeutete sie mir, sitzen zu bleiben. »Lesen Sie Ihr Buch«, sagte sie, drehte sich um und entfernte sich.

»Warten Sie«, rief ich und rechnete nicht damit, aber sie blieb stehen und drehte sich um. Ich schüttelte den Kopf: »Ich weiß gar nicht, wer Sie sind«, was vielleicht eine etwas merkwürdige Feststellung war, auch wenn sie mir damals gar nicht merkwürdig vorkam.

Sie spitzte die Lippen, wie es meine Mutter stets getan hatte, wenn sie einen Faden abmaß. »Was macht das schon?«, sagte sie, ging weiter durch die Buchreihen und blieb nur noch einmal stehen, um einen Band aus dem Regal zu nehmen. Sie sah sich nicht wieder um. Ich schaute ihr zu, wie sie zahlte, einige Worte mit der Verkäuferin wechselte und dann ging – und ich wollte ihr nachlaufen, sie vielleicht fragen, ob sie ein Glas oder einen späten Kaffee mit mir trank, unterließ es aber. Das war nicht, was sie wollte. Sie hatte mich zufällig getroffen und sich kurz Zeit genommen, um mir zu erzählen, was sie sah, und selbst wenn es ein wenig nach Märchen klingt, sind diese Dinge doch manchmal wahr. Jedenfalls blieb ich noch, suchte drei weitere Gedichtbände aus sowie zwei Kurzgeschichtensammlungen von Andre Dubus, die daheim nicht so leicht zu bekommen waren, und ging dann, um meinerseits zu bezahlen. Die Verkäuferin nahm meine Auswahl, doch ehe sie sie zusammenrechnete, reichte sie mir ein weiteres Buch, eines, das ich nicht ausgesucht hatte.

»Das ist für Sie.«

Ich schüttelte den Kopf. »Nein, ich …«

»Ihre Freundin hat es für Sie gekauft«, erklärte sie. »Sie bat mich, es Ihnen zu geben, ehe Sie gehen.«

Sie lächelte.

Ich griff nach dem Buch: Dantes *La Vita Nuova*. Auf Italienisch. Sonst nichts weiter, keine Notiz, keine Widmung auf dem Titelblatt. »Und sie hat nichts gesagt?«

Die Verkäuferin – eine hochgewachsene, adrette Frau mit langem, dunklem Haar und hellen Sommersprossen – dachte kurz nach und schüttelte den Kopf. Draußen, auf der Camino Real, wurde es langsam dunkel, weiß, rot und golden leuchteten die Lichter entlang der königlichen Straße. Die Verkäuferin reichte mir die Tüte mit meinen Einkäufen, und ich zahlte. Sie lächelte immer noch, froh, am Ende eines langen Tages in diese kleine Verschwörung eingeweiht gewesen zu sein. »Noch einen schönen Abend.«

Ich nickte. »Ihnen auch.«

* * *

Noch am selben Abend fuhr ich los und saß stundenlang an einem Feldweg beim Meer, um in der weiten, nur von wenigen Sternen und dem feuchten Schnitz eines Mondes erhellten Dunkelheit einer riesigen Monterey-Zypresse zuzusehen, wie sie sich aufblähte im Wind und wieder in sich zusammenfiel, als würde sie atmen. Meilenweit im Umkreis gab es nichts außer Dunkelheit und einer steinigen Straße nach nirgendwo, doch eben deshalb war ich hier herausgefahren – wegen der amerikanischen Nacht, ihres Geruchs, der Weite und des Gefühls, was immer auch geschieht, sei Teil dieser Geschichte ohne Anfang, ohne Mitte, ohne Ende, nur eine Unendlichkeit winziger, unwahrscheinlicher Details aus Licht und Schatten, Farbe und Form, Schwerkraft und Zeit. Auch wenn es sie eigentlich gar nicht gab, wollte ich auf immer in diese amerikanische Nacht hinausfahren, in ihre Weite, Dunkelheit und ihren süßen Geruch, diesem Bouquet aus Zypresse, Mohn und Damwild. Amerika riecht so süß, hat man erst einmal die Städte hinter sich gelassen. Wo man auch ist, riecht man ihn aus allen anderen Gerüchen heraus: etwas Sattes, Zuckersüßes, wie man es nirgendwo in Europa findet, eine so kräftige Süße, dass man meint, man könne nie genug davon einatmen. Als Kind hatte ich davon geträumt, in Amerika zu sein; nicht in New York oder Chicago, in Hollywood oder Disneyland, sondern im Amerika dieses Geruchs – eines Geruchs, den ich gar nicht kannte, auf den ich aber aus Filmen, Büchern und Anekdoten rückschloss. Nicholas Ray, John Steinbeck, Alfred Hitchcock. Die amerikanische Nacht, diese einsame Fantasie von Wind und Dunkelheit und davon, alles sei mit allem insgeheim verknüpft. Die Großstädte nicht, nicht einmal die Kleinstädte, aber die Straßen dazwischen, die Straßen und die Orte abseits dieser Straßen, all dies Gott-steckt-im-Detail-Land; im Wind schwankende Baumwolle, das Schwarz eines abgeschiedenen Sees, die monumentale Stille einer Monterey-Zypresse nahe des Motels auf dem Weg von Nichts nach Nirgendwo. Das war der Ort, von dem ich mein Leben lang geträumt hatte, ein Ort, um sich darin zu verlieren, ein Ort, an dem ich verschwinden könnte, ein für alle Mal.

Bis heute weiß ich nicht, was diese Reise nach Kalifornien änderte, doch als ich nach Surrey zurückkehrte, fühlte ich mich so gut wie seit Langem nicht mehr. Ich war zwar nicht gerade geheilt, glaubte aber, geheilt werden zu können. Neu anfangen, von Grund auf neu beginnen zu können. Clean diesmal, nüchtern, selbstbeherrscht und in dem Wissen um den Schaden, den ich mir und anderen zufügen konnte. Es hielt nicht vor, natürlich nicht. Sechs Monate praktizierte ich *wabi-sabi* und schrieb Gedichte, die jenen nahekamen, die ich schreiben wollte. Doch um für Sünden zu büßen, von denen ich gar nicht wusste, dass ich sie begangen hatte, wurde ich von jenen da oben dann in den ungeheuren Raum geschickt.

Der ungeheure Raum

Es war nur eine weitere IT-Abteilung, aber ich wusste, ich hatte sie schon einmal gesehen, und wenn nicht im realen Leben, dann doch in meiner Fantasie. Erst Tage später aber, als ich an meinem Tisch saß, umspült von dem für solche Orte typischen Hintergrundgebrabbel, erinnerte ich mich an das Original dieses grauen Hangars, an jene fade Version der Hölle, die ich mir als Teenager aus E.E. Cummings' Memoiren über seine Zeit in der Haftanstalt von La-Ferté-Macé konstruiert hatte, diesen ungeheuren Raum voll unerwünschter Personen und Kleinkrimineller, in den man den jungen Poeten 1917 als potenziell gefährlichen Ausländer eingesperrt hatte. Statt von den gewöhnlicheren Spielarten diverser Schwindler und Diebe wurde meine neue Umgebung zwar von Computerprogrammierern und Versicherungsfritzen bevölkert, doch war der ungeheure Raum der gleiche: eine langgezogene, breite, flache Unansehnlichkeit im oberen Stock eines unscheinbaren Gebäudes, eine grässliche Mischung aus Lagerhalle und Dachboden, von eins zwanzig hohen, in gleichmäßigen Abständen aufgestellten Trennwänden in ein Labyrinth kleinerer, *Kabinen* genannter Flächen unterteilt, in denen jeweils festgelegte Programmierteams, Analysten oder Versicherer – vier pro Kabine – gemeinsam daran arbeiteten, die uninteressanteste Lösung für die anstehenden Probleme zu finden. Dieser ungeheure Raum war folglich das, was man Großraumbüro nennt, womit man vermutlich bezweckte, ein Gefühl für Teamwork und Gemeinsamkeit zu fördern: eine Arbeitswelt, in der alle ihren Teil beitrugen und in der jede Rolle wichtig zur Verwirklichung der übergeordneten Ziele und Bestrebungen der Firma war.

Der ungeheure Raum: Die Bezeichnung traf weitestgehend zu, auch wenn es darin weder so interessant noch so lebhaft zuging wie in Cummings' nach Schweinefraß stinkendem Höllenwinkel. Cummings' ungeheurer Raum war ein Gefängnis, ein Ort, von dem es kein Entkommen gab, dennoch behauptete er, dort die Zeit seines Lebens verbracht zu haben, da er lernte, Mitgefangene und Wärter als Teilnehmer einer modernen Pilgerreise nach Art von John Bunyan zu sehen. Mein ungeheurer Raum war dagegen nur ein Großraumbüro, das wie Großraumbüros überall auf der Welt aussah; meine Mitgefangenen qualifizierten sich zudem kaum als Individuen, köstliche Berge gab es auch nicht zu entdecken, und ich war kein Christ. Solange die Insassen allerdings jene nötige kognitive Dissonanz produzierten, die ihre tägliche Arbeit angemessen erscheinen ließ, war mein ungeheurer Raum ein nahezu demokratischer Ort, an dem diese von Geburt an Mittelmäßigen ein anständiges Auskommen verdienten und der somit eine sichere Zuflucht bot für eine ganze Schar von Angestellten mit ausgebufften, toughen jungen Frauen im Schlepptau, die halbliterweise Boddingtons tranken; kurz und gut: das laminierte, vollklimatisierte Echoland von Fleiß und guter Laune.

Um den Anschein von Demokratie zu stärken, teilte man keinem Programmierer ein eigenes Büro zu, stattdessen lebten, spielten und verbrachten sie – auch die »Berater«, zu denen ich gehörte – ihr Dasein wie Wale oder Heuschrecken in den bereits genannten Kabinen. Meine lag ganz hinten, der Haupttür gegenüber, gleich neben dem Notausgang, und wie die übrigen Berater hatte man mich mitten unters gemeine Volk gesetzt, vermutlich um den Wissenstransfer zu erleichtern. Wer nachdenken wollte, kam früh; brauchte man eine Pause und wollte sich einen Kaffee machen, musste man der Kabine zumindest anbieten, Kaffee für alle aufzusetzen, da man sonst Gefahr lief, nicht als Teamplayer zu gelten. Ausgenommen von dieser Regel war allein der Projektmanager, der über eine geräumige, verglaste, der Politik der offenen Tür unterstellten Kabine in einer Ecke des ungeheuren Raumes verfügte (eine Kabine, die jedoch fast immer leer war, da sich der Manager entweder a) in einem Meeting oder b) auf einem Fortbildungskurs befand). Cummings nannte seinen Raum »den besten Ort auf Erden«. Auch wenn es eine Haftanstalt gewesen war, hatte er während seiner Steinmauern-machen-noch-kein-Gefängnis-Haft doch etwas für sich entdeckt, was er später *mühelose Spontaneität* nennen sollte und der grauhaarigen Frau an der Camino Real gewiss bekannt gewesen wäre, auch wenn sie es sicher anders genannt hätte. Sie hätte auch den ungeheuren Raum nicht erwähnt, hätte mich bestimmt nur angesehen, als ich dort eintraf, und kraft ihrer Gedanken versucht, mir zu sagen, dass ich sofort umkehren und wieder hinausgehen sollte, denn von jenem Moment an befand ich mich erneut in freiem Fall.

* * *

Im Gegensatz zu Cummings durfte ich meine Haftanstalt jedoch abends verlassen. Anfangs hieß dies, dass ich zurück aufs Hotelzimmer ging, um einem Paar mittleren Alters zuzuhören, das atemlos im Nebenzimmer vögelte, oder dass ich den Abend in einer sogenannten Cocktailbar zubrachte, Northern-Bier trank und mit der Tresendame Kate schwatzte. Ihr war natürlich klar, dass ich eigentlich kein Schwätzchen halten, sondern ihr an die Wäsche wollte, wonach es allen Männern verlangt, wenn sie sich langweilen und fern von daheim sind. Das Paar nebenan verdiente sich unterdessen einen Preis: drei gnädigerweise kurze, doch zweifellos anstrengende Runden im Laufe einer Stunde, ehe die anderen Geräusche einsetzten: Dusche, trockener Husten, schnäuzen, laut pissen, Spülung, gläsernes Gelächter. Am nächsten Tag dann alles von vorn, exakt zur selben Zeit, und am Tag darauf wieder – dann zogen sie aus, und ich begann sie zu vermissen: all dieses bienenfleißige Kopulieren und dann der süße Kollaps, wenn nach gut sieben Minuten der Kokon platzte und beide seufzten, wenn auch womöglich aus unterschiedlichen Gründen.

Das war Lytham St Annes bei Nacht. Sex hinter der Wand und blumiges Bier. Kein Wunder also, dass Blackpool gegen alle Wahrscheinlichkeit wie ein echtes Seebad auszusehen begann. Zweimal die Woche, manchmal auch öfter, fuhr ich mit dem Taxi hin, spazierte die Strandpromenade entlang und suchte nach dem Herzen der Mittwochnacht oder, falls ich es nicht fand, nach anständigem Speed – und bei einer dieser Gelegenheiten lernte ich eine junge Frau kennen, die sagte, sie hieße Crystal, dabei hätte sie ebenso gut Little Orphan Annie heißen können oder Katie Morag. Ihr haftete definitiv etwas Schottisches an, auch wenn sie behauptete, in Blackpool geboren und aufgewachsen zu sein: eine junge Frau mit nettem Gesicht, heller Haut und leicht schiefen Zähnen. Mich mit Crystal zu betrinken hat mehr Spaß gemacht als mit irgendwem sonst, und wenn wir dann mit dem Taxi zu ihr fuhren, kamen wir in den 1950er-Jahren an. Ihre Straße war das reinste Seebadsurreal: eine lange Reihe Häuser wie verblichene Hochzeitstorten, verziert mit Staub und Zuckerguss; Katzen, die von Fensterbank zu Fensterbank strichen; die ein oder andere halb vertrocknete Clematis, die sich mühselig aus einem Betonbecken hochrankte, und hinter jeder abblätternden Haustür ein Flur, eine Treppe und ein gewisses *odeur*. Man findet solche Gegenden in jedem Seebad: dezente Ruinen viktorianischen Komforts oder georgianischer Grandezza, längst in Ein- oder Mehrzimmerwohnungen umgewandelt, Apartments und in ihrer Zusammensetzung ständig wechselnde Kommunen, die Wohnungen eine über der anderen, die ebenerdigen größer, luftiger, die nach obenhin immer kleiner, bis man ganz oben, unter einer Welle aus Regen und Vogelkot, zu den staubigen, schrägwandigen Dachkammern kam, in denen man früher die Dienstboten oder ihre Kinder untergebracht hatte, bis sie gebraucht wurden, fast als wären sie Bleisoldaten oder Spielkarten. Hier wohnte Crystal, direkt unterm Dach – und seit jenem ersten Abend kam ich ein-, zweimal die Woche her, um den ungeheuren Raum zu vergessen. Anfangs begannen wir die Abende, wie es sich gehörte, und gingen aus, doch dauerte es nicht lang, bis ich auf die Förmlichkeiten verzichtete und einfach vor der Tür zu ihrer alles andere als ungeheuren Dachkammer aufkreuzte, eine stetig wachsende Zahl von Flaschen unterm Arm. Bot sich ihr eine entsprechende Gelegenheit, vervollständigte Crystal mein Angebot gern mit Hasch oder Speed, das sie von einem Ex bezog, mit dem sie befreundet geblieben war; meist aber umstellten wir das Bett mit Flaschen und Gläsern und vergnügten uns auf der Matratze, bis der rosige Hauch der Morgendämmerung ins Fenster lugte. *Billiger Nervenkitzel* hat Crystal es einmal genannt – was mehr oder weniger stimmte, wenn es vielleicht auch nicht die ganze Geschichte war. Wir waren beide mit einer Suchtpersönlichkeit gesegnet, so viel schien offensichtlich, nur hatte ich mein Leben mit der manchmal mühseligen, gelegentlich verzweifelten Suche nach billigem Nervenkitzel verbracht, und das hier war etwas anderes. Ich denke, es gab Zeiten, da hätte ich Crystal gern wie eine Schwester geliebt, und es gab Zeiten, da hätte einer von uns oder wir beide dort oben unterm Dach sterben können. Was mich anging, so wäre es mir egal gewesen, wen es traf.

Die nächsten Wochen hielten wir uns an diese Routine, Wochen, in denen ich aus dem Hotel in eine Firmenwohnung am St Annes Pier zog. Tagsüber saß ich im ungeheuren Raum und versuchte, mir den Anschein zu geben, als kümmerte mich diese ermüdende Maschinerie; abends versackte ich in Blackpool – einer Stadt, in der man leicht versacken kann –, manchmal lief ich auch durch die Seitenstraßen oder am Strand entlang mit merkwürdigen Geräuschen im Kopf und an Hals und Wangen ein leises, herrliches Flattern fast wie Schmetterlingsküsse. Hin und wieder blieb ich in der Wohnung und sah mir alte Filme an, oder ich lag im Dunkeln auf dem Boden und hörte über Kopfhörer Arvo Pärt, aber nichts schien zu helfen, und irgendwann eilte ich wieder zu Crystal, jedes Mal mit einer größeren Tüte voll Alkohol, atemlos und fiebernd vor Erwartung, obwohl ich gar nicht genau wusste, was ich mir eigentlich erhoffte. Immer öfter, meist am Nachmittag oder wenn ich in den frühen Morgenstunden unter Crystals fleckiger Bettdecke lag, versprach ich mir, dass ich bald – sehr, sehr bald – in den Wagen steigen und davonfahren würde.

*   *   *

Ich schätze, ich wäre früher gefahren, hätte ich nicht Esmé kennengelernt. Bis heute überrascht mich, dass ich Monate später an jenem kühlen, von Vögeln heimgesuchten Morgen noch in Lytham war, als sich auf meinem morgendlichen Weg ins Büro unsere Bahnen kreuzten. Ich stand am Meer, blickte über den Strand und zögerte, so lange ich konnte, den unvermeidlichen Tiefpunkt des Tages hinaus, als sie plötzlich neben mir auftauchte und über Vögel zu reden begann, eine verblüffend erwachsen wirkende Teenagerin – fünfzehn, wie ich später herausfand –, ein Mädchen, das mich still in ihre Welt einließ und behandelte wie einen Mitreisenden, den sie bereits ihr Leben lang kannte: ein Seelenfreund, ein *Gefährte*. Am meisten verblüffte mich an ihrer Welt, wie genau sie konturiert, ja, wie perfekt sie war, eine Karte unauslöschlicher Farben, Schatten und Lineamente der Magie, jedes für sich mit klarer, zuversichtlicher Hand gezeichnet. Ich hatte sie nie zuvor auf der Promenade gesehen, was daran liegen mochte, dass ich an jenem Morgen später als gewöhnlich aufgebrochen war. Außerdem hatte ich unterwegs getrödelt und war stehen geblieben, um den Blick über den breiten Sandstrand zwischen St Annes und Lythem schweifen zu lassen, einen Küstenabschnitt, der mich an die Meerbilder von Philip Wilson Steer oder P. S. Krøyer erinnerte: nur Glanz und Licht mit einer Andeutung von etwas Ungesehenem in der Ferne, ein großer Schwarm Gänse, Uferschnepfen oder allein die Meeresstille, die darauf wartete, gehört zu werden. An jenem Morgen war ich später dran als gewöhnlich und ließ mir dennoch Zeit, verharrte am Promenadengeländer, um den Vögeln auf dem Sand zuzusehen und meine Lungen mit genügend frischer Luft, den Kopf mit genügend Licht zu füllen, damit ich einen weiteren Tag im ungeheuren Raum aushielt, als ich irgendwo von rechts ihre Stimme hörte.

»Früher hat man hier Wattvögel gegessen«, erklärte sie. Ich drehte mich um und sah ein Mädchen in schwarzem, vielleicht auch dunkelgrauem Blazer nur wenige Schritte entfernt an die Reling der Promenade gelehnt. »Uferschnepfen waren besonders gefragt. Es gab eine Zeit, da wurden Uferschnepfen mehr geschätzt als jedes andere Geflügel.«

Selbst für ihr Alter war sie klein, und das kurze dunkelblonde Haar trug sie zu einer Art Bob frisiert. Der Pony war etwas zu lang, was die Aufmerksamkeit auf ihre Augen lenkte, die so wach wirkten, so hell und klar, dass sie eine ständige, amüsierte Neugier zu verraten schienen. Sie lächelte – und da wusste ich, an wen sie mich erinnerte: an Anna Karina aus einem der alten Filme von Godard, Anna Karina in *Lemmy Caution gegen Alpha 60* oder in *Made in U.S.A.* »Mehr sogar als Schwäne«, fuhr sie fort – und in diesem einen, unerbetenen Moment änderte sich schlagartig alles und auf immer, woran *sie* ehrlich gesagt aber unschuldig war.

Ich muss ihr einen anderen Namen als jenen geben, den die Eltern ihr gaben, also ist es wohl angemessen, sie Esmé zu nennen – nach Salingers Erzählung: *Für Esmé mit Liebe und Unrat.* Man ändert Namen, um Unschuldige zu schützen, und Esmé – auch wenn ich davon überzeugt bin, dass sie anderer Meinung gewesen wäre, da sie damals zu jenen Menschen gehörte, die Unschuld mit Unwissen verwechselten – war der unschuldigste Mensch, den ich je kennengelernt habe. An jenem Morgen unterhielten wir uns eine Weile, dann ging sie zur Schule und ich zur Arbeit, wobei ich mir sagte oder mir doch einzureden versuchte, unsere Begegnung sei nur eines jener angenehmen Zwischenspiele gewesen, wie sie uns die reale Welt manchmal bietet, mehr oder minder umsonst, auch wenn solche Zwischenspiele in der realen Welt stets von ein wenig Schmerzlichkeit durchzogen sind. Doch am nächsten Morgen war ich wieder da, ebenso wie Esmé, und obschon wir taten, als hätten wir uns zufällig wiedergetroffen, wussten wir beide, dass wir auf eine weitere kurze Begegnung gehofft hatten. Diesmal allerdings nicht ganz so kurz, vielleicht, weil sie in dem Moment lächelte, als ich versuchte, die erwachsene Respektsperson herauszukehren, und sie daran erinnerte, dass es an der Zeit sei, zur Doppelstunde Geografie zu eilen oder zu welchem Unterricht auch immer, und sie mich in aller Unschuld fragte, ob es denn für mich nicht an der Zeit sei, ins Büro zu gehen.

»Ach, ich hab's nicht eilig«, erwiderte ich, »nur möchte ich nicht, dass du den Unterricht über das Flusssystem in Argentinien verpasst.«

»Hatten wir letzte Woche.«

»Schwemmfächer?«

»Abgehakt.«

»Altwasser und Nebenarm?«

»Hab das T-Shirt.«

Ich lachte. »Also schwänzt du?«

Sie schüttelte den Kopf. »Sie wirken ein bisschen verloren«, sagte sie. »Da muss ich wohl bleiben und aufpassen, dass Sie nicht in *echte* Schwierigkeiten geraten.«

So fing es an – und selbst wenn Esmé die wissend Unschuldige war, für die ich sie hielt, musste ich wohl der Unschuldigere gewesen sein, unwissend, wie ich war. Vielmehr: Ich wusste ja Bescheid, nur weigerte ich mich zu glauben, was ich wusste – nämlich dass dies nur in Tränen enden konnte, so oder so. Dass ich die Arbeit ausfallen lassen wollte, hätte mir Warnung genug sein sollen, Warnung davor, dass die Dinge aus dem Ruder zu laufen drohten – und allein die Tatsache, dass meine Mit-Bummelantin eine Highschool-Uniform trug, hätte den Ausschlag geben müssen. Dabei wollte ich sie keineswegs mit ruchlosen Absichten in meine winzige Wohnung locken – zumindest nicht vorsätzlich. Ich wusste nur, ich mochte sie. Sie brachte mich zum Lächeln, zum Lachen, etwas, das mir im ungeheuren Raum sicher nicht passierte.

»Mein Auto steht gleich da drüben«, sagte ich. »Wollen wir irgendwohin fahren?«

Sie lachte. Dass ich auch nur gefragt hatte, war einfach erbärmlich. »Warum nicht?«, antwortete sie.

»Wohin fahren wir?«

»Gehen wir übers Morecambe Watt spazieren.«

»Ist das nicht gefährlich?«

Sie lächelte. »Nur, wenn man nicht weiß, was man tut«, erwiderte sie. »Wissen Sie, was Sie tun?«

Ich schüttelte den Kopf.

»Hatte ich auch nicht erwartet«, sagte sie.

*   *   *

Wäre dies ein Film, müsste ich an dieser Stelle eine Montage zeigen. Eine Montage mit glücklichen, liebenswerten Menschen – denn glückliche Menschen sind im Allgemeinen liebenswert. Ich könnte uns auf dem Morecambe Watt zeigen, beim Spazierengehen am Ufer zwischen Lytham und St Annes, ich könnte uns draußen am Strand zeigen oder auf unserer Lieblingsbank im Park. Ich sah Esmé nicht so oft, wie ich sie gern gesehen hätte; manchmal trafen wir uns nur für eine halbe Stunde, ehe die Schule anfing. Alles in allem war es meist eine eher keusche

Romanze. Jedenfalls wurde keine Straftat begangen. Dennoch war es eine *amour fou* – und in all der Zeit kam ich nicht einmal auf die Idee, mich zu fragen, was zum Teufel ich da eigentlich trieb. Nicht ein einziges Mal. Wir haben auch nicht darüber geredet. Man könnte ja annehmen, wir hätten darüber geredet, aber das, was dem am nächsten kam, war ein kurzer Wortwechsel, während wir uns auf dem Watt vor Schule und Arbeit drückten. Es war ein grauer Tag, und ich begann mich zu fragen – nicht zum ersten Mal –, was wir hier draußen eigentlich suchten, wo ich doch eine Wohnung hatte, Kaffee, Musik, ein Bett. Wir hätten keine zehn Minuten gebraucht, um hinzugehen, stattdessen liefen wir weiter und schauten aufs Meer und zu den Vögeln in der Ferne. Schließlich blieb Esmé stehen und drehte sich zu mir um. »Manchmal glaube ich, du hältst mich für eine Figur aus einem Roman«, sagte sie.

Ich lachte, gab aber keine Antwort. Ich dachte, sie wollte sich nur über mich lustig machen.

»Vielleicht bist *du* das ja auch«, fuhr sie fort; und irgendwas in ihrer Stimme ließ mich erstarren, weshalb ich sie anschaute und sah, dass es ihr ernst war. »Vielleicht bist *du* ein Mann aus einem Roman«, sagte sie; allerdings war sie nicht traurig oder aufgebracht, nein, sie traf nur eine Feststellung. Sie hatte nachgedacht über das, was zwischen uns war, und war zu einem Ergebnis gekommen, das sie mir nun mitteilte.

»Du bist keine Fiktion«, sagte ich.

»Also bist du eine«, sagte sie.

»Nein.«

Sie schüttelte den Kopf und wartete einen Moment, um mir zu zeigen, dass sie sich mit einem schlichten »nein« nicht im Mindesten zufriedengab.

Ich lachte. »Na ja, was soll ich denn sagen?«

Sie blickte über das Watt. Regen zog auf. »Du sollst gar nichts sagen«, erwiderte sie. »Ich will nur nicht wie ein Kind behandelt werden.« Sie kehrte mir den Rücken zu.

Ich verstand, was sie meinte. Wenn mir wirklich an ihr lag, musste ich es auch zeigen. Nur wie konnte ich? Sie war ein Mädchen, und sie war unschuldig, ob es ihr nun gefiel oder nicht. Ich wollte nicht, dass sie eines Tages an diese Zeit zurückdachte und in mir den Widerling sah, der sie ausgenutzt hatte, als sie zu jung war, um es besser zu wissen. Ich aber sagte nichts, nahm sie selbst jetzt nicht ernst genug, da ich in diesem Moment nur daran denken konnte, dass ich sie nicht bloß gernhatte, sondern in sie verliebt war. Das hätte ich ihr einfach sagen sollen, bloß hatte ich davor Angst, also blieb ich stumm. Ich habe sie *geliebt*. *Amour fou*. Ich war ein Idiot.

Sie schüttelte den Kopf und lächelte traurig. »Tja«, sagte sie, »jedenfalls weißt du, wie man dafür sorgt, dass sich ein Mädchen begehrt fühlt.«

*   *   *

Die Kapriolen der *amour fou*. Wie bestimmte Musikstücke, ein Schlager oder ein Britten-Quartett, mich heute noch in jenen Zustand schrecklicher Freude versetzen können, den ich auf immer hinter mir gelassen zu haben glaubte. Wie ich Jahre später noch das anhaltende Gefühl genoss, nichts sei im Grunde wichtig, da das wahre Drama bereits stattgefunden hatte: ein Spaziergang über den Strand am frühen Morgen, ein Gespräch im Auto bei laufendem Radio, ein Moment, in dem alles stillstand und Ketty Lester *Love Letters* sang; dieser ganze Kitsch, der so gar nicht kitschig ist, wenn es passiert, geht es doch um das alltägliche *wabi* des Sich-Verliebens, was allerdings nie eine gute Idee ist, selbst wenn es sich nicht vermeiden lässt. *No se puede vivir sin amor* und all das. Sich zu verlieben ist keine gute Idee, aber es ist eine Sünde, der Liebe auszuweichen, wenn man sie kommen sieht. Schlechtes Karma. Jemand mit viel Glück, übernatürlichen Fähigkeiten und ebensolchem Urteilsvermögen mag eine Möglichkeit finden, allein zu leben, *wirklich* allein; auch jemand, den eine Berufung und lebenslange Disziplin schützen, könnte es schaffen, was aber nicht bedeutet, dass er dem Kreislauf entronnen ist. Bis zur letzten Szene nicht. Nicht bis zum allerletzten Atemzug. ·

Dennoch bleibt es wahr: Sich zu verlieben ist niemals eine gute Idee. Sich zu verlieben offenbart uns etwas über uns selbst, das wir lieber nicht wüssten. Sich zu verlieben bedeutet, Ordnung aufzugeben. All das, was man über den Verrückten, den Dichter und Liebhaber hört, ist falsch, denn wie seltsam oder pervers sein Handeln auch scheinen mag, strebt er doch danach, Ordnung aus jenem Rohmaterial zu erschaffen, das ihm zur Verfügung steht, wie jemand, der versucht, aus Sand und Rosenblüten einen Kuchen nach maßstabgetreuem Modell des Londoner Tower zu backen. Das Ergebnis mag erbärmlich aussehen, doch waren seine Absichten ehrenwert, und hätte ihm jemand Mehl, Eier und Butter zur Verfügung gestellt, hätte er es damit probiert. Nur hatte er diese Zutaten nicht – und sollten wir nicht wenigstens *das* wissen nach all dem Theoretisieren und dem Geschwätz an so vielen Abenden? Wissen, dass jeder Wahn Symptom einer größeren Unordnung, eines generellen Mangels ist? Über Apophänie redet man meist im Zusammenhang mit übermäßiger Sensibilität, was den Apophäniker zum Symptom einer umfassenderen Malaise macht, so wie der Verlust eines Bioindikators, etwa des Schleierfarns oder der langohrigen Fledermaus, als Frühwarnung dafür dient, dass die Umwelt Schaden nimmt. Das Verrückte ist Symptom für ein gesellschaftliches Versagen, keine Abfolge zufälliger Episoden von Perversion oder Unglück, und *Ordnung* ist, was der Verrückte gewöhnlich will. Was ebenso für den Dichter gilt – doch sich verlieben, *der Liebe verfallen*, heißt loslassen, sich verlieben verlangt die völlige und fraglose Zustimmung zum Unvermeidlichen, wo immer es uns auch hinführen mag. Jahrelang hatte ich mir eingeredet, sich zu verlieben sei eine imaginative Tat, eine Investition in ein erwähltes Objekt, aber das war keine Liebe, sondern nur Filmemachen im Kopf, um das zufälligere, gefährlichere Ereignis zu meiden, ein Ereignis, das im Grunde so destruktiv und letztlich so regenerativ ist wie eine Naturkatastrophe.

Ich hatte geglaubt, wie mit Adele würde ich mich nie wieder fühlen – und es stimmte, ich habe mich auch nie wieder so gefühlt. Nichts, was ich für Esmé empfand, änderte oder minderte meine Erinnerung an Adele. Der wahre Romantiker mag durchaus am alten Klischee von der einzigen, lebenslangen Liebe festhalten, aber mit *amour fou* läuft das so nicht. Mit *amour fou* begegnen wir in allem, das uns die reale Welt zumutet, der ersten wahren Liebe: Glück, Schmerz, Banalität, Verlangen, Lust, Versuchung, Vergessen. Damals, an jenem ersten Nachmittag, wusste ich während der Rückfahrt von Morecambe, dass ich mich verlieren würde, aber ich wusste auch, ich würde mich auf jenem Terrain verlieren, auf dem ich mich zuvor mit Adele verloren hatte. So unlogisch dies klingen mag, bedeutete mein Zusammensein mit Esmé keineswegs, dass ich Adele zurückließ; vielmehr war es eine ganz eigene, möglicherweise verdrehte und sicher unfaire Weise, sie wiederzufinden. Am besagten Nachmittag wusste ich jedenfalls, dass ich mich erneut verlieren wollte – denn wer könnte es nicht lieben, sich zu verlieren? Wer liebt es nicht, nach etwas zu greifen, das ihm entgleitet, obwohl die Fingerspitzen bereits die unfassbare Oberfläche streifen? Wer will schon etwas für immer behalten? Wer wollte willentlich den schieren Überdruss des Unvergänglichen erdulden?

Wer will schon sicher sein? Wer bei Verstand? Wer *normal*?

* * *

Ich glaube, etwa um diese Zeit begann der lange Absturz. Tagsüber sah ich Esmé, sooft es ging – meist also wenigstens am Morgen –, aber ich traf mich auch zwei-, dreimal die Woche mit Crystal, fuhr mit dem halben Alkoholvorrat eines Supermarktes zu ihr und kehrte am nächsten Morgen verkatert und verschlafen zurück. Im Büro kam es deswegen anfangs zu einigen Hänseleien – typischer Jungskram –, nach einer Weile aber begannen sich einige Mitbewohner des ungeheuren Raums Sorgen um mich zu machen. Nicht, dass ich meinem Job nicht mehr gewachsen gewesen wäre. So trist die Arbeit auch war, erledigte ich sie lange Zeit doch geradezu mustergültig und geriet ironischerweise erst in Schwierigkeiten, als ich eine ehrliche und sehr detaillierte Analyse der nächsten Projektphase schrieb, in der ich warnend darauf hinwies, dass die firmenintern von einigen Leuten aufgestellten Pläne viel zu optimistisch und zweifellos zum Scheitern verurteilt waren. Zu diesen Leuten gehörte ein hochgewachsener, recht attraktiver, jungenhaft aussehender Typ namens George, der sich rasch vom Programmierer zum Teamleiter hochgearbeitet hatte – was ihm nur gelungen war, weil er seine technischen Fähigkeiten mit der Gabe kombinierte, stets bloß zu sagen, was seine Chefs auch hören wollten. Er wusste, man durfte fast alles, nicht aber den Vorgesetzten schlechte Nachrichten überbringen.

Ich mochte George. Von allen, die ich im ungeheuren Raum kennengelernt hatte, war er derjenige, für den ich am meisten Zeit hatte. Als er mich also in sein Büro bat, um mit mir über meine Analyse zu reden, erwartete ich, dass er meine Einschätzungen ernst nahm; und da der Bericht sehr realistisch war, rechnete ich sogar damit, dass er diese realistische Einschätzung übernahm. Natürlich lag ich völlig daneben. Ärger war angesagt.

»Schließen Sie die Tür«, sagte er und setzte sich hinter seinen Schreibtisch. Schon der Ton verriet, dass dies für uns beide kein Spaß werden würde, also schloss ich die Tür, blieb aber stehen, statt mich auf den Platz ihm gegenüber zu setzen. Ich wollte dieses Gespräch nicht länger als unbedingt nötig werden lassen.

»Nun?«, sagte er und sah zu mir auf. »Was soll dieser Blödsinn?« Er wedelte mit einem Schwung Papiere, von denen ich annahm, dass es sich um meinen Bericht handelte. Er war viermal kopiert worden, drei Kopien an Leute im ungeheuren Raum, eine für mein Büro in Surrey.

»Das ist eine Analyse des Projektes, und sie ist so präzise wie möglich.«

Er funkelte mich an. »Das ist verdammter Bockmist«, sagte er. »Mehr nicht.«

Ich schüttelte den Kopf. »Das ist eine Analyse des Projektes, und sie ...«

»Ach, Schluss mit dem Scheiß«, sagte er. »Und hören Sie auf zu mauern.« Sein Ärger war größer, als ich vermutet hatte, und mir fiel wieder ein, dass er Sport trieb – Rugby, Fußball oder sonst eine dieser krypto-sexuellen Betätigungen –, weshalb ich mich fragte, ob ihm in einem der zahllosen Kurse, die er während seines raschen Aufstiegs absolvieren musste, auch der Umgang mit Aggressionen beigebracht worden war.

»Ich mauere nicht«, erwiderte ich. »Ich stelle die Lage nur so dar, wie ich sie sehe. Wir haben einfach nicht genügend ausgebildetes Personal, um ...«

»Aha«, unterbrach er mich. »Darum geht es also. Sie wollen, dass wir mehr Berater einstellen, damit ...«

»Verdammt, nein«, sagte ich. »Wir haben gar nicht die Ressourcen ...«

»Reden Sie mir nicht dazwischen«, sagte er. »Und jetzt setzen Sie sich hin, verdammt noch mal!« Widerwillig nahm ich Platz. Es schien mir diplomatischer, ihm Gelegenheit zu geben, Dampf abzulassen, aber natürlich wechselte er jetzt den Ton. Er tat bekümmert, bedächtig, reuevoll. Er habe geglaubt, ich sei auf seiner Seite. Wir hätten uns doch zusammen betrunken – ein Abend, an den ich mich offensichtlich nicht erinnern konnte –, und wir hätten gelacht, das Firmenlied gesungen und auf dem Rasen Gymnastik getrieben – oder irgendwas in der Art. »Ich hatte nicht erwartet, dass ausgerechnet Sie uns ein Messer in den Rücken stoßen.«

»Ich hatte nicht die Absicht, irgendwem ein Messer in den Rücken zu stoßen«, sagte ich, hielt dann inne und fragte mich, was ich da eigentlich redete. *Ich hatte nicht die Absicht, irgendwem ein Messer in den Rücken zu stoßen?* Was sollte denn der Schwachsinn? Und wen meinte er mit *uns?* War dies nur eine Redensart der Leute aus dem Norden – *gib uns 'nen Köm, Jung,* so was in der Art? Oder meinte er sein Team? Gar die ganze Firma? »Man bat mich, einen Bericht zu schreiben«, sagte ich. »Und ich habe einen sehr genauen Bericht geschrieben.«

Er hob das Kinn. »Wie Sie wollen«, sagte er. »Von nun an wird man Sie nicht wieder auffordern, Berichte zu verfassen. Wir haben unsere eigene Einschätzung des Projektes durchgeführt, und unsere Ergebnisse weichen deutlich von den Ihren ab.« Er beugte sich über den Tisch, das Kinn vorgereckt. »Und jetzt sehen Sie sich die Jungs da an«, sagte er. »Die haben verdammt hart gearbeitet, das Projekt bis in diese Phase zu bringen. Und nun sagen Sie denen, sie seien nicht gut genug …«

»Das sage ich doch überhaupt nicht«, erwiderte ich und gab mir größte Mühe, ruhig zu bleiben. »Ich sage nur …«

»Sie haben die Jungs *beleidigt*«, fuhr er unbeirrt fort. »Obwohl sie sich auf völlig neuem Gebiet bewegen, sind sie mit Leib und Seele bei der Sache und haben verdammt gute Arbeit geleistet.« Er maß mich mit langem, wütendem Blick, und die Enttäuschung stand ihm ins Gesicht geschrieben; dann warf er meinen Bericht in den Papierkorb und wandte sich ab. »Gehen Sie mir aus den Augen. Ich habe gesagt, was ich zu sagen hatte.«

Ich stand auf. »Wenn Sie meinen«, gab ich zur Antwort, drehte mich um und öffnete die Tür. Draußen standen die Jungs und musterten mich, manche mit der Feindseligkeit der Beleidigten, andere durchaus mit Mitgefühl.

»Ach, übrigens«, sagte George mit lauter Stimme, doch nun frei von Wut. »Stimmt es, dass Sie's mit einem Mädchen von der Highschool treiben?«

Langsam wandte ich mich wieder um und sah ihn an. »Was haben Sie gerade gesagt?«

Er lächelte – ein sonniges, fieses Lächeln. »Ich habe gehört, Sie seien mit einem Mädchen von der Highschool zusammen«, sagte er in seinem besten breiten Lancaster-Akzent – der natürlich für die Zuhörer gedacht war. »Stimmt das?«

Ich gab keine Antwort. In dieser Hälfte des ungeheuren Raumes hörten mittlerweile alle zu, und sie warteten nur darauf, wie ich reagieren würde – mir gelang es gerade noch, ein Lächeln aufzusetzen und im Fortgehen den Kopf zu schütteln, obwohl mir plötzlich speiübel war.

»Dafür könnte man Sie verhaften«, rief George mir nach. Womit er natürlich völlig recht hatte – nur war es mir noch nie in den Sinn gekommen. Nicht ein einziges Mal.

* * *

Ich hatte damit gerechnet, dass unsere nächste Begegnung eisig verlaufen würde, vielleicht auch hitzig oder beides, aber so war es nicht. Das muss ich George lassen, nachdem er seinen Teil gesagt hatte, war er bereit, einen Strich zu ziehen. Vielleicht fühlte er sich auch bloß gut, weil er meinte, mich in der Hand zu haben. Wie auch immer, mit Sicherheit wusste ich nur, dass er mich im Auge behalten würde. Laut den Bedingungen unseres Arbeitsvertrags konnten Klienten jederzeit verlangen, dass ein Berater von ihrem Standort abgezogen wurde; sie brauchten dafür nicht einmal einen Grund anzugeben – der ungeheure Raum hätte mir also noch am selben Tag den Auftrag geben können, meine Sachen zu packen. Allerdings nehme ich an, dass George mich in seiner Nähe behalten wollte, vielleicht, um mich leiden zu sehen, vielleicht auch, weil er mir beweisen wollte, dass ich im Unrecht war. Für seine Jungs hatte er jedenfalls wirklich etwas übrig, und er fand, mein Bericht habe sie tatsächlich beleidigt. Außerdem war er zuversichtlich, dass sie ihn nicht im Stich lassen würden. Als wir uns das nächste Mal sahen, tat er großherzig und meinte »Schwamm drüber«, nur war da noch ein vorwurfsvolles, anzügliches Altmännergrinsen direkt unter der Oberfläche. Er glaubte, er hätte mich in der Hand – und das gefiel ihm.

Was ja auch stimmte: Er hatte mich tatsächlich in der Hand. Genau wie sie alle. Jemand hatte mich mit Esmé gesehen, wie wir über die Promenade spazierten oder im Park saßen, jemand auf dem Weg zur Arbeit oder irgendwer hatte aus dem Fenster geschaut. Es konnte jeder im Büro sein, und das Gerücht zog Kreise, es gab hinterhältige Anspielungen im Pub, Gewisper rund um die Kaffeemaschine, widerliches Gelächter und vieldeutige Blickwechsel über den Eintopf in der Kantine hinweg. Als es sich herumgesprochen hatte, war das Mädchen von der Highschool noch einige Jahre jünger geworden, und man hatte uns längst *in flagranti* im Gebüsch am Fairhaven Lake erwischt. Ich konnte nichts mehr dagegen tun. Während der nächsten Tage versuchte ich herauszufinden, wer das Gerücht in Umlauf gesetzt hatte, und fischte bei den Jungs in meiner Kabine nach Antworten, begriff aber bald, dass es sinnlos war. Niemand würde reden. Außerdem nahm ich an, dass einige Typen – die Fraktion der Schulmädchenporno-Fans oder jene, die sich gegenseitig *Salon-Kitty*-Videos zusteckten – im Grunde davon überzeugt waren, ich täte nichts Schlimmes. Alt genug für die Monatsblutung etc. Hätten sie die Wahrheit gekannt, hätten sie mich bestimmt verachtet.

* * *

Keusch. Das hatte ich zumindest geglaubt. Obwohl wir eigentlich beide nicht keusch waren, sonst hätten wir uns nicht immer wieder verabredet – eine kalte, simple Tatsache, die beim nächsten Treffen mit Esmé deutlich wurde.

Es war an einem warmen, leicht wolkenverhangenen Tag

direkt nach der Schule. Ich war an diesem Morgen früh ins Büro gegangen und hatte mich um einige drängende Probleme gekümmert, um mir nach einem kühlen, doch höflichen Treffen mit George eine Auszeit für eine Verabredung zu nehmen. Er hatte sich seine Erheiterung kaum anmerken lassen – ein kleines Lächeln, das nicht einmal an mich, sondern nach unten zum Schreibtisch gerichtet war, während er seinen Füller aufzog. Er schrieb immer mit Füller, unser George. Echt alte Schule. Die Kanten etwas ungeschliffen, trotzdem ein Diamant. Ich vermisse ihn, manchmal.

Ich traf Esmé am Strand an unserer üblichen Stelle. Den Wagen hatte ich ganz in der Nähe auf dem Clifton Drive geparkt, da ich schnell wieder wegwollte, ehe uns jemand sah. »Komm«, sagte ich. »Fahren wir.«

»Okay. Und wohin?«

»Mir egal«, sagte ich und fühlte mich, als wären hundert Ferngläser auf mich gerichtet. Andy von Systemsupport versteckte sich mit Teleobjektiv und hochempfindlichem Mikrofon im Gebüsch. Die Sitte patrouillierte in Zivilfahrzeugen auf der Promenade. Mich packte plötzlich eine Wut auf diese ganze scheinheilige, pornoverliebte Mischpoke, doch da von denen gerade keiner zu sehen war, richtete sich mein Ärger unverdientermaßen gegen Esmé. »Fahren wir einfach«, sagte ich.

»Mann, du hast es aber eilig«, sagte sie.

»Mieser Tag im Büro«, sagte ich und hatte gleich ein schlechtes Gewissen. »Ich will nur möglichst weit weg von hier, um mal richtig durchatmen zu können.« Ein passabler Versuch, dachte ich. Jedenfalls stimmte die Richtung, nur hatte Esmé keine Eile.

»Okay«, erwiderte sie, »aber ich glaube, es wird bald regnen.«

»Wird es nicht«, erwiderte ich.

»Wird es doch«, widersprach sie mit Singsangstimme. »Und dann werden wir nass, und ich muss erklären, wieso ich beim Trompetenunterricht nass geworden bin.«

»Du spielst doch gar keine Trompete«, sagte ich und zwang mich zur Ruhe. Es hatte keinen Sinn, sie zu drängen – und wenn uns jemand zusammen in den Wagen einsteigen sah, machte das alles nur noch schlimmer.

»Jetzt schon.«

»Tatsächlich?«

»Na ja, was glaubst *du* denn, was meine Mutter denkt, wo ich nach dem Unterricht hingehe?«, sagte sie und klang wie jemand anders, nur kam ich nicht darauf, wen sie darstellte. Am ehesten noch hörte sie sich wie Elizabeth Taylor in *Die Katze auf dem heißen Blechdach* an.

»Ehrlich?«, sagte ich. »Du meinst, du hast sie angelogen?«

Sie lachte. »Keine Sorge, sie kommt schon nicht dahinter. Irgendwann hör ich mit dem Trompetenunterricht wieder auf und geh zum Bogenschießen oder was weiß ich. Schließlich hat sie für mich noch nicht die Albert Hall gebucht.«

Da musste ich lächeln. Sie war wirklich eine einfallsreiche kleine Madame. »Na schön«, sagte ich, »aber jetzt lass uns von hier verschwinden, okay?«

»Wir könnten zu dir gehen«, sagte sie plötzlich.

»Was?«

»Ich sagte, wir könnten zu dir gehen.«

Ich blieb stehen und drehte mich um. In diesem Moment war sie so schmerzlich schön, dass ich es kaum ertrug. Erneut meldete sich die alte, dunkle Zärtlichkeit, die ich für Adele empfunden hatte, eine Schwere in den Gliedern und zugleich außerhalb, um mich herum. *Jenseits* von mir. Sie war da, ich spürte ihre Präsenz in meinem Blut, konnte sie aber ebenso wenig für mich beanspruchen wie etwa das Wetter – und plötzlich wusste ich, ich musste fort von ihr. Ich weiß heute nicht, was ich ihr für ein Leid hätte zufügen können, aber in dem Moment spürte ich, dass ich eine Gefahr für sie war – womit ich meine, dass ich für sie eine akute Bedrohung darstellte, wohl eher metaphysischer als physischer Natur, aber dennoch eine Bedrohung. Der Begriff trifft es nicht ganz, kommt der Wahrheit aber nahe. Esmé war noch keine sechzehn, und trotz ihrer überdurchschnittlichen Intelligenz ahnte sie nicht, womit sie es zu tun hatte. »Nein«, sagte ich.

»Nein?«, fragte sie traurig.

»Nein.«

»Ich verstehe.«

»Das geht nicht«, sagte ich. »Du weißt, wir …«

»Also magst du mich doch nicht so«, sagte sie, »wie ich gedacht habe.«

Ich schaute sie an. »Du weißt, wie sehr ich dich mag«, sagte ich. »Nur würde ich nicht …«

»Und warum gehen wir dann nicht zu dir?« Eine einfache Frage.

»Weil das nicht geht«, antwortete ich. »Und wir müssen aufhören, darüber zu reden.«

»Warum?«, fragte sie. »Hast du Angst?«

Ich lachte. »Nein, ich habe keine *Angst*. Es ist einfach … es wäre nicht richtig …«

Jetzt musste sie lachen. »Ach so, es wäre nicht *richtig*.«

»Ja«.

»Ja, was?«

»Genug«, sagte ich. »Ende der Unterhaltung.«

»Oh nein, noch nicht.«

»Ich kann nicht«, sagte ich, und alles um mich herum verschwamm, mir entglitt die Welt, und ich wollte nur noch so weit wie möglich von Esmé fortlaufen. »Es ist nicht richtig. Du weißt, ich will … du weißt, ich liebe …« Mir wurden die Augen feucht. Ich sah sie an. »Du musst mir versprechen …«, sagte ich und konnte nicht weiterreden.

Sie legte eine Hand auf meinen Arm. »Was redest du da?«, sagte sie und versuchte, ruhig zu bleiben, was ihr auch gelang, gerade so. Vielleicht kamen ihr selbst schon die Tränen. Ich wusste es nicht. Ich konnte sie kaum mehr sehen. »Jetzt komm«, sagte sie. »Reg dich nicht auf.«

Ich nickte. »Ist schon in Ordnung. Setzen wir uns ins Auto und fahren irgendwohin.«

Sie lächelte. »Das machen wir.«

* * *

Wir nahmen die Küstenstraße. Ich wollte immer nur weiterfahren, vorbei an Blackpool, an Lancaster, nach Norden und weiter, vorbei an Carlisle, an Glasgow, und nicht anhalten, bis wir zu einem Dorf am Ufer eines Sees irgendwo in Argyll oder Sutherland kamen. Ich wollte durch eine Wüste fahren, irgendwohin, wollte tagelang weiterfahren, niemals anhalten, wie ein Paar auf der Flucht in einem alten Film. Farley Granger und Cathy O'Donnell in *Sie leben bei Nacht*. Henry Fonda und Sylvia Sidney in *Gehetzt*. Jene Welt. Ich wollte zur Grenze fahren und verschwinden. Das war keine gute Stimmung, jedenfalls nicht für mich. Meist ist es eine Warnung, wenn das Innenleben zu einem Film-Noir-Tribut für ein *That's Entertainment*-Spezial wird. Plötzlich fing Esmé an zu weinen. Sie ließ den Kopf sinken, und Tränen groß wie Regentropfen fielen auf ihre Hände. Ich hielt an. Wir waren kurz vor South Shore, nicht weit von dort, wo Crystal wohnte.

»Es tut mir leid«, sagte sie.

»Nein. Es ist … ich hätte nicht damit anfangen dürfen …«

Sie sah mich erschrocken an. »Sag das nicht.«

Ich schüttelte den Kopf. »Nein«, sagte ich. »Es tut mir leid.«

Sie schwieg einen Moment. Ich wartete, dann fragte ich sie, ob sie zurückwolle. Sie schüttelte den Kopf. »Ich verstehe das nicht«, sagte sie.

»Ich weiß.«

Sie sah mich an und hörte so plötzlich auf zu weinen, wie sie begonnen hatte. »Liebst du mich?«

»Ja«, sagte ich.

Sie lachte, ein überraschtes, kurzes Lachen, so als hätte ich etwas Unerwartetes gesagt. Vielleicht hatte ich das ja auch. »Dann verstehe ich das nicht«, sagte sie nach einer Weile.

»Nein«, sagte ich.

»Nein was?«

»Nein, ich …«, sagte ich. »Ich meine, du hast recht. Ich kann nicht …« Ich sah zu ihr hinüber, dann ließ ich den Motor an. »Fahren wir«, sagte ich.

»Wohin?«

»Ich bring dich zurück.«

»Zurück wohin?«

»Ich bring dich nach Hause«, sagte ich.

»Nein.«

»Wir brauchen Zeit«, sagte ich. »Wir brauchen Zeit zum Nachdenken …«

»*Ich* nicht«, sagte sie.

Ich sah sie an. »Es tut mir leid.«

Sie wandte sich ab. »Klingt, als hättest du dich entschieden«, sagte sie.

Ich erwiderte nichts. Es gab nichts mehr zu sagen. Als wir zurück nach St Annes kamen, bat sie mich anzuhalten.

»Lass mich hier raus«, sagte sie mit harter Stimme. Ich hatte sie verletzt.

»Jetzt stell dich nicht so an. Ich bring dich …«

»Nein«, unterbrach sie mich. »Ich will hier aussteigen.«

Ich sah ein, dass sie recht hatte, natürlich. Ich hätte kaum vor ihrer Haustür vorfahren und sie dort aussteigen lassen können, hinterm Vorhang die Nachbarn, die Mutter an der Tür, die sich mein Nummernschild notierte. Erst viel später begriff ich, dass sie das überhaupt nicht gemeint hatte.

*   *   *

Am Abend holte ich aus dem Supermarkt die übliche Kiste guter Dinge, doch statt sie zu Crystal zu bringen, kehrte ich diesmal in meine Wohnung zurück und betrank mich allein. Am nächsten Tag ging ich zur Arbeit und machte es anschließend genauso. Ich hatte meine Lieblingsvideos aus Surrey geholt, trank Wodka pur und sah mir *Frau ohne Gewissen* an, danach *Die Körperfresser kommen*. Was dann geschah, habe ich nur noch verschwommen in Erinnerung. Als ich am nächsten Morgen gegen vier Uhr aufwachte, lief jedenfalls der Fernseher, und ein Video war eingelegt, von dem ich nicht mehr wusste, dass ich es ausgesucht hatte. *Eine ganz normale Familie*, dabei war mir gar nicht klar gewesen, dass ich eine Kopie davon besaß. Die Beschriftung auf der Hülle war auch nicht von mir, und einen verstörenden Moment lang glaubte ich, jemand wäre hier gewesen, in meiner Wohnung, und hätte sich angesehen, wie Mary Tyler Moores Leben nach und nach in die Brüche ging, während ich schlafend auf dem Boden lag. An dem Tag bin ich nicht zur Arbeit gegangen, schaffte es aber, mich zum Supermarkt zu schleppen, um meine Vorräte aufzustocken, hockte dann den ganzen Tag vorm Fernseher und sah mir Filme an, bis ich das Bewusstsein verlor. Irgendwann später, als ich in einem bläulichen Dämmer aufwachte, den ich mir nicht erklären konnte, begann ich von vorn.

Und so ging es weiter; wie lang, weiß ich nicht mehr. Über eine Woche. Vielleicht auch zehn Tage. Ich bin nicht mehr zu Crystal gegangen und auch nicht an den Strand. Ich denke, hätte ich gleich etwas getan, hätte Esmé mich wieder aufgenommen, und vielleicht wäre uns eine Lösung eingefallen. Aber ich tat nichts. Als ich mich schließlich wieder zur Arbeit schleppte, absolvierte ich die Tage wie auf Autopilot. Abends habe ich mich dann betrunken und mir noch mehr Filme angesehen. So hätte es ewig weitergehen können, zumindest bis zum ersten Herzinfarkt, doch eines späten Nachmittags trat ein Programmierer aus meiner Abteilung an mich heran und legte mir eine Nachricht auf den Tisch.

»Das wurde für dich abgegeben«, sagte er. Er hieß Dave und hatte ein sanftes, breites Lächeln, das selbst die Bürotyrannen noch jahrelang für ihn einnehmen würde.

Ich blickte nicht auf und sagte: »Danke«, aber Dave ging nicht. Er wartete, bis ich ihn ansah: »Was ist denn, Dave?« Ich hatte ihn gern, und da er leicht einschnappte, wollte ich nicht allzu ungeduldig klingen, wollte aber auch keine Gesellschaft.

»Nichts«, erwiderte er. »Ich habe mich nur gefragt, ob du zu Angelas Party kommst.«

Ich senkte den Blick wieder auf meinen Schreibtisch: »Angelas Party?«

»Ja.«

Er redete über Angelas Party, aber deshalb war er nicht gekommen. Erneut schaute ich ihn an und seufzte. »Wann?«, fragte ich.

»Heute Abend.«

»Oh.« Es war so auffällig, wie er die Nachricht auf meinem Tisch ignorierte, dass ich einfach hinsehen musste. Dann musste ich sie in die Hand nehmen, da ich an der Schrift erkannte, dass sie von Crystal war. Ich wandte meinen Blick wieder Dave zu. »Weiß nicht«, sagte ich.

»Du bist eingeladen.«

»Ich?«

»Klar.« Er wirkte verwirrt, und mir fiel wieder ein, dass Angela diese attraktive Frau im Systemsupport war, mit der ich als Neuling im ungeheuren Raum einen Abend lang geflirtet hatte. Ein Unterfangen, das damals allgemein großes Interesse erregte, und in diesem Büro gab es nichts, wie mir jedermann freudig versicherte, das lange geheim blieb. Dann kam mir der Gedanke, das ungewohnte Interesse daran, ob ich zur Party ginge, könnte eine Art Test sein. Schließlich könnte ich auf der Party beweisen, dass ich normal und an richtigen, erwachsenen Frauen interessiert war. »Dich hat sie persönlich eingeladen«, sagte er. »In der Kantine.«

Ich nickte. »Hat sie«, erwiderte ich und sagte mir, es sei das Beste, einfach mitzuspielen. »Wann noch mal?«

Er grinste. »*Heute* Abend.«

»Wo?«

»Mann, John, sie hat es dir gesagt, und du hast es dir aufgeschrieben. Weißt du nicht mehr?«

Ich schüttelte den Kopf. »Nein. Schreib's noch mal für mich auf.«

Er notierte die Adresse. »Ich gehe mit Phil vorher einen trinken. Lust mitzukommen?«

»Vielleicht.«

»Okay«, sagte er und grinste noch mehr. Er grinste gern. Jemand sollte ihm mal sagen, dass er wie ein Schimpanse aussah, wenn er grinste, aber das war nicht mein Job. Er tat, als wollte er gehen, um dann, als wäre ihm gerade etwas eingefallen, noch einen Blick zurückzuwerfen. »Von wem ist denn die Nachricht?«, fragte er, das Grinsen erloschen. »Freundin?«

Ich warf ihm einen bösen Blick zu, dann sah ich mir die Nachricht an. Sie steckte in keinem Umschlag, war nur ein Blatt Papier, in der Mitte gefaltet, darauf mein Name in dunkelroter Tinte. Ich fragte mich, ob Dave auf dem Weg zu meinem Tisch einen Blick hineingeworfen hatte, nahm es aber nicht an. Hätte er es getan, hätte ich es ihm vermutlich angemerkt. Vielleicht wäre er sogar rot geworden. So war das mit Dave: Man musste ihn gernhaben, aber man merkte ihm auch die nächsten vierzig Jahre Arbeitsleben an, die sich vor ihm erstreckten, und es sah nicht allzu rosig für ihn aus. Nur, wer war ich, ihm das zu sagen? Ich faltete die Nachricht auf und tat, als würde ich lesen. »Ein Bettelbrief«, erklärte ich dann. »Von meiner Mutter. Sie ist hinterm Geld her.« Ich sah ihn an, und er wurde nicht rot, schüttelte nur den Kopf und ging zurück an seinen Tisch.

* * *

Crystals Notiz war in gewisser Weise übrigens wirklich ein Bettelbrief. Sie hätte mich länger nicht gesehen und mache sich Sorgen, deshalb solle ich noch am selben Abend kommen, so früh wie möglich, sie müsse mich nämlich dringend sehen. Einen Grund dafür nannte sie nicht. Wenn eine Frau einen solchen Brief schickt, kann dies normalerweise nur eines bedeuten, doch nahm ich nicht an, dass es darum ging. Es wäre die logische Schlussfolgerung gewesen, trotzdem kam mir der Gedanke nur kurz in den Sinn, ehe ich ihn wieder abtat. Hier ging es um etwas anderes. Erneut las ich die Nachricht für den Fall, dass ich einen Hinweis übersehen hatte, dann zerriss ich den Zettel in kleine Fetzen und warf sie in den Papierkorb. Eine Stunde später tauchte Dave wieder auf. Er trug einen Regenmantel, was in dieser Bruthitze ziemlich lächerlich wirkte.

»Kommst du?«, fragte er.

Ich sah ihn an. »Angela wohnt mit jemandem zusammen, nicht?«, fragte ich.

Er grinste zufrieden. »Jetzt nicht mehr.« Es war schon seltsam, dieses Grinsen. Ein Grinsen wie von einem Honigkuchenpferd. Nur war er kein Pferd, und der Honigkuchen existierte meist auch nur in seiner Fantasie.

Und das war das Problem mit jener Art Sozialleben, wie sie in Büros vorherrscht: Jeder Wortwechsel wirkt entweder scheinheilig und leicht beleidigend oder ungeschickt und irgendwie verwirrend. Ich hatte nichts gegen Dave, Phil, Colin oder wie sie auch hießen, und trotz allem, was zwischen George und mir vorgefallen war, mochte ich ihn, auch wenn er gerade dabei war, sich vom Jungspund zum Jasager zu wandeln und diese Erfahrung fraglos genoss. Dagegen war letztlich nichts einzuwenden, und auf eine abstrakte Weise mochte ich die Jungs sogar, nur Gespräche, egal welche, waren eine milde Form der Folter.

An jenem Abend verbrachten wir wohl mehr Zeit im Pub, als gut für uns war, und redeten allerhand verrücktes Zeug, bis wir irgendwann zu Angela aufbrachen. Als wir ankamen, hatten die ewigen sexuellen Anspielungen und ständigen Fußballprognosen mich bereits mürbe gemacht, und mich plagte ein leicht schlechtes Gewissen, weil ich nicht zu Crystal gegangen war. Noch im Moment unserer Ankunft wünschte ich mir, ich wäre tatsächlich nach Blackpool gefahren. Überall sah ich Leute, und Angela befand sich irgendwo mittendrin, unerreichbar in dem Gedränge und Geplapper. Die Musik war nicht übermäßig laut, aber von jener seichten, Osteoporose fördernden Sorte jüngerer Chart-Musik und schneller Sammelalbenrocksongs, für die spätabends im Fernsehen geworben wird. Vermutlich hätte ich dennoch versucht, zu Angela vorzudringen, aber die Meute, mit der ich kam, strömte auf der Suche nach Bier gleich über den Flur in die Küche und riss mich mit. Zehn Minuten später, Drink in der Hand, stand ich im Garten allein und an der kühlen Luft.

Der Garten war kaum mehr als ein verlängerter Hinterhof, hohe Wände um eine Veranda, dahinter ein winziger Rasenfleck, der vor Schutt und Lattenzaun endete. Das Küchenlicht fiel bis an den Rand der Veranda, das hintere Gartenende aber lag im Dunkeln, also ging ich über den Rasen, um mich in den Schatten zu stellen, wo mich niemand sehen konnte – und während ich das tat, merkte ich, dass es angefangen hatte zu regnen, jener sanfte, leichte Regen, der nur im Westen zu fallen scheint, in kleinen Siedlungen und in Vorstädten, nicht so rußig wie Stadtregen, nicht so schneidend kalt wie der Regen auf offenem Feld oder den Hügeln. Es war schön, und ich blieb lange im Schutz einer großen Konifere stehen und schaute, vom Grün halb verborgen, zurück zum Haus.

Die Musik wurde lauter, dröhnte aber noch nicht in den Ohren. Das Stück kannte ich nicht, auch wenn der Leadsänger ein bisschen wie Michael Stipe klang, wobei ich mir Angela nicht als R.E.M.-Fan vorstellen konnte; eine arme Seele, die sich einen antrinkt, wenn sie mal niedergeschlagen oder müde ist, um sich dann mit einer Flasche Wein ins Wohnzimmer zu setzen und immer wieder *Losing My Religion* oder *Nightswimming* zu hören. Aber wer weiß. Nun ja, vielleicht dachte ich auch gar nicht an Angela, da ich sie eigentlich nicht kannte. Vielleicht dachte ich an jemand ganz anderen. Die Tür zur Veranda platzte auf, und einer der Jungs aus dem Büro – ein großer, schlanker, blonder Typ namens Barry – taumelte nach draußen. Er fuchtelte mit den Armen und schwankte leicht, dabei spielte er betrunkener, als er war; so eine Party war das. Barry gewann das Gleichgewicht wieder, stand einen Moment nur da, starrte hinauf in den Regen und begann dann zu singen.

»*Regrets, I've had a few* …« Er verstummte und dachte kurz nach. Ich sah ihm an, dass er überlegte, wie der Song weiterging, aber da es ihm nicht einfiel, begann er wieder von vorn: »*Regrets, I've had a few* …«

Ein zweiter Mann tauchte auf – George –, gefolgt von mehreren Gästen, die sehen wollten, was da draußen los war. George hatte ebenfalls getrunken, sich aber völlig im Griff. Er nahm Barry am Arm. »Alles in Ordnung«, rief er den anderen zu. »Barry bedauert nur, ein paar zu viel gehabt zu haben«, fuhr er fort und fing an, Barry zurück ins Haus zu bugsieren. »Nun komm schon, Bazza«, sagte er. »Komm raus aus dem Regen.«

Und in dem Moment habe ich es gespürt. Es war kein Mensch, aber groß wie ein Mensch, und es stand direkt neben mir, kaum eine Armeslänge entfernt, noch tiefer im Schatten. Ich konnte es nicht sehen, konnte gar nichts sehen, aber ich spürte es, und dann war da dieser Geruch, ein Geruch nach Nelke, allerdings nicht nach dem Gewürz, sondern nach der Blume, ein kühlerer, dunklerer, nicht ganz so würziger Geruch. Ich spürte, wie sich mir die Härchen im Nacken aufstellten: Was es auch war, es konnte so nahe neben mir stehen und trotzdem unsichtbar bleiben; das verstörte mich. Nein, es *ängstigte* mich, war es doch nicht nur etwas, das einfach da war in diesem Garten. Es war mein Gefährte; hier, weil ich hier war, und mit einem Mal wusste ich, wenn ich woanders hinging, würde er mir folgen.

* * *

Sobald die Luft rein war, lief ich auf die Straße, fand eine Telefonzelle und rief mir ein Taxi. Vierzig Minuten später stieg ich die Stufen zu Crystals Wohnung hinauf. Ich klopfte lang und klopfte immer weiter, weil ich wusste, sie würde zu Hause sein. Das hatte in ihrer Nachricht gestanden. Schließlich hörte ich ein leises Trippeln.

»Wer ist da?«, fragte sie.

»Ich bin's.«

Sie machte die Tür auf. Sie war nackt. »Wo bist du gewesen?«, fragte sie.

»Tut mir leid«, sagte ich. »Ich war ein bisschen ...«

»Egal.« Sie packte mich am Ärmel und zog mich ins Haus. »Gehen wir ins Bett«, sagte sie.

* * *

Ich wachte auf; es war schon Vormittag. Ich konnte den Regen ans Fenster schlagen hören, ein heftiges, andauerndes Trommeln. Crystal saß am Bettrand, ihr Blick auf meinem Gesicht. Sie beobachtete mich offensichtlich schon seit geraumer Zeit. Anfangs habe ich das Messer nicht gesehen, erst als sie die Hand bewegte, eine leichte Regung, kaum mehr als ein nervöses Zucken, fiel mein Blick aufs silberne Metall, und mir wurde klar, dass sie jenes große, spitze Tranchiermesser in der Hand hielt, das gewöhnlich auf dem Küchentresen lag. Sie hatte mir einmal erzählt, sie bewahre es aus Sicherheitsgründen dort auf, aber manchmal lege sie es auch aufs Nachtschränkchen, nur für den Fall, sie brauche es mal im Dunkeln. Ich hatte das ziemlich verrückt gefunden, aber nichts gesagt. Ehrlicherweise muss ich gestehen, dass mir der Gedanke gefiel, mit ihr im Bett zu sein und zu wissen, dass die zwanzig Zentimeter lange Klinge neben uns lag. Es würzte die Situation, ergänzte sie um einen leichten Nervenkitzel, eine unbestimmte Möglichkeit. Ich dachte immer noch gern an Caroline zurück, die in der Küche ihrer Londoner Wohnung einmal mit dem Messer über mich hergefallen war; und Adeles Vorliebe für Nadeln und Rasierklingen hatte ich auch nicht vergessen. Ich war mir aber ziemlich sicher, dass Crystal für jenes Spiel nichts übrig hatte, weshalb ich mich vorläufig ruhig gab und versuchte, mir nichts anmerken zu lassen, so als hätte ich nicht gesehen, was ihre Finger umklammerten. Ich hielt den Blick auf ihr Gesicht gerichtet.

Sie lächelte. »Du bist wach.«

»Ja«, erwiderte ich. »Tut mir leid. Ich wollte dich nicht …«

»Schon gut«, sagte sie. »Nicht weiter wichtig. Ich sehe dir gern beim Schlafen zu.« So wie sie es sagte, war mir klar, dass sie mich auch schon früher beim Schlafen beobachtet hatte, und ich fragte mich, ob auch damals schon das Messer im Spiel gewesen war. »Du wirkst so friedlich, wenn du schläfst«, sagte sie.

Langsam erhob sie sich und blieb über mir gebeugt stehen, ein seltsames, fast sehnsüchtiges Lächeln im Gesicht; dann ging sie zum Küchentresen und legte das Messer bedächtig an seinen üblichen Platz. »Hör mal«, sagte sie dann. »Gestern Abend, das war gut.« Sie stand am Tresen, blickte aus dem Fenster, und sie sah hübsch aus, wie das Widerlicht vom Regen ihr Gesicht erhellte. »Ich habe dich wirklich gern«, fuhr sie fort und klang beinahe verträumt, wenn auch nicht ganz. »Vielleicht habe ich dich sogar zu gern, und deswegen finde ich, wir sollten uns nicht mehr sehen.«

Ich war wie vom Donner gerührt. Diese plötzliche Ankündigung war das Letzte, womit ich gerechnet hatte, und ich wusste nicht, was ich dazu sagen sollte.

»Dabei habe ich dich wirklich gern«, sagte sie und drehte sich zu mir um. »Versteh mich da nicht falsch.«

Ich schüttelte den Kopf. »Aber warum …?«

Sie lächelte wieder ihr trauriges Lächeln. »Ich mag dich«, sagte sie. »Und ich denke, auf deine Weise magst du mich auch. Aber du musst doch zugeben, dass du eigentlich gar nicht da bist. Nur wenn wir vögeln vielleicht, aber ansonsten bist du in Gedanken – anderswo.« Sie hielt inne, um zu überlegen, wohin dieses »anderswo« führen mochte, sah mir dann aber in die Augen. »Du lebst in deiner eigenen kleinen Welt«, sagte sie nach einem Moment.

Ich begriff, dass ich mich erklären sollte, aber wie konnte ich? Die einzige Erklärung, die ich hätte vorbringen können, wäre im besten Falle sicher als Beleidigung verstanden worden. »Tut mir leid«, sagte ich. »Ich wollte nicht …«

Sie lächelte und machte eine unbestimmte Geste mit der Hand, fast als wollte sie etwas fortwischen. Sie sah wirklich gut aus, wie sie da vor dem Regen stand und mir Lebwohl wünschte. »Es muss dir nicht leidtun«, sagte sie. »Es war gut.«

Ich nickte. »Ja, das war's.« Ich fürchte, einen Moment lang habe ich es sogar geglaubt, obwohl ich längst vergessen hatte, was *gut* im Kontext billiger Kicks bedeutet.

Sie erwiderte mein Nicken, war sich aber wohl nicht sicher, da sie lange mein Gesicht musterte, als wollte sie meine Gedanken daran ablesen, und erst, als sie sich davon überzeugt hatte, dass mit mir alles in Ordnung war, ging sie ans Becken und füllte den Kessel. »Bevor du gehst«, sagte sie, »mache ich dir noch eine Tasse Tee.«

* * *

Als ich endlich den ungeheuren Raum betrat, war ich spät dran. Ich war im Taxi zurück zur Wohnung gerast, hatte geduscht und mich rasiert, einen sauberen Anzug angezogen und sah jetzt mehr oder minder passabel aus. Ich konnte keinen klaren Gedanken fassen, aber seit meinem Auftritt bei George hatte man mich ziemlich mir selbst, meinen Programmen und Testreihen überlassen, weshalb es kaum jemanden kümmerte, wenn ich mal nicht ganz auf der Höhe war. Ich musste nicht mehr zu irgendwelchen Meetings, und niemand erwartete von mir originelle Ideen, nur verlässliche Codes und Testergebnisse. Wenn mein Atem roch wie der Fußboden einer Studentenverbindung um sechs Uhr am Sonntag in der Frühe, dann war das eben so. Immerhin trug ich einen Anzug und glänzende schwarze Schuhe, außerdem hatte ich mir das Haar gekämmt.

Auf dem Weg zu meinem Arbeitsplatz musste ich an Georges Büro vorbei, wollte aber nicht, dass er mitbekam, wie spät ich dran war. Er würde etwas dazu sagen müssen, so lief das nun mal. Sicher würde er keine Lust dazu haben – ich denke, er war mich längst leid –, und ich konnte den Ärger ganz bestimmt nicht gebrauchen, doch musste er sich an die Regeln halten, und wäre er da gewesen, hätte er sich verpflichtet gefühlt, zumindest nach außen hin die Form zu wahren. Zum Glück war sein Büro leer. Kein George, und überhaupt war es seltsam still im Raum. Erleichtert ging ich an meinen Arbeitsplatz und setzte mich. Niemand sonst war in meiner Kabine, und ich sagte mir, dass sie bestimmt alle bei einem wichtigen Treffen waren, einem, bei dem meine Anwesenheit nicht länger erforderlich war. Üblicherweise dauerte so ein Treffen bis zur Mittagspause, also blieb mir Zeit genug, Liegengebliebenes aufzuarbeiten, mich zu sortieren und an die Arbeit zu machen. Ich setzte mich an meinen Tisch, schaltete den Computer ein und sah zu, wie der Bildschirm zum Leben erwachte.

Das Papier habe ich nicht gleich entdeckt, eine DIN-A4-Seite, ordentlich in der Mitte gefaltet und unter meine Tastatur geschoben, ein sauberes, makelloses Blatt, das aussah, als sei es nie von menschlicher Hand berührt worden. Nichts verriet, wer es da hingelegt hatte, nichts deutete darauf hin, dass es für mich gedacht war – sobald ich es allerdings aufgefaltet und die in kleinen Druckbuchstaben geschriebenen Worte mitten auf der Seite gelesen hatte, wusste ich, es war für mich. Da stand:

JESUS LIEBT DICH
ALLE ANDEREN HALTEN DICH
FÜR EIN ARSCHLOCH

Ich las, dann las ich noch mal. Erst fand ich es ziemlich lustig – wie einen jener Sprüche, an denen Computer-Nerds ihren Spaß haben, und ich redete mir ein, jemand hätte ihn bei mir liegen lassen, um mich aufzumuntern, so wie Leute alberne Ausschnitte aus der Lokalzeitung rumgehen ließen oder schlechte Übersetzungen aus Handbüchern in die Hauspost legten. Einen Moment später aber wurde mir klar, dass dies nicht für den allge-

meinen Umlauf gedacht war – es war allein für mich bestimmt.
Ich richtete mich auf und blickte mich um. Der ungeheure Raum
war leer, zumindest so weit ich sehen konnte; die Drucker standen still, die Bildschirme zeigten leeren Stühlen ihre Slogans
oder explodierende Sterne. Mich erinnerte das an den Tag mit
dem Bombenalarm, als alle das Gebäude verlassen hatten und
ich allein sitzen geblieben war, weil ich das interessante kleine
Problem, das ich gerade entdeckt hatte, nicht aufgeben wollte.
Einige der Schlips-und-Anzug-Typen waren deshalb sauer gewesen, hinterher aber konnten wir darüber lachen. Ich griff nach
dem Blatt und las es noch einmal:

JESUS LIEBT DICH
ALLE ANDEREN HALTEN DICH
FÜR EIN ARSCHLOCH

Ich musste grinsen. Es war die beste Beleidigung, die ich seit
Langem gelesen hatte. Etwas in mir war verletzt, etwas anderes fragte neugierig, von wem das wohl kam, tief in mir drinnen
aber, verkatert, halb verrückt und noch versifft unter Hemd und
Schlips, fand ich es einfach nur lustig. Ich sah zur Uhr an der
Wand: fast Mittag. Ich konnte am Tisch sitzen bleiben und über
mich ergehen lassen, was auf mich zukommen würde; ich konnte auch alles aufgeben und mich irgendwohin verdrücken, damit
die Farce, auf die ich mich eingelassen hatte, ihren Lauf nahm.
Die Wahl fiel nicht schwer. Ich faltete das Papier, steckte es in
die Brusttasche meines Jacketts, drehte mich um und schritt ein
letztes Mal den ungeheuren Raum ab, während sich langsam in
mir die Überzeugung festigte, nichts von dem, was geschehe, sei
real. Der Raum, die Tischreihen, Computer und leeren Stühle,

der Schimmer vor den Fenstern, der hier für Tageslicht durchging – nichts davon war real, und in dem Wissen darum hätte ich am liebsten laut aufgelacht.

* * *

Bis abends um sieben ließ ich mich durch Lytham treiben, dann nahm ich ein Taxi nach Blackpool und ging in einen Pub namens Calleon, der bis spätabends geöffnet hatte und in dem es Livemusik gab. Manchmal spielte hier ein älteres Paar Jazz, und ich mochte die beiden, weil sie so dilettantisch waren, liebenswert, und weil ihnen an dem lag, was sie taten. An diesem Abend aber waren sie nicht da, also gönnte ich mir ein paar Drinks und zog weiter, musste in Bewegung bleiben, war ruhelos und auf der Suche. Auch in der nächsten Kneipe trank ich ein paar Glas. Auf halber Strecke zum dritten Pub sah ich Crystal. Sie stand an der Mauer, und ein Mann war bei ihr. Er schien sie festzuhalten, vielleicht drängte er sie auch gegen die Mauer; für mich sah es jedenfalls aus, als wenn da was Übles ablief. Der Mann machte sich an Crystal zu schaffen, fast als wäre sie eine Marionette, eine Puppe, und ich musste dafür sorgen, dass er damit aufhörte.

»*Hey*!«

Ich rannte zu ihnen, packte den Mann am Arm und zog ihn von Crystal weg, die an der Mauer zusammensackte, als wäre sie ernsthaft verletzt. Ich presste den Typen gegen die Wand. Er war groß, hager, mit strähnigem schwarzen Haar und einem Bleistiftschnurrbart, um die dreißig, die Augen weit offen, feucht und so dunkelbraun wie die von einem Reh. »Was zur Hölle machst du da?«, fragte ich.

Er war verblüfft, versuchte nicht, sich zu wehren oder fortzulaufen, stand einfach nur an die Mauer gedrückt und starrte mich an, als wäre ich ein Gespenst.

»Ich habe gefragt, was zur Hölle du da machst?«, wiederholte ich mich.

Er schüttelte den Kopf. »Nein, Mann«, sagte er, »die Frage ist, was zur Hölle *du* hier machst.«

»Wie?«

Er war stoned. Das merkte ich jetzt. Er stierte mich an. »Ich meine, wer *bist* du überhaupt?«

»Ich bin ein Freund von ihr«, sagte ich.

»Bist du nicht«, erwiderte er und schien davon völlig überzeugt zu sein.

»Bin ich doch.« Ich stieß ihn gegen die Mauer, und er blinzelte aufgeregt, aber es half nichts; er war ziemlich hinüber.

»Verdammt, was soll das?«, sagte er; seine Stimme klang wie von weit fort.

Ich ließ ihn los, und er blieb wie betäubt stehen, den Blick zur Seite gewandt. Dann hockte ich mich hin und fasste Crystal am Arm. »Komm«, sagte ich, »ich bring dich nach Hause.«

Sie sah zu mir auf; und ich merkte, dass sie ebenso weggetreten war wie er. Jetzt erst begriff ich, dass der Typ sie gar nicht angegriffen hatte oder verprügelt oder was auch immer. Er war mit ihr zusammen. Bestimmt waren sie gemeinsam high geworden, und dann war sie gestürzt oder getaumelt, jedenfalls hatte er nur versucht, ihr zu helfen. Er kümmerte sich um sie. Er wollte *helfen*.

Crystal sah mich an, ihr Blick wurde klarer. »Was ist nur los mit dir?«, fragte sie.

»Was mit *mir* los ist?«

»Genau.« Sie lachte leise. »Du siehst anders aus.«

Der Typ schlug mich von hinten. Nicht sehr hart, aber hart genug. Er hatte offenbar keine Ahnung, was er da tat, sonst wäre er konsequenter vorgegangen; aber er schlug einfach zu, dann taumelte er zurück, und einen Moment später hatte ich ihn wieder an die Mauer gepresst und boxte ihm ins Gesicht, einmal, dreimal, öfter, bis Blut floss. Dann fing Crystal an zu schreien.

»Lass ihn in Ruhe«, kreischte sie. »Lass ihn in Ruhe, du Arsch.« Und dann prügelte sie auf mich ein, und alles ging drunter und drüber. Irgendwer kam an die Tür und rief, man habe die Polizei alarmiert, dann riss sich der Typ los, während ich Crystal abzuwehren versuchte, nahm Reißaus und taumelte die Straße entlang; Blut troff ihm aus Nase und Mund. Einen Moment später lief Crystal ihm hinterher.

»Crystal!«, rief ich.

Sie drehte sich um. »Verpiss dich!«, schrie sie, dann holte sie den Typen ein, und gemeinsam, Arm in Arm, wankten sie in die Dunkelheit davon. Irgendwo von der Seite ertönte die Stimme eines Mannes, eine alte Stimme, alt und ungehalten. »Die Polizei ist unterwegs«, sagte sie. Ich wusste nicht, ob ich das glauben sollte, ging sicherheitshalber aber doch die Straße hinunter und verschwand im nächstbesten Pub.

* * *

Als ich wieder zu mir kam, war ich nicht, wo ich zu sein erwartet hatte. Ich konnte Musik hören, und ich spürte, dass sich jemand über mich beugte, doch war es zu dunkel oder ich war noch zu benebelt, um sagen zu können, wer es war, ehe sie den Mund aufmachte. Anfangs hörte ich nicht, was sie sagte, aber ich wusste, dass sie auf mich einredete, denn sie war sehr nahe, nur Zentimeter entfernt. So nahe sogar, dass ich eigentlich nur ihre Augen sehen konnten, die mich freundlich anblickten, auch wenn sie in seltsamem Winkel zueinander standen. Ein Auge war deutlich größer als das andere, was mir gleich auffiel und worauf ich mich konzentrierte, falls man in einer solchen Situation von Konzentrieren sprechen kann, bis ich dann endlich verstand, was sie sagte. Offenbar wurde sie es langsam leid, sich zu wiederholen oder dasselbe mit anderen Worten zu sagen, dieselben Worte anders anzuordnen, um endlich zu mir durchzudringen. Ich wusste es, ohne darüber nachzudenken: Sie war der Typ guter Samariter, wenn auch nur bis zu einem gewissen Punkt, und dieser Punkt war bereits erreicht.

»Sie müssen jetzt aufwachen«, sagte sie, »wenn Sie keinen Ärger haben wollen.«

Ich nickte und versuchte es mit dem oft erprobten Trick – oft erprobt, doch nie überzeugend –, so zu tun, als wüsste ich, wovon die Rede war. »Ich habe nicht geschlafen«, sagte ich und versuchte zu erraten, wo ich war, ohne mich allzu verwirrt umzusehen. »Nur die Augen ein bisschen ausgeruht.« Ich konnte Musik hören, und da waren Stimmen. Das Gesicht der Frau wich zurück, und ich sah ihre Freundinnen, ein Junggesellinnenabend, alle um einen Tisch versammelt, sah, wie sie mit unterschiedlichem Interesse und amüsierter Missbilligung unserem Wortwechsel lauschten. Sie waren angezogen, als spielten sie bei *Coronation Street* mit und hätten sich für einen Ballabend aufgehübscht, Glitzer und Pailletten, Kellnerinnen-Schick. Alle, bis auf jene, die mit mir redete; sie war schlichter gekleidet, eine unauffällige braune Jacke zu braunem Kleid. Kaum Make-up. Keine Ohrringe.

»Kommen Sie«, sagte sie. »Stehen Sie auf, und gehen Sie zur Tür. Das wird schon.«

Glitzerbälle. Echte Discokugeln. Discomusik. Frauen in schimmernden Garderoben mit Reifohrringen. Wo zum Teufel war ich gelandet?

»Wo bin ich?« Ich hatte das nicht laut sagen wollen. Es sollte nur ein Gedanke sein, einer dieser inneren Notfallreaktionen, wenn der Verstand leerläuft. Ich musste stockbesoffen gewesen sein, wenn ich freiwillig in diesen Laden gegangen war. Die Frau sagte etwas, das ich nicht verstand, aber jetzt nahm ich zum ersten Mal die Männer wahr. Sie waren überall, und einige von ihnen beobachteten uns ein wenig zu aufmerksam.

Ich schüttelte den Kopf. »Ich meine – *wo* ist das hier?« Sie schaute mich verwirrt an, und ich merkte, dass sie sich wünschte, sie hätte sich nie auf mich eingelassen. »Welche Stadt?«

Bestürzt schüttelte sie den Kopf. »Blackpool.«

»Aha.«

Ich mühte mich auf die Füße und fing an, in Richtung Tür zu gehen. Die Frau begleitete mich nicht, sie blieb, wo sie war, und sah mir nach, und je näher ich dem Ausgang kam, desto deutlicher wurde ich mir der Männer bewusst, bis es mir vorkam, als sei der ganze Saal von jener maskulinen Spezies bevölkert, die allen Säufern und Junkies nur zu vertraut ist: neue Mittelklasse, sportlich elegant, mit einem Job in Logistik oder Verkauf, ein gleichsam professioneller Nordengländer. Er kennt sich aus, ist aber nie solo unterwegs, und gegen Ende des Abends wartet er noch auf ein bisschen Spaß in Läden wie dem, den ich gerade unauffällig zu verlassen suchte, während er und seine Kumpel an der Bar herumlungerten, Frauen beglotzten und halbliterweise Grolsch versenkten oder was auch sonst immer hier als anständiges Bier durchging. Er ist sonst eigentlich kein harter Kerl, neigt aber dazu, bösartig zu werden, wenn er aufgebracht ist. Es gibt

Spelunken, in denen kann man sich in Ruhe die Kante geben, und kein Mensch zuckt auch nur mit den Augenbrauen, Pubs, in denen es meine momentanen Zuschauer keine drei Minuten aushalten würden, in denen ich aber unbekümmert meiner Wege ging. Dies hier war kein solcher Pub. Hier strahlte alles eine verlogene Seriosität aus. Und noch etwas: die Tyrannei der Menge. Nicht zum ersten Mal stand zwischen mir und dieser Tyrannei nur noch eine Frau, die, darum gebeten, es noch einmal zu tun, sich die Mühe gewiss nicht mehr gemacht hätte.

Draußen brauchte ich einen Moment, um mich zu orientieren. Ich war nie zuvor hier gewesen und konnte mich auch nicht erinnern, wie ich hergekommen war oder warum ich mir diesen Schuppen ausgesucht hatte – außerdem war ich mir nicht sicher, wo ich mich genau befand. In einer dieser schmuddeligen Seitenstraßen abseits der Promenade, wo Leuchtreklame nicht weiter auffällt und selbst ernannte Nightclubs das ganze Jahr über ein matt kupferner Glanz umgab. Eine Straße mit spätabends geöffneten Imbissbuden und billigen Hotels, am hässlicheren Ende dazu noch eine Reihe Kneipen, in denen man nach der Sperrstunde stundenlang weitertrinken konnte, falls man bereit war, dafür zu zahlen. Ich kannte mich hier überhaupt nicht aus und sah auf meine Armbanduhr – vielmehr sah ich auf mein Handgelenk, an dem ich bislang eine Armbanduhr getragen hatte. Jetzt war sie nicht mehr da, und einen Moment lang dachte ich daran, meine Schritte zurückzuverfolgen und sie zu suchen. Sie war schön, die Uhr. Allerdings kann einen ein derart simpler Gedanke richtig fertigmachen, wenn es nach Mitternacht ist und man auf einer Straße steht, die man nicht kennt, in einer Stadt, die man bislang vorwiegend durch den Glasboden eines Bierkrugs gesehen hat; außerdem wusste ich, ich musste weiter, bevor die Jungs aus der Bar kommen und mir ihr Abschiedsgeleit geben würden. Also zog ich los und versuchte, wie jemand auszusehen, der wusste, wohin er wollte. Etwa fünfzig Meter vor mir lag eine breitere, hell erleuchtete Straße, zwischen den Gebäuden hindurch gerade noch sichtbar, dahin machte ich mich auf den Weg. Sie war wirklich schön, diese Uhr, dachte ich. Falls ich sie verloren hatte, war mir das letztlich egal, solange sie nicht in falsche Hände geriet. Vielleicht hatte ich sie irgendwo abgelegt und dort vergessen, und morgen fand sie ein Junge, vielleicht einer, der hier mit den Eltern Urlaub machte, so wie jener Junge, der ich vor gut dreißig Jahren gewesen war; ein einsamer, leicht spinnerter Junge, die Sorte, die im Kopf ständig mit sich selbst redet und glaubt, die Probleme hätten sich erledigt, wenn man erst erwachsen ist und für sich selbst entscheiden kann.

*   *   *

Ich wurde in meiner Wohnung wach und konnte mich nicht erinnern, wie ich hingekommen war, aber da war ich, in voller Lebensgröße und lag diagonal überm Bett in den Kleidern, die ich gestern getragen hatte. Ich sah zur Uhr auf der Frisierkommode. Zehn vor sechs. Ich stand auf, ging zur Küche und setzte den Kessel auf, machte dann auf dem Absatz kehrt und ging ins Bad. Eine Dusche, eine Rasur, eine Tasse Kaffee, die entscheidende Dreieinigkeit für jeden Tagesanfang. Hat man die in der Verfassung geschafft, in der ich an diesem Morgen war, konnte man so ziemlich alles schaffen. Immerhin hatte ich keine Halluzinationen und hörte keine Stimmen.

Ich ließ heißes Wasser laufen und seifte mich ein. Alles in allem fühlte ich mich gar nicht mal so übel. Ich nahm einen neuen Rasierer aus dem Badschrank und schaute mich im Spiegel an. Als Kind hatte ich unglaublich blaue Augen gehabt. Laut meiner Mutter blieben Leute auf der Straße stehen, um ihr zu sagen, wie blau meine Augen waren. Niemand wusste, woher sie kamen: Meine Mutter hatte blassblaue Augen, die von meinem Vater waren grau, aber alle, Tanten, Cousinen und Nachbarn, waren sich einig: Kein Baby hatte schönere blaue Augen als ich. Und heute waren sie von einem versonnenen, fahlen Grau. Ich stierte mich im Spiegel an, musterte diese grauen, verwaschenen Augen – und im selben Moment überkam mich eine bittere Erinnerung an meinen Vater. An ihn, als er noch deutlich jünger war, damals, ehe es mit ihm bergab ging. An meinen Vater, als er noch einen gewissen Stolz besaß.

Wenn er in jenen Tagen ausging, machte er daraus eine große Show. Seine Hose musste stets frisch gebügelt sein, und dazu trug er ein sauberes weißes oder marineblaues Hemd, einen seiner vielen Schlipse und einen schwarzen oder dunkelblauen Blazer mit dem auf die Brusttasche gestickten Abzeichen der Royal Air Force, *PER ARDUA AD ASTRA.* Er rasierte sich, bevor er abends aus dem Haus ging, auch wenn er sich morgens bereits rasiert hatte, und ganz nach RAF-Manier kam frische Brylcreem ins Haar. Ich beobachtete dieses Prozedere mit einer Art Ehrfurcht – *so* musste ein Mann sein, *das* war Selbstachtung. Würde. In solchen Momenten strahlte er wirklich etwas aus, und ich weiß noch, dass ich ihm Glück wünschte und hoffte, es gelänge ihm, seine Würde zu wahren, bis er wieder nach Hause kam – und zugleich erinnere ich mich, einen seltsamen Widerwillen gespürt zu haben, eine Ahnung, dass es vergebens war, würde am Ende des Abends doch all dies verschwunden sein. Am Ende des Abends hatte er es restlos abgestreift. Dann torkelte er mit seinen sogenannten Freunden besoffen nach Hause, schwatzte bis in den frühen Morgen belangloses Zeug, verschüttete Whisky und verstreute Zigarettenasche auf dem noch halbwegs anständigen Sofa meiner Mutter. In jenen Momenten schien es lang her, dass er beim Ausgehen den Eindruck gemacht hatte, als wäre er jemand.

Wie ich jetzt vor dem Spiegel stand, Rasierer in der Hand, fiel mir auf, dass ich ein altvertrautes Ritual beging. Ich sah *sein* Gesicht, *sein* Dilemma in meinem, *seine* Fähigkeit, sich etwas vorzumachen, in meinem lächerlichen Versuch, ein normales Gesicht aufzusetzen. Ich sah mich, und ich sah *ihn*. Wenn ich etwas gewollt hatte, als ich aufwuchs, dann anders zu sein als er, doch hier stand ich, sein Spiegelbild, sein Ebenbild. Spielte normal und redete mir eine dieser absurden, verwickelten Geschichten ein, wie er sie stets erzählt hatte. Mein Vater war lange von starker Konstitution gewesen, was es ihm nicht leicht machte, sich ins frühe Grab zu saufen, aber er ließ sich nicht beirren und erzählte bis zum bitteren Ende Geschichten, redete sich etwas ein – und ich bin mir sicher, zu Beginn seines letzten wertlosen Abends, als die Kinder vom Spiel nach Hause eilten und eine erste Kühle sich über die Straßen senkte, trat er auf dem Weg zum Silver Band Club in Blazer und frisch gestärkter Flanellhose mit ebenjener Würde vor die Tür, die er für jeden Neuanfang aufbringen konnte. Und alle, selbst die Nachbarn, die genau wussten, wie es um ihn stand, selbst die Kids auf dem kleinen Platz vor seinem kleinen Fertighaus, haben an jenem Tag einen stolzen Mann gesehen, der sich nicht kampflos geschlagen gab.

Natürlich war das nicht ganz genau, was ich im Spiegel sah, während ich mich zu Ende rasierte und anfing, meine Bürosachen anzuziehen. Ich hatte einen viel weicheren Panzer, und meine Kleider waren von besserer Qualität. Dennoch wusste ich, was ich war, und auch als eine längst nicht so überzeugende Ausgabe des Scheusals war ich letzten Endes doch dieselbe Art Lügner. Wenn ich, sagte ich mir, auch nur einen Funken Verstand besaß, würde ich jetzt, in ebendiesem Moment, aufgeben und von vorn beginnen – aufhören, so zu tun als ob, aufhören, mich noch länger zu vergiften, aufhören, mich wie ein Idiot zu benehmen. Das war mir so klar wie nur irgendeinem normalen Menschen. Dann zog ich meine Jacke an, trat ins frühe Sonnenlicht und begab mich zurück ins Hamsterrad. Es war erst halb sieben, die ganze traurig Farce hatte keine vierzig Minuten gedauert, aber ich dachte mir, ich könnte vor der Arbeit noch ein wenig durch die Gegend fahren – vielleicht die Küste entlang –, um wieder klar im Kopf zu werden.

Eine gute Idee, doch als ich mich ans Steuer setzte, entschied ich, ich müsse Esmé ein letztes Mal sehen, ehe sie zur Schule ging. Ich würde sie abpassen, wenn sie aus dem Haus kam, und würde ihr erklären, ich hätte einen Fehler gemacht, wäre nicht ganz bei Verstand gewesen, als ich ihr all das gesagt hatte – *wann war das gewesen?* Ich musste kurz nachdenken, ehe ich mich erinnerte, wie lange es her war – und spätestens da hätte ich merken müssen, dass ich noch nicht wieder so beieinander war, wie eine Rasur und frische Kleider es mich glauben lassen wollten.

Mein erstes Problem bestand darin, nicht genau zu wissen, wo Esmé wohnte. Ich wusste nur, das Haus lag irgendwo abseits der Straße, die von Lytham nach St Annes führte – und es hätte mir eine deutliche Warnung sein sollen, dass ich glaubte, ich könne einfach in ihre Straße einbiegen, Esmé auf dem Weg zur Schule abfangen, einige Häuser hinter ihrem Haus, damit die Eltern

uns nicht sahen, könnte neben ihr anhalten und die Beifahrer-
tür aufschwingen lassen, wie man es aus amerikanischen Filmen
kennt. Dann würde sie ihre Schulsachen auf den Rücksitz werfen, und wir würden davonfahren. Die Vorstellung war so ein
Klischee, dass sie mich völlig überzeugte.

Ich liebe diese Straßen frühmorgens am Meer. In der Stadt
kommt es vor allem auf den Geruch an: warmes Brot, Drucker-
schwärze, Diesel, Hopfen oder jener rußige Regen, den es nur
dort gibt, wo in der Frühe schon Busse fahren; in anderen Städ-
ten ist es der dunkle, süße Geruch nach Kutschpferden. Überall entlang der Alleen und Strandstraßen riecht man das Aroma
von frisch gemahlenem Kaffee, der schönste und seltsamerweise
auch anrührendste aller Gerüche. In den Vorstädten ist es anders:
Wohnstraßen wachen später auf, und im Übergang von Nacht
zu Tag, von wahrem Dunkel zu Licht schlafen die Leute noch.
Ich aber fuhr von Straße zu Straße und setzte in Gedanken jene
Geschichten fort, die am Abend zuvor unterbrochen worden waren, Spielzeug und Werkzeug verstreut auf Rasen oder Terras-
se, in der Auffahrt ein Kinderrad, Autos mit belanglosen, doch
verräterischen Indizien: Kassetten, halb gegessene Schokoriegel
auf dem Beifahrersitz, auf der Rückbank abgestreifte Kleider, ab-
gelaufene Parkscheine für den nächsten Marktflecken oder eine
entferntere Stadt. Am Meer entlang gab es nur Hotels, Apartments, Business; weiter im Landesinnern aber, abseits der Straße zwischen St Annes und Lytham, lag ein reiner Wohnbezirk.
Weiße Bungalows in ordentlichen viereckigen Gärten, Familien-
häuser mit Verandalicht und provisorischem Spielplatz im Hof,
Eckläden, die schon die 60er-Jahre erlebt hatten, heimelige Kir-
chen, die eher wie aufgehübschte Villen aussahen und nicht wie
die offizielle Residenz des Herrn.

Hier wohnte Esmé – irgendwo in einer der Straßen, in einem dieser Häuser. Ich wusste nur nicht, in welchem. Eigenartige Vorstellung, dass ich seit meinen schlaflosen Streifzügen in den frühen Morgenstunden mit alldem hier vertraut war – diesen Fassaden in Blütenrosa oder Primelbunt, die gruseligen Haustüren, umrankt von Schatten oder blühender Quitte, Eingänge zu einer vergessenen Dynastie von Konditoren oder französischen Polieren, Häuser, die in sich zusammenfielen unter den Händen des Letzten einer langen Ahnenreihe, der da saß und dreißig Jahre alte Zeitungen las. Seit ich nach St Annes gezogen war, hatte ich meine freie Zeit zwischen alten Filmen und diesen nur wenige hundert Meter vom Meer entfernten Straßen aufgeteilt, bloß war es eigentlich kein Aufteilen gewesen, da es die meiste Zeit für mich gar keine zwei Welten gab. Auf dem Fernsehschirm in Schwarzweiß oder im warmen, leicht verzerrten Technicolor der Fünfzigerjahre trat eine Frau an ein Fenster und schaute hinaus, eine Stunde später trat auf jener parallel zur Küste verlaufenden Straße eine Frau ans Fenster eines weiß verputzten Bungalows und sah mich auf der anderen Seite – und es war genau das Gleiche. Ohne jede Unterbrechung. Auf der Straße erwartete ich stets, der Mörder komme aus dem Schatten oder eine schöne Frau trete kaum fünf Meter entfernt plötzlich in den Lichtkegel einer Straßenlaterne und riefe mich zu sich, die Stimme sanft, drängend, gefährlich verlockend. Jeden Abend glitt ich zwischen realer und fiktiver Welt hin und her, zwischen Schwarzweiß und Bunt, nicht den schlichten Farben des Tages, sondern dem flackernden Blau und klammen Rot eines Sechzigerjahre-Abends. Manchmal war es für mich ein Schock, wenn ich aus der Geschichte fiel, in der ich gelebt hatte, um dann zu merken, dass es kein Film war, dass nichts weiter geschehen würde, dass ich auf niemanden wartete, und wenn doch, dass dieser jemand nicht real war.

Jetzt aber, während ich dieses Gebiet bunt gestrichener Häuserfassaden und halb erinnerter Handlungsverläufe durchstreifte, suchte ich nach etwas Bestimmtem. Ich suchte nach Esmés Haus, und ich war mir sicher, ich würde es erkennen. Wenn ich sie wirklich liebte, dachte ich, müsste ich erraten können, wo sie wohnte – und während sich die Dunkelheit zur Sommermorgendämmerung wandelte, streifte ich eine Stunde lang oder länger umher und suchte nach jenem verräterischen Zeichen, das mich in unsere unbeendete Erzählung zurückversetzte, die ich am South Shore so leichtsinnigerweise einfach aufgegeben hatte. Das war pure Logik: Ich würde Esmé finden, und wie durch Magie würde sich alles Weitere ergeben. Ordnung würde wiederhergestellt, die Dunkelheit sich lichten und mein angeschlagener Verstand geheilt, zumindest vorläufig.

Nur schaffte ich es nicht. Ich erriet nicht, in welchem Haus Esmé wohnte. Schwierigkeiten machte mir vor allem, dass dieses Wohngebiet viel größer und dichter besiedelt war, als ich geahnt hatte, und nach weiterem ziellosen Herumkurven hielt ich einfach auf einer breiten Straße, gesäumt von frei stehenden, einstöckigen, in Strandfarben gehaltenen Häusern der Dreißigerjahre. Ich hielt nicht an, weil ich meinte, Esmés Haus stünde hier, sondern weil ich nicht weiterfahren konnte. Ich fing wieder an, etwas zu hören – leise, akustische Halluzinationen, die sich vom Motorenlärm abhoben und erstarben, ehe ich erkannte, was es war: ein Jaulen und Stakkatoknacken wie fernes Gewehrfeuer, Stimmen, die mich aus der Ferne riefen, viehische, schnüffelnde, doch merkwürdig vertraute Tierlaute so nahe an meinem Nacken, dass ich den Atem zu spüren meinte. Und während der klar denkende, normale, hoffnungsfrohe, Anzug tragende Mann, der ich vor einer Stunde noch gewesen war, zu einem erbärmlichen Häuflein von Annahmen und Vermutungen zusammensackte, spielte mir mein Verstand ständig Streiche. Es gab da ein Haus – eine hübsche gelbe und cremefarbene Villa, die mir schrecklich vertraut vorkam, und ich meinte plötzlich Esmé vor mir zu sehen, wie sie sich der Tür dieser Villa näherte und eintrat. Ich *hatte* das nie gesehen, sah es aber jetzt vor meinem geistigen Auge, und es kam mir richtig vor: Ich erinnerte mich an die Veranda, halb Holz, halb Glas, an die Begonien und Geranien in den Hängetöpfen. Ich erinnerte mich an das besondere Gelb um Fenster und Tür. Ich erinnerte mich an alles und wusste doch mit ebenso großer Gewissheit, dass ich mich irrte. Das hier konnte nicht Esmés Haus sein, das war weiter weg, eines mit Ligusterhecke und Lampe über der Haustür, vielleicht auch das mit dem japanisch anmutenden Kiesweg. Ja, genau. Und dann, gerade als ich fest davon überzeugt war, dass dies ihr Haus sein müsse, kapierte ich, dass es nicht darauf ankam, wusste ich doch plötzlich, dass Esmé in den Park gegangen war, um an unserem üblichen Platz nach mir zu suchen. Im Park. Was war ich nur für ein Idiot. Sie musste einfach im Park sein, da hatten wir uns doch immer getroffen. Im Park auf unserer Bank mit Blick aufs Meer. Mit einem Mal war ich mir völlig sicher.

Und da war sie auch. Sie war genau da, wo ich es vermutet hatte, aber als sie mich sah, wandte sie den Blick ab. Sie wollte mich wissen lassen, dass sie nicht auf mich gewartet hatte, dass dies schon lange vor unserer ersten Begegnung ihr Lieblingsplatz gewesen war. Ich ging zu ihr und sagte hallo. Ich fühlte mich schüchtern.

»Was ist?«, sagte sie. »Du siehst schlimm aus.«

»Hab nicht gut geschlafen.«

»Du siehst aus, als hättest du überhaupt nicht geschlafen.«

»Es geht schon. Ich war nur ... hab nur gedacht ... An dich ...«

»Oh nein«, sagte sie. »Fang nicht damit an.«

»Nein«, widersprach ich. »Lass mich erklären. Ich weiß, ich habe einen Fehler gemacht ...«

»Nein«, sagte sie. »Komm mir nicht so. Du kannst nicht einfach deine Meinung ändern.«

»Aber ...«

»Nein ...«

»Ich bitte dich ja nicht ...«

»Nein!« Jetzt war sie wütend. Immer noch verletzt, aber auch wütend. »Du hattest recht«, sagte sie. »Da lief sowieso nichts zwischen uns – wie könnte es auch sein. Du bist ...« Sie sah mich an, neugierig fast, dann überlegte sie es sich anders und verschwieg, was sie sagen wollte.

»Ich behaupte ja nicht, dass was zwischen uns sein müsste«, sagte ich. »Ich wollte nur ...«

»Das reicht.«

»Nein, lass mich erklären ...«

»Das reicht. Kein Wort mehr.«

»Aber ...«

»Nein, ich muss jetzt los. Bin spät dran.«

»Na schön«, sagte ich. »Verstehe. Ich komme ein andermal wieder – wir können uns später treffen und miteinander reden.«

»Stopp!« Sie starrte mich an. Ich werde diesen Blick nie vergessen – die Art, wie sie alles mit einem einzigen Wort zum Stillstand kommen ließ, mich auch –, wie sie mich ansah, jedes kleinste Detail, als wollte sie mich ihrem Gedächtnis einprägen, ehe sie mich für immer gehen ließ. Und dann ließ sie mich tatsächlich stillstehen. Einen Moment lang hielt sie alles auf. Die ganze Welt hielt an wie ein Karussell, wenn die Fahrt zu Ende geht. Und als es sich von Neuem zu drehen begann, ging sie bereits fort.

I dreamed I saw St Augustine

Danach wird alles ziemlich nebulös. Ich weiß noch, dass ich in einer Küche stand und Nescafé trank. Ich weiß noch, dass ich in einem Auto saß, nur erinnere ich mich nicht, wie ich rein- oder rausgekommen bin. Da war eine Frau mit dunklen Augen; sie schien mich von irgendwoher zu kennen, nur verstand ich nicht, was sie sagte. Ich weiß noch, dass jemand mir Wasser in einem kleinen Pappbecher reichte. Ich weiß nicht, wie ich hinge- kommen bin, aber ich weiß, dass ich in einem Raum aufwachte, der wie eine Bibliothek aussah. Es war Nacht, der Raum jedoch schwamm in kühlem silbrigen Licht, von dem ich wusste, es kam von draußen, und als ich den Kopf hob, konnte ich eine Straßen- laterne erkennen und einen weitläufigen, kurz gemähten Rasen, der bis zu einigen Bäumen am Rand der Dunkelheit reichte. Ich blickte mich um: Der Raum war groß, eine Wand mit Bücherre- galen gesäumt, und am Fenster stand ein Schreibtisch; trotzdem war es keine Bibliothek. Eher das Zimmer eines Kindes oder eines Jugendlichen, und einen entsetzten Moment lang dachte ich, ich sei in Esmés Haus aufgewacht. Aber das war unmöglich. Ihr Haus würde eine moderne Doppelhaushälfte sein oder eine Villa, umgeben von anderen Häusern und Gärten, dies hier aber war – was? Ein Landhaus? Eine Art Anstalt?

Eine Nervenheilanstalt? Doch wenn es eine war, warum lag ich dann nicht in einem dieser Isolierzimmer, in denen Neuzugänge gewöhnlich untergebracht werden, und warum fühlte ich mich so klar im Kopf, wenn sie mich doch in dem Moment, da ich zur Tür hereingekommen war, sicherlich mit einer Doppeldosis Largactil ruhiggestellt hätten? Und ich fühlte mich wirklich überaus klar, ja, sogar außergewöhnlich gut, besser als seit Wochen: Ich konnte um mich herum jedes Detail von Licht und Schatten erkennen, konnte die Eulen in den Bäumen jagen hören und auch weiter draußen, über den Feldern, die sich dahinter erstreckten. Ich konnte diese Felder nicht sehen, aber ich spürte, dass sie da waren. Ich hatte das Gefühl von Weite um mich herum, von freiem Himmel und Bäumen, regennass, am Rande einer großen Weide, und ich konnte darin zahllose schlafende Vögel spüren, die unsichtbar auf den Ästen hockten, ein gewaltiges Netz aus Fleisch, Knochen und Federn, schwer und dunkel. Ich fühlte mich wunderbar, musste aber unbedingt herausfinden, was hier los war. Ich musste herausfinden, wo ich war. Ich wollte aufstehen, aber bei der kleinsten Anstrengung fühlten sich meine Beine schwer an und zugleich unfassbar schwach – da wurde mir klar, dass ich mich nicht bewegen konnte. Ich war von der Hüfte abwärts gelähmt. Jeden Moment würde nun eine Schwester hereinkommen und mir sagen, es hätte einen Unfall gegeben, aber ich solle keine Angst haben – nur kam keine Schwester, und dies hier war kein Krankenhaus. Wo also war ich? Ich reckte den Kopf hoch, so lang ich konnte, suchte das Gelände ab und hoffte auf einen Hinweis, doch ich sah nur eine Fledermaus am Fenster vorüberhuschen, eine einsame Fledermaus, die im silbrigen Licht Motten jagte.

Ich wachte auf. Ich lag in meiner Wohnung in St Annes auf dem Boden, vollständig angezogen, die Kleider von Tau oder Regen klatschnass. Es war dunkel. Neben meinem Ohr flüsterte eine Stimme immer wieder dasselbe Wort, das ich anfangs nicht verstand. Dann hörte ich *pulverisiert pulverisiert pulverisiert pulverisiert,*

hörte es immer und immer und immer wieder. Suchend drehte
ich den Kopf, wollte aber nicht aufstehen, da ich einen Moment
lang noch glaubte, ich sei gelähmt. Da war niemand. Nichts. Nur
die Stimme, hektisch, schrill:

pulverisiert pulverisiert pulverisiert pulverisiert.

Pulverisiert. Plötzlich erinnerte ich mich, dass dies einmal mein
Lieblingswort gewesen war, mit etwa sieben Jahren. Ich hatte es
in *The Beano* gelesen und laut vor mich hergesagt, anfangs ohne
zu wissen, was es bedeutete, doch sobald ich es nachgeschla-
gen hatte, wusste ich, dass es eines *meiner* Wörter war. *Pulverisiert.* Ich sah es alles so deutlich vor mir: Staub im Wind, von
der Bombe aufgewirbelte Partikel, Pollen, Asche, Kreidestaub, in
den Himmel aufsteigend, sich vermengend, in Wolken, von denen ich wusste, dass sie gefüllt waren mit winzigen, unsichtbaren Teilchen, die kilometerweit über Haferfelder und Sommer-
gras dahintrieben, ehe sie unmerklich auf die Erde niedersanken.
Zu Beginn ein Wort aus einem Comicheft: eine Drohung, eine
Warnung. Und während ich langsam seine Etymologie begriff,
vergaß ich Desperate Dan und die Bash Street Kids, verdrängt
von kindlicher Logik, bis ich dann verzaubert war, nicht von der
Drohung, sondern von jenem Versprechen, das der Priester wiederholt, wenn er am Sarg steht und sagt,

Bedenke, Mensch, Staub bist du,
Und zum Staube wirst du zurückkehren,

was bedeutete, dass jedermann in eine Zukunft hineingeboren wurde, in der, was vereinzelt und nicht mitteilbar war, vorübergehend vereint sein würde, ehe Erde oder Regen es zu neuen Kombinationen auflösten, wieder vereinzelt, vereinzelte Körper, vereinzelte Leben. Mit anderen Worten: das Jenseits, der Ort, an dem wir nun sind.

Endlich wurde mir klar, dass ich mich doch bewegen konnte, und es gelang mir, mich aufzurichten. Ich war nass. Die Stimme tönte unablässig weiter, und als ich aufstand, erhob sie sich mit mir, wiederholte dasselbe Wort noch mehrere Male, um es dann langsam in etwas anderes abzuändern, bis es sich wie das Gedicht »Die Zuhörer«, von Walter de la Mare anhörte. Ich lauschte:

»Irgendwer daheim?« rief der Reisende
Und klopfte an die mondbeschienene Tür ...

Ich ging ins Wohnzimmer, und es war, als führte mich die Stimme, führte mich in diesen sonnenwarmen Raum, der viel größer als gewöhnlich schien, größer und hier und da von Bewegung ausgefranst, fast als flatterten Vögel am Rand meines Blickfeldes. Eine Minute oder länger war ich davon überzeugt, sie seien tatsächlich im Zimmer. Alles war so hell. Ich folgte der Stimme in die Zimmermitte, dahin, wo das Licht am stärksten war, dann blieb ich stehen. Die Stimme war verstummt, und in der einsetzenden Stille vernahm ich ein Geräusch. Vielleicht das Geräusch einer Tasse, die behutsam auf einem Tisch abgestellt wird. Eine Tasse oder eine Schüssel. Ein Geräusch, das normalerweise unbemerkt bleibt.

Ich blickte mich nach dem Geräusch um und sah dann, dass jemand in der Küche war. Er stand am Fenster und schaute über die

Dächer und Schornsteine zum Meer: ein Mann, Anfang vierzig, mit ausgeleierter kohlegrauer Strickjacke und schwarzem Hemd. Er sah wie ein Priester aus. Und ich wusste, er war keine Erscheinung, kein Geist. Er war eine handfeste Präsenz, doch schien mir, dass er nur geradeso präsent war, dass ihn allein die schlichte Anwesenheit eine ungeheure Anstrengung kostete – und dann drehte er sich um, und ich konnte sehen, wie ihm das Gesicht entglitt, wie es zerfiel und die Form verlor, da er die nötige Kraft nicht länger aufbrachte, und es war fast wie ein Schrei, zu dem er ansetzte, nur war es nicht einmal das, denn ein Schrei hätte ihn mehr Energie gekostet, als er besaß. Einen Moment später löste er sich auf, ein Mann, der mitten im Zimmer in sich zusammenfiel – doch noch während er in sich zusammensank, begann er nur wenige Meter weiter, sich erneut zu formen, und ich gelangte unterdessen zu der Einsicht – nicht in einem logischen Sinne, doch tief in mir drinnen, im Mark meiner Knochen –, dass sich meine Phantome oder Dämonen, meine Plagegeister oder was auch immer sie waren, diese Stimmen, Schatten und Wechselpräsenzen, die bislang flüchtig und trügerisch gewesen waren, weiterentwickelt hatten, dass sie eine neue Stufe erreicht hatten, eine, so ließe sich sagen, der *permanenten Anwesenheit* …

… und da begann ich zu rennen. Ich rannte durch die Wohnung, schnappte mir meine Tasche und warf Kleider hinein, Bücher, Videos, mehr oder minder wahllos, während sich der schreiende Mann auflöste und wieder festigte, auflöste und verfestigte. Als die Tasche endlich voll war, eilte ich nach draußen zum Wagen. Es war später Nachmittag, die Sonne ging schon unter, was ich seltsam fand, war es doch gerade noch so sonnig gewesen, nur wenige Minuten zuvor, aber ich hielt nicht inne, um darüber nachzudenken. Ich setzte mich ins Auto und ließ den Motor an, immer noch ziemlich weggetreten, doch mehr oder minder funktionsfähig: ein Mann in einem Auto, der ins Abendlicht fuhr, dann in die Dunkelheit, auf verregneter Autobahn, durch Zonen der Helligkeit und Schwärze, durch Wald und offenes Land, vorbei an Bürogebäuden, Inseln herrlichen Lichts entlang der ganzen Strecke bis Surrey, aus dem Kassettenrekorder Musik, Musik in meinem Kopf, jedes vorüberhuschende Detail meiner Netzhaut eingebrannt, eingebrannt und dann von dem ersetzt, was als Nächstes vorüberflog, ersetzt, aber nicht verloren, abgelegt in den Tiefen der Zellen und Nerven, gespeichert, solange dieses Fleisch, dieser Geist existiert. Ich war keineswegs bei Verstand oder normal, vorläufig aber in der Lage, damit umzugehen, dass ich keines von beiden war, was mir genügte. Gewöhnlich wird, was ich durchlebte, ein Nervenzusammenbruch genannt, nur hat es sich damals nicht so angefühlt, und auch heute halte ich es nicht dafür. Ein Nervenzusammenbruch ist nur negativ, ein Systemversagen, eine durchgebrannte Sicherung, eine geplatzte Dichtung – die Nächte aber, die ich erduldet hatte, wie auch jede andere wilde Nacht, in die ich je entschwunden war, kommen mir heute wie die unbeholfenen, unerprobten Versuche vor, als ein realer Mensch zu leben; womit ich meine, die Hoffnung und das Privileg eines Lebens zu wahren, das mein eigenes sein könnte und nicht etwas, das mir durch Umstände und die Erwartungen anderer aufgenötigt wurde. Ganz zu sein – vielmehr mit der Suche nach Ganzheit fortzufahren. Eben nicht normal zu sein. Während der Fahrt schob ich eine Kassette mit Musik von Ali Akbar Khan ein und glitt über die M6 dahin, frischer Regen verwischte die Frontscheibe, um mich die Lichter der Welt, schön, denn jedes Licht im Dunkeln ist schön: silbern, golden, kirschrot, hellgrün, Kleckse von

Purpur und Blau inmitten der Nacht. Wahrscheinlich war ich an jenem Abend der gefährlichste Fahrer auf der Straße, doch kam ich mir nicht so vor, während die Musik mich weitertrieb, reine Energie und das Gefühl, ich sei drauf und dran, mit einer Lüge Schluss zu machen.

* * *

Stimmen hören. Dinge sehen. Das ist nicht wie im Kino – war es zumindest nicht für mich. Man hört definitiv eine Stimme, nur sagt die nicht nach Art von »Son of Sam«, was man zu tun hat – im Gegenteil, meist gibt sie sich elliptisch, gar rätselhaft, und auch wenn sie von Flüstern bis Geschrei die ganze Bandbreite beherrscht, ist sie doch nie auf ein Gespräch aus. Sie übermittelt keine geheimen Informationen. Nichts wird mitgeteilt. Gleiches gilt für »Dinge sehen«. Meist sieht man diese »Dinge« nur am Rand des Blickfeldes, und auch wenn nicht, scheinen sie nie recht dazuzugehören; sie haben stets etwas Unwirkliches an sich, sind mit dem Gefühl eines gewissen Lichteinfalls verknüpft. Fast immer. An jenem Abend aber war es anders. An jenem Abend konnte ich beim Fahren spüren, wie die Welt umsortiert und umgemodelt wurde. Alles änderte sich; das mir Bekannte zerfiel, um sogleich, in ebendem Moment, in dem es verblasste, zurück ins Dasein gebracht zu werden, dieselbe Welt, nur anders, erhellt von neuer Logik, erzählt von anderer Stimme. Trotzdem erinnere ich mich, dass ich, noch während dieses totale *dérèglement* um mich herum stattfand, weniger verängstigt als absolut und unerträglich *begeistert* reagierte. Begeistert im alten, mächtigsten Sinne. Die verzweifelte Begeisterung einer *amour fou* oder religiösen Ekstase. Nichts, womit man auf der M6 mitten im Verkehr fertigwerden möchte.

Ich brauchte lange für den Heimweg. An jeder Raststätte hielt ich an und stieg aus, um Nachtluft zu atmen. Vermutlich hoffte ich, die Fahrt würde niemals enden und ich auf immer weiterfahren. Als ich schließlich in Bramley ankam, war es fast Morgen und niemand zu sehen. Ich hätte der letzte Mensch auf Erden sein können oder auch der erste, als ich in meine Straße einbog und die Musik abschaltete. Ich kannte diese Straße, und dies war die Zeit, in der ich sie am besten kannte, die einzige Zeit, in der ich wirklich glaubte, ich gehöre hierher: allein vor dem ersten Tageslicht, nur ich und die Katzen und der Vogelgesang, bloß fühlte es sich jetzt überhaupt nicht an wie daheim, und kaum stand ich vor der Tür meines Hauses, konnte ich nicht reingehen. Lange blieb ich mit dem Schlüssel in der Hand stehen; es schien mir falsch, so als wollte ich einen Einbruch begehen, vielleicht auch eine Gaunerei, bei der ich mich als rechtmäßiger Besitzer eines Hauses ausgab, in dem ich doch nur ein Fremder war. Nach stundenlanger Fahrt – fahren, anhalten, weiterfahren –, Stunden, in denen ich geglaubt hatte, ich sei auf dem Heimweg, konnte ich jetzt das eigene Haus nicht betreten, weil ich nämlich nicht zu Hause war, weshalb ich den Schlüssel schließlich wieder in die Tasche steckte und hintenherum ging, dorthin, wo die Gartenmöbel am gewohnten Platz auf der Veranda standen: ein grüner, gusseiserner Tisch und passende Stühle, feucht von der Nacht, umstellt von verwahrlosten Penjing-Bäumen in den Töpfen, die ich mit viel Bedacht ausgewählt hatte, damit sie gut anwuchsen, die Südbuchen, Hainbuchen und Japanischen Lärchen. Ich setzte mich mit dem Rücken zum Haus und blickte über den Garten zum Kanalarm am anderen Ende. Licht sickerte durch Efeu und Pflaumenbäume; Schatten wandelten sich von schwarz zu aschgrau, und die Farben kehrten zurück, eine nach der anderen, Gelb, Grün, Blau und Rot. Ein altes Haiku beschreibt, wie jemand am Abend im Garten steht und sieht, dass nach und nach die Farben schwinden, erst Blau und Rot, dann Grau, als letzte Gelb und Weiß – dies jetzt aber war der gegenteilige Vorgang, alles kehrte aus dem Dunkel zurück, erneuert, aufgefrischt, wie jene Farbschälchen in einem Kindertuschekasten, die bei der leichtesten Berührung mit einem feuchten Pinsel zum Leben erwachen. Geradeso fühlte es sich an: neu, fremd, nicht meines, etwas, das ich als solches noch zu erkennen hatte – und ja, ich fühlte mich fremd, war mir plötzlich bewusst, wie trist mein Lebensort geworden war, wie farblos meine Routine, der Versuch, mich anzupassen. Trotz aller guten Absichten aber hatten mich weder Tristesse noch Routine gerettet. Als ich zum ersten Mal in der Vorstadt strandete, sagte ich mir, ich wolle ein neues Leben beginnen, doch wie ich jetzt so im ersten Tageslicht auf dem feuchten Gartenstuhl saß, dort sich ein Nachbar regte, woanders ein Licht anging, begriff ich, dass ich nie vorgehabt hatte, mich zu ändern – dass ich sogar stets davon überzeugt gewesen war, ein Mensch könne sich in wesentlichem Sinne gar nicht ändern, denn was er ist – *was*, nicht wer –, ist eine Frage der Seele, und die Seele ist schlammig, tiefgründig und nass, kein ätherisches Flügelwesen, sondern klammer Modder, in dem der Lotus wurzelt, Modder, Schlick und das Ausbreiten der Blätter, und ja, die Blume, die sich dem Licht öffnet, all das zusammen, nicht bloß das eine Gute, nicht das höhere Etwas, das gereinigt oder perfektioniert werden kann. Als *Gedanke* war dies gewiss banal, als Experiment aber keineswegs, da gilt nur das schlichte Erkennen. *Normal* fand ich noch nie besonders reizvoll – ich vermochte mir nicht mal vorzustellen, wie es für irgendjemanden reizvoll sein könnte. Sicher, als Alternative zu *verrückt* war es gerade noch akzeptabel.

Jetzt war es hell. Über der Weide hinter dem Garten ein weiches Grau, das in Blau überging; um mich herum wurden Leute wach, regten sich, machten sich für Arbeit oder Schule fertig, frühstückten, redeten, dachten daran, was der Tag bringen mochte, oder streiften die Schalen ihrer nächtlichen Träume ab, während aus dem Radio das übliche Durcheinander von Stimmen und Werbespots drang. Bald würden meine Nachbarn mit Ranzen oder Aktentasche aus ihren Häusern treten, um zur Arbeit oder zur Schule zu gehen. Rasch stand ich auf und ging ans Ende des Gartens, dann eine Treppe aus Eisenbahnschwellen hinab zum Ufer des Kanalarms. Ich wollte nicht gesehen werden und fühlte mich zu exponiert, so als quölle das Futter aus den Nähten meines Körpers, als schimmerten Knorpel, Nerven, Seelenfetzen durch – und ich schämte mich auch, nun da ich zurück war, hatte ich doch jahrelang gelogen und nicht mal den Anstand besessen, dies einzugestehen. Die ganze Zeit hatte ich vorgegeben, jemand anders zu sein, hatte mich unter diesen Menschen bewegt wie ein Fremder, der zu einer Beerdigung kommt und sich als Freund des Verstorbenen ausgibt. Ich schämte mich, peinlich aber war es mir nicht – was hieß, dass ich auch jetzt noch allein war. Ich verstand, wie respektlos mein vorgetäuschtes Leben meinen Nachbarn gegenüber gewesen sein musste, fühlte mich eigentlich aber unschuldig, und peinlich war es mir auch nicht; nein, ich schämte mich. Ich wollte ungesehen bleiben, nicht, weil ich glaubte, für meine Nachbarn diese so seltene wie subtile Form von Verachtung an den Tag gelegt zu haben, sondern schlicht weil ich mich schämte, und ich wollte in diesem sehr privaten Augenblick nicht gestört werden. Ich hatte weder meine Ansichten geändert, noch machte ich mich auf jenen langen Weg zurück in die Gemeinschaft, zu Reife und Akzeptanz,

jenen Weg, den ich als Held eines Romans vielleicht eingeschla-
gen hätte. Im Gegenteil: An diesem ersten Morgen vom Rest
meines Lebens war ich, wie auch an den folgenden Tagen, so
einsam wie nie zuvor, einsam, fremd und – jetzt endlich – auch
gleichgültig genug, um nicht einmal mehr irgendeinen Anschein
wahren zu wollen. Es war das Ende meiner Zeit in der Vorstadt.
Ich hatte versucht, normal zu sein, und ich war gescheitert –
nicht, weil ich mir nicht genügend Mühe gegeben hätte, sondern
weil anders als der Wahn das *Normale* eine Lüge war.

Während ich mich im Laufe der nächsten Wochen langsam
aus meiner Umgebung löste und erst im Geiste, dann auch kör-
perlich von ihr abzurücken begann, war ich wie ein Mann, der
in einem Hologramm erwacht und allmählich begreift, dass die
Gestalten um ihn herum zwar irgendwo real sein könnten, in
dem von ihm eingenommenen Raum aber Phantome sind. Alle,
denen ich begegnete, wirkten so monochrom und fern wie Menschen, die ich irgendwo vielleicht schon einmal gesehen hatte,
aber eigentlich nicht kannte: Gäste auf einer Party, zu der ich
gar nicht gehen wollte oder eine Gruppe von Touristen in irgendeiner provinziellen Kunstgalerie, die einem hochgehaltenen
Schirm folgen auf dem Weg von den unbedeutenden Utrillos
zu den Werken von Atkinson Grimshaw. Sie waren Schemen,
Phantome – und was sie auch taten, nichts konnte mich gänzlich davon überzeugen, dass sie tatsächlich *da* waren. Zugleich
begriff selbst ich, dass meine Nachbarn und Kollegen sich nicht
geändert hatten. Ich begriff, dass sie so real wie immer waren,
und auch wenn es mir vorkam, als wäre ihr normales Leben nur
ein ausgeklügeltes Täuschungsmanöver, wusste ich doch, trafen
sich zwei oder drei von ihnen, sei es bei der Arbeit oder in der
Freizeit, war ich das einzige Phantom im Raum.

Schlusswort (II)

Drei Uhr früh. Auf Norwegisch: *ulvetimen*; auf Schwedisch: *vargtimen*. Die Stunde des Wolfs. Jene Stunde, in der die Menschen am ehesten sterben, die Stunde, in der die Verrückten den ganzen Weg bis hinab in die Hölle gehen, jene, in der unsere Körper am schwächsten und verletzlichsten sind. Es ist Winter, die Kälte scharf wie eine Klinge, der Schnee perfekt und noch frei von Spuren auf den Feldern rund um das Haus, in dem ich heute lebe, geistig beinahe völlig gesund, an der Haustür vorbei eine Straße ins Jenseits. Diese Stunde ist mir die liebste Zeit des Tages und des Jahres: Jede Winternacht bleibe ich gern bis zur Wolfsstunde auf, die Wände gnädig still; und alle Leute schlafen. Dann fühle ich mich gänzlich mit der Welt verbunden – mit dem Land, den Sternen über meinem Dach, mit dem Wind, der den Schnee von den Feldern bläst und über die Straße pudert –, und manchmal, oft, knipse ich die Lichter aus und sitze da, lausche in die Stille und versuche zu hören, was noch kommen mag. Ich bin jetzt wirklich ziemlich bei Sinnen, muss dies hin und wieder aber tun, muss mit der Nacht flirten, vielleicht um mich auf die Probe zu stellen – und dennoch, wie dunkel es auch sein mag, wie fern ich den anderen, den um mich Schlafenden auch bin, kommt nichts aus dem Dunkel, das nicht ins Dunkel gehört. Der Wind. Ein Nachtvogel. Ein Knarren oder Ächzen in den Rohrleitungen. Alles ist, wie es sein soll, ist exakt so, gegründet im soliden Faktischen – und trotzdem, auch wenn im Grunde alles erklärlich ist, fühlt es sich dennoch wunderbar an. Unwahrscheinlich. Nicht wie die Welt ist, ist das Mystische, schrieb Wittgenstein, sondern dass sie ist. So oder so ähnlich. Und vielleicht war das über die vielen Jahre der eigentliche Grund für meinen vermeintlichen Wahn. In jenen Tagen, da ich geistesgestört war, in den Tagen, in denen ich klinisch verrückt war, konnte ich mich mit der gegebenen Welt einfach nicht abfinden. Ich konnte davon nicht genügend herausfiltern, sie war zu viel für mich. Sie überflutete mich: ein so unerträglicher Zustand wie das Fliegen.

Es ist lange her, dass ich normal sein wollte. Ich hab's probiert, aber es war nichts für mich. Heute will ich nicht mehr normal sein, teils, weil es nicht meiner Natur entspricht, vor allem aber wohl, weil die gemeinhin akzeptierte Definition von normal so unzureichend ist. Falls Surbiton – das wahre oder das in meiner Fantasie – der Normalität entspricht, dann habe ich kein Verlangen danach. Allerdings verlangt es mich ebenso wenig danach, verrückt zu sein, auch wenn ich es nicht bedaure, verrückt *gewesen* zu sein, damals, vor langer Zeit. Heute ist die Welt mir nicht mehr zu viel, sie ist mir mehr als genug – und nach langem Nachdenken frage ich mich seit Kurzem, ob es nicht eine Alternative zu den Zwillingspolen von *verrückt* und *normal* gibt, eine Disziplin, in etwa dem Fliegen vergleichbar oder dem Verschwinden. In jeder Nacht des Jahres, insbesondere aber im tiefen Winter, wenn still das Land ruht, bleibe ich gern allein wach, lausche, beobachte und weiß um die Straße, die am Fenster vorbei ins Jenseits führt; und gelegentlich, eine Minute, zwei, manchmal auch länger, komme ich mir wie ein alter Aeronaut vor. Ein Aeronaut, der hoch in heller Thermik aufsteigt, in dünner Luft schwebt, der, auf schlichtes, kaum verlässliches

Navigationsgerät vertrauend, gebenedeit ist mit dem heiligen, unverhofften Segen des Fliegenden, welcher besagt, in exakt demselben Moment zu sein und nicht zu sein, auf immer im Auge der Gravitationsnadel und zugleich auf immer im Moment des Verschwindens. Sekunde für Sekunde, Atemzug um Atemzug, fort ins Jenseits.

Incipit vita nova.

Inhalt

>>John Burnside ist einer der brillantesten
Schriftsteller unserer Zeit.<<
Die Weltwoche

Liv lebt mit ihrer Mutter auf einer norwegischen Insel nah
am Polarkreis. Als ein Junge aus ihrer Klasse verschwindet und schließlich tot angespült wird, scheint das die
Bewohner nicht zu beunruhigen. Doch dann ertrinken
immer mehr junge Männer auf rätselhafte Weise. Hat,
wie es die Sage behauptet, die Waldfee Huldra ihre Hand
im Spiel? Oder werden die Männer von der schönen
Maia getötet? Die stille Liv versucht dem Rätsel auf den
Grund zu gehen – doch nichts ist so, wie es scheint …

PENGUIN VERLAG

Ein packender Roman über Schuld, Obsession
und die Kraft des Bösen in jedem von uns

Michael Gardiner lebt mit seiner Frau zurückgezogen
am Rande des schottischen Küstenortes Coldhaven.
Eines Morgens liest er in der Lokalzeitung, dass sich
seine Jugendliebe Moira umgebracht und ihre beiden
kleinen Söhne mit in den Tod genommen hat – nur
ihre Tochter Hazel ließ sie am Leben. Moiras Selbst-
mord lässt in Michael schlagartig Erinnerungen
wach werden, die er lange Zeit verdrängt hat …

PENGUIN VERLAG